古代歷史文化 研究輯刊

十一編

王明蓀 主編

第 17 冊

司馬遷與戰國策士文獻

李芳瑜 著

國家圖書館出版品預行編目資料

司馬遷與戰國策士文獻／李芳瑜 著一初版 ── 新北市：花木
蘭文化出版社，2014〔民 103〕
目 2+222 面；19×26 公分
（古代歷史文化研究輯刊 十一編；第 17 冊）
SBN：978-986-322-579-9（精裝）
1.（漢）司馬遷 2. 戰國策 3. 研究考訂
618   103000959

ISBN-978-986-322-579-9

古代歷史文化研究輯刊
十一編 第十七冊   ISBN：978-986-322-579-9

司馬遷與戰國策士文獻

作　　者　李芳瑜
主　　編　王明蓀
總 編 輯　杜潔祥
副總編輯　楊嘉樂
編　　輯　許郁翎
出　　版　花木蘭文化出版社
社　　長　高小娟
聯絡地址　235 新北市中和區中安街七二號十三樓
　　　　　電話：02-2923-1455／傳眞：02-2923-1452
網　　址　http://www.huamulan.tw 信箱 hml810518@gmail.com
印　　刷　普羅文化出版廣告事業
初　　版　2014 年 3 月
定　　價　十一編 24 冊（精裝）新台幣 46,000 元

司馬遷與戰國策士文獻

李芳瑜 著

作者簡介

李芳瑜，1979 年 1 月生，漢族，臺灣高雄人。1997 年入臺灣東海大學中文系學習，2002 年入北京師範大學中文系讀研究生，2005 年於北京師範大學讀博，2009 年獲文學博士學位，畢業後留校任教，現爲北京師範大學文學院講師。主要研究方向爲先秦兩漢魏晉南北朝文學、《史記》研究等。

提　　要

　　《史記》取材一直是《史記》研究中的傳統課題，早至東漢班固就整理過司馬遷的取材文獻。本文以《史記》戰國史部分作爲一個切入點，討論司馬遷取材與應用的幾個問題。

　　司馬遷撰寫《史記》戰國史部分的材料主要來源爲戰國策士文獻。決定司馬遷引用戰國策士文獻有外在與內在兩個方面的因素：外在因素在於戰國時期資料殘缺匱乏、眞僞難辨，然戰國策士文獻卻未受兩火（秦始皇焚書、項羽焚秦宮）波及，相對其他戰國時期資料而言是流傳較廣、材料較多、且更接近於「史」的資料，因而戰國策士文獻被司馬遷作爲基本史料重點採用。使用戰國策士文獻的內在因素還是司馬遷個人價值取向問題。司馬遷崇尙戰國策士的政治、文化地位及其自由人格的特徵，但漢代一統政權帶來的政治歷史環境的巨大變化，給司馬遷及其同時代的文人以巨大的精神壓力。司馬遷對此進行了反思，由此產生對戰國策士處境的羨慕與認同以及遭遇悲劇之後的抗爭等，均在《史記》的撰寫中得以體現。

　　司馬遷如何選擇和使用戰國策士文獻是《史記》取材中值得探討的問題。本文通過對諸多前人學者整理考辯結果的全面探究，以及對其間新出土文獻的關聯性考察，認爲司馬遷依據「秦記」組織了一套編年系統，並將大量的戰國策士文獻排入其中，經由這些策士文獻的組合呈現出《史記》獨特的風格。所以，司馬遷對戰國策士文獻的引用，是一個取材的問題，也是一個態度的問題。

　　本文從具體的文本比較入手，從史學、文學、司馬遷個人遭遇與性格等角度作深入討論與分析。由於今天能見的戰國策士文獻主要是《戰國策》，因而比較亦以《戰國策》爲主要參照文本。

緒　論 …………………………………………………………… 1

　　一、司馬遷與《史記》 ……………………………………… 1

　　二、《戰國策》及相關戰國策士文獻 ……………………… 3

　　三、研究方法及思路 ……………………………………… 7

第一章　司馬遷面對的戰國資料 ……………………………… 13

　　第一節　戰國資料的特徵 ………………………………… 14

　　第二節　秦統一至漢初戰國資料的集散情況 …………… 27

　　第三節　司馬遷的「戰國策」 …………………………… 33

第二章　司馬遷對戰國策士文獻具體使用情況
　　　　　——與秦接壤的戰國世家 ………………………… 39

　　第一節　《趙世家》 ……………………………………… 39

　　第二節　《魏世家》 ……………………………………… 51

　　第三節　《韓世家》 ……………………………………… 57

　　第四節　《楚世家》 ……………………………………… 64

第三章　司馬遷對戰國策士文獻具體使用情況
　　　　　——與秦不接壤的戰國世家 …………………… 71

　　第一節　《田敬仲完世家》 ……………………………… 72

　　第二節　《燕召公世家》 ………………………………… 84

　　第三節　《周本紀》 ……………………………………… 88

第四章　司馬遷對戰國策士文獻具體使用情況
　　　　　——戰國人物列傳 ……………………………… 99

　　第一節　秦國人物列傳 …………………………………… 99

　　第二節　六國人物列傳 …………………………………… 122

第五章　司馬遷對戰國文獻的態度 …………………………… 139

　　第一節　司馬遷對其他戰國文獻的選擇 ………………… 139

　　第二節　司馬遷的虛實原則與撰文技巧 ………………… 151

　　第三節　《史記》紀傳體的形成 ………………………… 157

第六章　司馬遷對戰國策士的態度 …………………………… 169

　　第一節　司馬遷眼中的戰國策士模式 …………………… 169

　　第二節　司馬遷對策士模式的修改 ……………………… 184

　　第三節　司馬遷策士風格的形成與意義 ………………… 195

結　語 …………………………………………………………… 207

參考文獻 ………………………………………………………… 209

目
次

緒　論

一、司馬遷與《史記》

「史記」本來是古代史書的通稱，《史記》最初沒有固定書名，司馬遷稱其為「太史公書」，從三國時期開始，「史記」由通稱逐漸成為「太史公書」的專名。

司馬遷，字子長，左馮翊夏陽人。大約生於漢景帝中元五年，卒於漢武帝徵和年間。司馬遷於漢武帝元封三年（公元前 108 年）接任太史令一職，接續父親司馬談的事業編寫《史記》。漢武帝天漢二年，司馬遷坐李陵案件，身陷囹圄並於隔年被處以腐刑。到了征和二年，司馬遷在《報任安書》裏透露《史記》已經基本完成了編撰工作，並且「藏之名山，傳之其人。」〔註1〕《史記》的流傳則在司馬遷死後多年，「宣帝時，遷外孫平通侯楊惲祖述其書，遂宣佈焉」〔註2〕，由其外孫楊惲把這部五十二萬多字的不朽名著公諸於世。

《史記》是一部貫穿古今的通史，從傳說中的黃帝開始，一直寫到漢武帝末年，全書有本紀十二篇，表十篇，書八篇，世家三十篇，列傳七十篇，共一百三十篇。在古代文獻中，《史記》在版本流傳上有其與眾不同的特殊性。《太史公自序》裏說《史記》「藏之名山，副在京師」〔註3〕，可見《史記》創作初始即有正、副兩個版本。從《史記》成書到漢宣帝時期，大約有二十幾年的時間，這期間《史記》「其書稍出」，可推斷此時已經有個別篇章傳出。

〔註1〕韓兆琦：《史記選注彙評》〔M〕，北京：中州古籍出版社，1990 年，第 648 頁。
〔註2〕班固：《漢書》〔M〕，北京：中華書局，2006 年，第 2737 頁。
〔註3〕司馬遷：《史記》〔M〕，北京：中華書局，2006 年，第 3320 頁。

到了東漢初年，班彪在其續《史記》的《後記略論》中提出：「太史令司馬遷作本紀、世家、列傳、書、表凡百三十篇，而十篇缺焉。」〔註4〕班固爲蘭臺令史，他也說《史記》是「十篇缺，有錄無目。」〔註5〕三國時期，魏人張晏注《漢書·司馬遷傳》「十篇缺」之語曰：「遷沒之後，亡《景紀》、《武記》、《禮書》、《樂書》、《律書》、《漢興以來將相年表》、《日者列傳》、《三王世家》、《龜策列傳》、《傅靳蒯列傳》。」〔註6〕張晏的「十篇亡佚說」有諸多疑點〔註7〕，後人大多不同意張晏的說法，但《史記》的殘缺是確鑿無疑的。

除了殘缺的部分，《史記》補綴的部分也爲歷代學者所重視。《漢書·藝文志》記載馮商續補《太史公》七篇，韋昭注云：「馮商『受詔續《太史公書》十餘篇』」〔註8〕，唐代劉知幾則認爲續補《史記》的不只是褚、馮兩家，《史通·古今正史》：「《史記》所出，年止太初，其後劉向、向子歆，及諸好事者，若馮商、衛衡、揚雄、史岑、梁審、肆仁、晉馮、段肅、金丹、馮衍、韋融、蕭奮、劉恂等相繼撰續，迄於哀平間，而有十五家之多。」〔註9〕清代梁玉繩在《史記志疑》裏提到：「……余三番計之，字數都不能合」〔註10〕、「而《御覽》尤多，雖未免舛僞，究難盡沒，豈歷經傳寫，復有損削歟？」〔註11〕，後人補充的部分尙可考證，但刪去的部分則無從可考。他將《史記》前後數了三次，字數皆不同於司馬遷所說的「五十二萬六千五百字。」〔註12〕無論缺補與增益，《史記》的內容材料來自包括當時社會上流傳的《國語》、《戰國策》、《世本》、《楚漢春秋》、諸子百家等著作和國家的文書檔案，以及實地調查獲取的材料，所以《史記》是觀察春秋戰國至西漢初年各方各面的重要史料。

《史記》作爲文學、史學兩方面登峰造極的作品，自流傳以後就開始有學者投入研究。《史記》研究最早可以追溯到漢代學者揚雄、班氏父子，以及

〔註4〕范曄：《後漢書》〔M〕，北京：中華書局，2006年，第3005頁。

〔註5〕班固：《漢書》〔M〕，北京：中華書局，2006年，第2724頁。

〔註6〕班固：《漢書》〔M〕，北京：中華書局，2006年，第2724～2725頁。

〔註7〕王於飛：《張晏〈史記〉十篇亡佚說質疑》〔J〕，東南學術，2002年第2期，第111～114頁。

〔註8〕班固：《漢書》〔M〕，北京：中華書局，2006年，第1715頁。

〔註9〕劉知幾：《史通》〔M〕，臺灣：臺灣古籍出版社，1993年，第897頁。

〔註10〕梁玉繩：《史記志疑》〔M〕，北京：中華書局，1981年，第1488頁。

〔註11〕梁玉繩：《史記志疑》〔M〕，北京：中華書局，1981年，第1489頁。

〔註12〕司馬遷：《史記》〔M〕，北京：中華書局，2006年，第3319頁。

王充等人；魏晉南北朝時期對《史記》研究較少，但有徐廣《史記音義》，將當時《史記》流傳幾個不同版本的字句記錄下來，對後代《史記》版本研究保存了很寶貴的資料；唐代重視史學，建立正式的史館修史制度，《史記》開始受到重視，司馬貞、張守節、劉知幾等人，都對《史記》研究做了貢獻，而韓愈等古文家，在復古運動中推崇《史記》文學風格；宋代重視策論，為了更好地組織文章，宋代文人熱衷研究歷史事件，除了北宋歐陽修、司馬光、王安石、蘇軾、曾鞏等，南宋還有鄭樵等數十人，對《史記》所載史實進行分析研究；明代有淩稚隆、茅坤、李贄等，這期間《史記》論贊部分受到前所未有的重視；清代研究學者有王念孫、張文虎、錢大昕等；近代學者有王國維、錢穆、吳汝煜、程金造、陳直等；今人錢鍾書、孫欽善等。研究範圍非常廣泛，涉及史學、文學、美學、哲學、文獻學等諸多領域。歷代學者研究和注解《史記》積聚了豐碩成果，迄今論文有四千餘篇，論著三百餘部，字數一億兩千多萬字，形成一門延續了兩千年的學問。兩千多年來，為《史記》全書作注釋的人，據粗略統計約有二十餘家，《史記》的版本有一百多種，被節譯為近二十種語言。

　　20 世紀開始，《史記》研究進入空前繁榮的階段，對《史記》進行全方位的探討。例如在《史記》傳統課題方面，包括司馬遷行年、司馬遷精神、司馬遷與先秦諸子、司馬遷經濟思想、《史記》的文學成就、《史記》的史學成就、《史》《漢》比較、《史記》在中外文化史上的地位、《史記》三家注、《史記》疑案研究（續補、斷限、書名、司馬談作史、太史公釋名等）、《史記》研究史的總結等十多個方面。此外還有大量的《史記》研究論文及論文集，與專題著作相得益彰。

二、《戰國策》及相關戰國策士文獻

　　戰國策士文獻包括了策士說辭、書信與故事，在戰國至漢初時期以簡牘、帛書形式的文字資料和口傳、逸聞的非文字資料方式廣泛流傳。今日我們要界定戰國時期的非文字資料是一個困難的問題，但是對於文字資料，我們可以從《戰國策》、《戰國縱橫家書》等現存文本中一窺究竟。

（一）《戰國策》
　　《戰國策》是西漢末劉向按國別編纂的冊子，全書按東周、西周、秦國、

齊國、楚國、趙國、魏國、韓國、燕國、宋國、衛國、中山國依次分國編寫，共三十三卷，約十二萬字。是先秦歷史散文成就最高，影響最大的著作之一。《戰國策》又是我國古代記載戰國時期政治鬥爭的一部最完整的著作。它實是當時縱橫家遊說之辭的彙編，而當時七國的風雲變幻，合縱連橫，戰爭綿延，政權更迭，都與謀士獻策、智士論辯有關，因而具有重要的史料價值。褚斌傑認為：《戰國策》研究，古今學者都認為有許多疑難。如就它的性質而言，《戰國策》既是一部史書或史料集，又是一部優秀的散文著作。雖然作為史書，它缺乏系統性和完整性，有些史料特別是某些歷史事件、人物的細節也未必足可徵信，但作為散文作品，他在表現技巧和語言形式等方面，則具有較高的藝術水準。〔註13〕

　　《戰國策》的流傳大致可分為四個時期：第一時期是西漢劉向編定的三十三篇，早已亡失；第二時期為東漢高誘注，其原本形式今不可見；第三時期為北宋曾鞏在史館校定和南宋姚宏校本的三十三卷，其中保留了高誘注十卷；第四時期是南宋鮑彪注和元代吳師道校注的改編本，雖然在元末至清初曾風行一時，但鮑彪注本側重於注及改編策文，武斷穿鑿之處不少。〔註14〕大體上來看，版本流傳比較清晰。

　　《戰國策》的佚文也是學者關心的問題。最早注意到從古書古注中歸納古本《戰國策》佚文的是南宋姚宏及其弟姚寬，他們歸納出錄有《戰國策》佚文的古書為：司馬貞《史記索隱》、徐廣《史記音義》、李善《文選注》、歐陽詢《藝文類聚》、張守節《史記正義》、孔衍《春秋後語》等，其中《史記索隱》五事、《廣韻》七事、《玉篇》一事、《太平御覽》二事、《元和姓纂》一事、《春秋後語》二事、《後漢地理志》一事、《後漢》第八贊一事、《藝文類聚》一事、《本堂書鈔》一事、《史記音義》一事、《史記正義》一事、《文選》一事，共計佚文 26 則。近代學者諸祖耿考證得佚文 66 則，其後又增為 73 則；鄭良樹先生輯得佚文 107 則；鄭傑文整合以上學者所輯佚文得佚字合計共 7570 字，據筆者統計出自於《史記》的佚文大約有 132 字。這些數字相對於十二萬餘字的今本《戰國策》而言實屬微量，唯一能證明的問題就是司馬遷的確使用過與劉向相同的戰國策士文獻。

<hr>

〔註13〕胡如虹：《戰國策研究》〔M〕，湖南：湖南人民出版社，2002年，序言第2頁。
〔註14〕劉向集錄，范祥雍箋證：《戰國策箋證》〔M〕，上海：上海古籍出版社，2006年，第28～29頁。

（二）《戰國縱橫家書》

1973 年 12 月，在湖南長沙馬王堆三號漢墓中出土了一批西漢帛書，放在一塗漆木匣中。形式分成寫在整幅帛上的和寫在半幅帛上兩種，字體有篆、隸之分。經考證，篆書大約抄寫於漢高祖十一年（公元前 196 年）左右，隸書約抄寫於漢文帝初年。長沙馬王堆三號墓出土的帛書共有 28 種，計十二萬餘字，均破損嚴重。其中有一部內容類似《戰國策》的帛書，共二十七章，「雖然百分之六十是新發現的佚文，但因爲其他部分是與《史記》、《戰國策》大致相同的戰國故事，因此最初被命名爲《帛書戰國策》。後來因爲這批資料的性質、書名出現問題，其中大部分被認爲是跟戰國著名縱橫家蘇秦相關的故事，所以其書名被改成《戰國縱橫家書》。」〔註 15〕

以往研究戰國史，主要以《史記》和《戰國策》中的資料爲主，《戰國縱橫家書》的年代較《史記》和《戰國策》早，埋於地下二千餘年後重見天日，沒有遭遇文獻流傳的增益與減損，可算是當今研究戰國史的第一手資料。於是《戰國縱橫家書》出土之後，學者紛紛對它投入極大的熱情，短短三十年研究成果豐碩。基於研究成果，目前對《戰國縱橫家書》的瞭解，大致可分爲以下二個部分：

1、真偽問題

《戰國縱橫家書》出土後，首先面對的是真偽問題。唐蘭和馬雍先生詳細考證了帛書二十七章的真偽。唐蘭先生認爲，帛書除第二十章是後人擬作外，其餘都是真品。〔註 16〕馬雍先生則認爲，帛書二十七章全是真品。〔註 17〕其他學者也有自己的看法：張烈認爲《戰國縱橫家書》只是《戰國策》的佚文，不能全信。〔註 18〕車新亭認爲《戰國縱橫家書》前十四章是《戰國策》的佚文，後十三章涉及蘇秦的四章的作者和真偽還有待於進一步研究。〔註 19〕關於《戰國縱橫家書》真偽問題，因爲缺乏更多的資料佐證，學界尚無定論。

〔註 15〕韓中民：《馬王堆漢墓研究》〔M〕，湖南：人民出版社，第 1981 年。
〔註 16〕唐蘭：《司馬遷所沒有見過的珍貴史料——長沙馬王堆帛書〈戰國縱橫家書〉》〔A〕·《戰國縱橫家書》〔M〕，北京：文物出版社，1976 年，第 133 頁。
〔註 17〕馬雍：《帛書〈戰國縱橫家書〉各篇的年代和歷史背景》〔A〕·戰國縱橫家書〔M〕，北京：文物出版社，1976 年，第 181 頁。
〔註 18〕張烈：《戰國縱橫家書辨——兼與徐中舒先生商榷蘇秦等問題》〔J〕，社會科學戰線，1986 年。
〔註 19〕車新亭：《帛書戰國縱橫家書與蘇秦史料辯證》〔J〕，北京師範大學學報（哲社版），1999 年。

2、史料價值

唐蘭〔註20〕和馬雍〔註21〕先生除了考證《戰國縱橫家書》的眞僞問題，還利用這些資料訂正了戰國時期部分史實，尤其是重新整理了蘇秦的生平事迹。唐蘭先生做了一個「蘇秦事迹年表」〔註22〕；馬雍先生將蘇秦一生分爲五個階段〔註23〕；楊寬先生除了研究戰國史也致力於對蘇秦事迹的復原，他認爲蘇秦之死比張儀之死（公元前 310 年）要晚二十五年左右，他（蘇秦）大概在燕將樂毅破齊的時候（前 285 年），以按密約反間齊國之罪被殺。〔註24〕經過幾位學者考證，《史記》中蘇秦比張儀早成名，幫助張儀入秦之事，就成爲了故事而不是史實。除了蘇秦的事迹，藤田勝久先生還考證帛書可以闡明《史記》中並不清楚的趙國奉陽君和蘇秦的情況，確認秦國穰侯以及薛公（孟嘗君）在魏國活動的情況。〔註25〕對於《戰國縱橫家書》的史料價值，唐蘭先生認爲《戰國縱橫家書》可以用來糾正有關蘇秦歷史的許多根本錯誤，又可以校正補充這一段戰國時代的歷史記載。〔註26〕楊寬先生則認爲，《戰國縱橫家書》的出土，有助於弄清諸多歷史事實的眞相。〔註27〕其他研究《戰國策》的學者如趙生群、鄭良樹、吳昌廉、韓中民等，對《戰國縱橫家書》的史料價值也都持肯定態度。

（三）其他

戰國諸子中亦有少數記錄戰國策士活動的片段。例如法家典籍《韓非子》

〔註20〕 唐蘭：《司馬遷所沒有見過的珍貴史料——長沙馬王堆帛書〈戰國縱橫家書〉》〔A〕·戰國縱橫家書〔M〕，北京：文物出版社，1976 年，第 123～153 頁。

〔註21〕 馬雍《帛書〈戰國縱橫家書〉各篇的年代和歷史背景》〔A〕·戰國縱橫家書〔M〕，北京：文物出版社，1976 年，第 173～201 頁。

〔註22〕 劉雯芳：《三十年來戰國縱橫家研究綜述》〔J〕，山西大學學報（哲學社會科學版），2004 年第 4 期，第 54 頁。

〔註23〕 劉雯芳：《三十年來戰國縱橫家研究綜述》〔J〕，山西大學學報（哲學社會科學版），2004 年第 4 期，第 54 頁。

〔註24〕 楊寬：《戰國史料編年輯證》〔M〕，上海：人民出版社，2001 年，第 342～343 頁。

〔註25〕 藤田勝久：《馬王堆帛書〈戰國縱橫家書〉的結構與特徵》〔A〕·《〈史記〉戰國史料研究》〔M〕，上海：上海古籍出版社，2008 年，第 174 頁。

〔註26〕 劉雯芳：《三十年來戰國縱橫家研究綜述》〔J〕，山西大學學報（哲學社會科學版），2004 年第 4 期，第 55 頁。

〔註27〕 楊寬：《馬王堆帛書〈戰國縱橫家書〉的史料價值》〔A〕·戰國縱橫家書〔M〕，北京：文物出版社，1976 年，第 154～172 頁。

中有幾段記載與《戰國策》、《戰國縱橫家書》的故事類似或是具有相同特徵。根據楊寬先生研究，跟帛書有著相同特徵的包括《韓非子·說林》、《韓非子·內外儲說》、《韓非子·十過》〔註28〕，但是縱橫家把「失敗的原因歸結爲『過聽』和『失計』，而《韓非子》站在重視內部力量的法家立場，兩者是不同的。」〔註29〕

　　戰國策士文獻除了極少量出現在《韓非子》中，劉良俊《儒士之辯與策士之辯——試比較〈孟子〉與〈戰國策〉的辯辭》給我們提供了一個新的想法：「予豈好辯哉」的孟子與戰國策士有著一樣流利的口才，與戰國策士們一同圍繞在諸侯們身邊辯說政見〔註30〕，一樣不遠千里尋求被諸侯認可的機會，《戰國策·燕策一》甚至記載了孟子勸齊宣王伐燕的說辭。雖然我們不會將孟子當成縱橫家，也不會將《孟子》當作戰國策士文獻，但戰國策士積極進取的行動力與魄力，仍然對當時諸子產生了或多或少的影響。

三、研究方法及思路

　　從筆者接觸《史記》之始，讀到《太史公自序》中司馬遷急著對壺遂解釋的一段文字：「唯唯，否否，不然。余聞之先人曰：『伏羲至純厚，作易八卦。堯舜之盛，尙書載之，禮樂作焉。湯武之隆，詩人歌之。春秋采善貶惡，推三代之德，襃周室，非獨刺譏而已也。』漢興以來，至明天子，獲符瑞，封禪，改正朔，易服色，受命於穆清，澤流罔極，海外殊俗，重譯款塞，請來獻見者，不可勝道。臣下百官力誦聖德，猶不能宣盡其意。且士賢能而不用，有國者之恥；主上明聖而德不布聞，有司之過也。且余嘗掌其官，廢明聖盛德不載，滅功臣世家賢大夫之業不述，墮先人所言，罪莫大焉。余所謂述故事，整齊其世傳，非所謂作也，而君比之於春秋，謬矣。」〔註31〕便對司馬遷創作《史記》的狀態很感興趣。司馬遷極力強調自己「非所謂作也」，然篇末又說「以拾遺補藝，成一家之言，厥協六經異傳，整齊百家雜語。」

〔註28〕藤田勝久：《馬王堆帛書〈戰國縱橫家書〉的結構與特徵》〔A〕·《〈史記〉戰國史料研究》〔M〕，上海：上海古籍出版社，2008 年，第 172 頁。

〔註29〕楊寬：《馬王堆帛書〈戰國縱橫家書〉的史料價值》〔A〕·戰國縱橫家書〔M〕，北京：文物出版社，1976 年，第 97 頁。

〔註30〕劉良俊：《儒士之辯與策士之辯——試比較〈孟子〉與〈戰國策〉的辯辭》，湖北廣播電視大學學報，2006 年第 3 期，第 53 頁。

〔註31〕司馬遷：《史記》〔M〕，北京：中華書局，2006 年，第 3299 頁。

漏，是一部十分全面的《戰國策》箋證本。

在文本比較之前，我們還要釐清一個問題：今本《戰國策》與劉向所編的《戰國策》不盡相同，更不等同於司馬遷所見的戰國策士文獻。儘管我們不能將今本《戰國策》視爲劉向所編的《戰國策》，孫欽善先生從《戰國策》的文獻特點，指出「《戰國策》舊本篇章比今本只多不少，今本內容皆爲司馬遷所見」〔註 35〕，也就是說司馬遷看的戰國策士文獻是多於今本《戰國策》的。在《戰國縱橫家書》出土之後，我們發現《戰國縱橫家書》與今本《戰國策》的形態文字都相似，證明今本《戰國策》「相當正確地保留了西漢初期成形的戰國故事。」〔註 36〕有了以上考證支持，本文將今本《戰國策》拿來與《史記》比對還是有意義的。此舉在具體操作上雖然有一定的難度，但爲了解析司馬遷取材的內在機制，只能從現有的文獻出發，從具體的篇章入手進行分析，文本比較是必不可少，也是從根本上解決問題的有效途徑。

本論文分爲緒論，正文，結語三個部分。

緒論簡單介紹《史記》研究的基本情況，戰國策士文獻的定義以及本論文篇目大綱，並說明研究動機、文本研究的方法與步驟。

正文部分分爲六章：

第一章講述戰國資料在先秦至漢初流傳的情況，並試圖復原司馬遷所見的戰國策士文獻情況。

第二章至第四章使用今本《戰國策》與《史記》做比較。內容分爲《史記》戰國世家與戰國人物列傳，經過全面的文本比較對司馬遷運用戰國策士文獻的具體情況進行討論。

第五章論述司馬遷對戰國文獻的使用態度。除了策士文獻，戰國時期還有流傳較廣的諸子百家文獻，少量的編年資料，及非文字資料。本章闡述司馬遷對這些不同史料的處理方法以及使用戰國策士文獻的原因與撰寫方式。

第六章主要論述司馬遷在閱讀戰國策士文獻的過程，結合自身經驗，對戰國策士行爲或理解、或認同、或反對，經過選擇與修改，最終在《史記》中形成了濃厚的司馬遷策士風格。

〔註 35〕孫欽善：《史記採用文獻史料的特點》〔J〕，《文獻》，1980 年第 2 輯，第 155 頁。

〔註 36〕藤田勝久：《馬王堆帛書〈戰國縱橫家書〉的結構與特徵》〔A〕，《〈史記〉戰國史料研究》〔M〕，上海：上海古籍出版社，2008 年，第 174 頁。

　　結語部分整合各章節之分析及研究，並補充一些在正文中未能盡述的問題。

　　最後關於本文寫作幾點補充說明：

　　一、本文對帶有編年的事件、大事的形式叫「編年記事資料」；而將帶有歷史背景、對話、劇情的資料叫「故事」或「戰國故事」；

　　二、本文中所提及的《戰國策》，若未特別說明，即指今本《戰國策》；

　　三、今學者考證司馬遷在戰國史方面多有錯漏，本文重點關注司馬遷如何採集、選用、改造戰國策士文獻，對於戰國史方面的研究將略而不述。

第一章　司馬遷面對的戰國資料

　　我國歷史上的戰國時期，頻繁的國際戰爭與宮廷內部鬥爭使社會結構產生變化，帶來的是階級制度的崩壞、各國對富國強兵的追求以及新的知識分子——士的崛起。新興的士階層促使百家爭鳴和戰國學術的繁榮，私學的興盛留下了較多的文字資料，著作不僅藏於官，也藏於民間，所以即使經過戰爭，仍有部分文獻資料經由各種途徑保留下來。

　　秦對中國版圖的統一，結束了戰爭，但沒有結束對戰國資料的損害。在短短的二十幾年當中，戰國資料面臨了秦始皇的焚書令、項羽火燒秦宮室，及各地紛亂暴動的抗秦活動與楚漢相爭。直至劉邦建立漢朝（公元前 202 年），天下逐漸趨於安定。在漢武帝之前的西漢，劉氏宗親諸侯國的地位雖無法與戰國時期的獨立王國相比，但仍然具備了富甲一方的經濟實力。加上自劉邦開始便極力實施修養生息的黃老政策，中央政府對諸侯國的控制較爲鬆緩，諸侯王養士之風再起。於是西漢初期的環境沒有了戰國時期的戰亂，卻仍承襲了戰國時期較爲自由的風氣，這個時期對戰國資料的維護與保存提供了良好的環境。

　　然而在司馬遷父子之前，這批殘存的戰國資料並沒有經過系統的整理。嚴格說起來，首先對戰國資料有意識地進行搜集整理的人，應爲司馬遷的父親司馬談。司馬談在漢武帝建元（公元前 140 元～135 年）年間開始任太史公，到元封元年（公元前 110 元）漢武帝封禪之時去世，擔任太史公的時間將近三十年。太史公即太史令，是漢武武帝新設的官職，掌管天時星曆，「近乎卜祝之間」〔註1〕，還負責職掌記錄，具有「紬史記石室金匱之書」〔註2〕

〔註 1〕 韓兆琦：《史記選注彙評》〔M〕，北京：中州古籍出版社，1990 年，第 646 頁。
〔註 2〕 司馬遷：《史記》〔M〕，北京：中華書局，2006 年，第 3296 頁。

的方便，能搜集並保存典籍文獻。根據司馬遷自己的說法：「無忘吾所欲論著矣」〔註3〕、「請悉論先人所次舊聞，弗敢闕」〔註4〕、「僕賴先人緒業」〔註5〕，可以推斷出司馬談在三十年的任職期間對漢代以前的資料已經進行部分的整理。年輕的司馬遷遊歷各地，無疑是他父親的鼓勵，至少是贊許者〔註6〕，一方面是增長見識，一方面還可以搜集散佚各地的文獻資料。我們可以想像，司馬遷在從事《史記》創作的時候，面對的大部分資料是來自戰國時期戰爭洗禮過後的斷簡殘編。對於我們而言，現存的戰國史料的特徵是殘缺分散，問題很多，年代紊亂，眞僞混雜〔註7〕。這些特徵同樣存在司馬遷所面對的戰國資料上，如何整理編排這些「史料」，無疑是司馬遷創作《史記》首要的難題。

第一節　戰國資料的特徵

一、殘缺鬆散

戰國資料的殘缺鬆散，有其外在與內在因素。外在原因是戰國時期的動亂頻繁，政策推行與政權更替時對文字資料產生的破壞。而內在因素則較為複雜，包括了書寫載體的限制，士人作品多為單篇文章流傳，個人成書觀念薄弱等問題。

1、外在因素

戰國時期資料的殘缺與鬆散，從歷史大環境上來說主要有兩個因素，第一是戰國時期各國之間爭戰不休的情況，對文獻資料的損害很大。

根據《六國年表》的記載，我們可以看到戰國時期各國之間衝突的情況。從周威烈王二十三年（公元前403年）三家分晉開始，至秦始皇統一全國（公元前221年），可分為四個戰爭階段。

〔註3〕 司馬遷：《史記》〔M〕，北京：中華書局，2006年，第3295頁。
〔註4〕 司馬遷：《史記》〔M〕，北京：中華書局，2006年，第3295頁。
〔註5〕 韓兆琦：《史記選注彙評》〔M〕，北京：中州古籍出版社，1990年，第641頁。
〔註6〕 李長之：《司馬遷的人格與風格》〔M〕，天津：天津人民出版社，2007年，第29頁。
〔註7〕 楊寬：《戰國史料編年輯證》〔M〕，上海：上海人民出版社，2001年，前言第2頁。

第一階段是：三家分晉後至韓、趙、魏廢晉靜公（公元前 376 年），將近40 年的時間裏，各國或忙於內部整頓或進行改革，戰爭較少，僅有 10 餘次規模不大的戰爭。

戰國時期大國之間擴張領土的戰爭，由最早變法的魏國啟動，這是第二個戰爭階段。這個階段主要參戰的國家有秦、齊、楚，戰爭約 50 餘次，魏參與其中的有 27 次，勝 20 次，魏還越過趙國滅了中山國。

隨著齊、秦的相繼改革、強大，加之魏貴族恃功排他，一些優秀軍事人才外流，如吳起奔楚、商鞅投秦等，魏國轉變為被攻擊的主要目標。以濁澤之戰（公元前 369 年）為轉折，至濟西之戰（公元前 284 年）85 年的期間，較大戰事有 88 餘次，魏參與其中的有 41 次，敗 33 次，而秦參與其中的有 48 次，勝 44 次，齊參與其中的 20 次，勝 11 次，從這些數據可看出：魏國的霸業開始下滑，秦、齊兩國逐漸取代魏國而稱霸西、東。但在濟西之戰後，齊國失去與秦並立稱雄實力。這是戰國時期戰爭的第三階段。

第四階段由濟西之戰後至秦始皇統一中國的 63 年之間。這個期間主要是秦國向六國發動攻擊，發生戰爭 70 餘次，秦參加 54 次，其中進攻他國 51 次，勝 44 次。秦滅六國幾個重要戰役皆由白起領軍，戰爭規模大，傷亡很重，如秦與韓、魏的伊闕之戰，白起採取集中兵力，各個擊破的戰略，殲敵 24 萬；秦、趙長平之戰，雙方陣地正面對壘長達數十里，交戰時間半年以上，最後趙軍死亡 45 萬，秦軍亦傷亡過半，是戰國時期傷亡最重的戰役之一。

戰國時期總共有 16 個國家被戰國七雄所滅，後來東方六國又被秦國所滅。相較於春秋時期，戰國時期雖然參與戰爭的國家數量較少，但戰爭次數頻繁、規模巨大、鬥爭激烈、空間廣闊、形式多樣，死傷也較為慘重，僅秦征六國的過程，殺人便達 130 萬之多，此數字尚不包括秦人戰死者。《孟子·離婁》篇稱：「爭地以戰，殺人盈野；爭城以戰，殺人盈城」〔註 8〕，每次戰爭對國家及人民的損傷都是前所未聞，戰國時期的文字資料在戰爭中的損耗自然也是不可計數。

公元前 221 年，秦始皇統一全國，然而秦統一的時間卻過於短暫。秦始皇在統一六國之後，有過一系列文化重整的政策，例如廢分封，立郡縣；統一幣制、文字、車軌、度量衡等。而為後世所詬病的「焚書令」，用現代的眼

〔註 8〕 李學勤主編：《孟子注疏》〔A〕，《十三經注疏》〔C〕，北京：北京大學出版社，1999 年，第 188 頁。

光來分析，也能將其視爲是秦始皇文化重整政策的一部分。

　　焚書之事緣起於秦始皇三十四年（公元前 213 年）。根據《史記・秦始皇本紀》記載，齊人博士淳于越針對當時使用郡縣制統治舊東方六國的方法，建議應當按照古法來封建子弟功臣。對此丞相李斯持反對意見，他認爲現今已經天下統一，這時候提出封建制度是「以古刺今」、禍亂民心的行爲，於是李斯上奏提議焚書：

> 臣請史官非秦記皆燒之。非博士官所職，天下敢有藏《詩》、《書》、百家語者，悉詣守、尉雜燒之。有敢偶語《詩》、《書》者棄市。以古非今者族。吏見知不舉者與同罪。令下三十日不燒，黥爲城旦。所不去者，醫藥、卜筮、種樹之書。若欲有學法者，以吏爲師。〔註9〕

秦始皇同意了李斯的提議。但是焚書令卻不是簡單的書籍消滅的行爲：秦王朝的史官還存著《秦記》（秦國的史書），博士官也保存著《詩》、《書》、百家語等等，此外，醫藥、卜筮、種樹等技能方面的書，也沒有成爲焚書的對象，可見「秦焚書未全毀」（馬端臨《文獻通考》）的說法是對的。〔註 10〕對戰國資料來說，受損最大的無疑是六國史記的焚毀。司馬遷在《六國年表》序中提到：「史記獨藏周室，以故滅」〔註 11〕，「史記」指東方六國史官之記載，當時六國史記被收藏在周室以及諸侯宮室，因而很輕易地被集中毀滅，民間沒有保存，於是六國史記幾乎全部散佚。

　　回頭再仔細研讀秦始皇的焚書令，我們可發現「令下三十日不燒」的人，只是「黥爲城旦」。漢以前，黥刑適用於罪責較輕的罪犯，可知「不燒」並不是什麼滔天大罪。而處罰最重的是談論這些書籍或「以古非今」的人，這兩者都是死罪，而對「以古非今」的人更是處以滅族之刑。由此可見，秦始皇這次焚書的舉動，主要目的還在於抑制六國遺民的言論，鞏固新政權的意義大於文化銷毀。然而秦始皇在進行初期的文化銷毀之後，卻沒有時間進行文化重建。在頒佈焚書令三年後，秦始皇死於他第五次東巡途中。隔年秦二世元年（公元前 209 年）秋，「陳勝等起蘄，至陳而王，號爲『張楚』」〔註 12〕，到「漢元年十月，沛公兵遂先諸侯至霸上。秦王子嬰素車白馬，係頸以組，

〔註 9〕　司馬遷：《史記》〔M〕，北京：中華書局，2006 年，第 255 頁。

〔註 10〕　鄭傑文：《戰國策文新論》〔M〕，山東：山東人民出版社，1998 年，第 101 頁。

〔註 11〕　司馬遷：《史記》〔M〕，北京：中華書局，2006 年，第 686 頁。

〔註 12〕　司馬遷：《史記》〔M〕，北京：中華書局，2006 年，第 349 頁。

封皇帝璽符節，降軹道旁」〔註13〕，即公元前 206 年，劉邦軍隊進入咸陽，僅三年的時間，秦國便被各地反抗勢力所滅亡。

秦亡之後，「項羽引兵西屠咸陽，殺秦降王子嬰，燒秦宮室，火三月不滅」〔註14〕、「所過無不殘破」〔註15〕、「秦宮皆以燒殘破」〔註16〕，可見當時秦宮室基本是付之一炬。又根據秦始皇焚書的過程推斷，秦宮室裏保存的豐富戰國文字資料，也被項羽一把火給燒了。所以鄭傑文說：「秦始皇焚書後，尚有項羽焚書」〔註17〕，項羽雖無焚書之意，但確有焚書之實。從公元前 213 年到前 206 年，短短幾年的時間，戰國時期的文字資料遭到了巨大毀滅，損失嚴重。

2、內在因素

要探討戰國資料的特性，首先我們不能忽略戰國時期文字書寫的情況。在我國古文字材料中，竹簡帛書是易耗品，輕便易得，為書寫材料的主體。〔註18〕根據出土資料，我們可以認定戰國時期大部頭的文字資料基本以帛書及竹簡兩種形態呈現。其他還有一些刻在金石、貨幣、璽印、陶器等上面的簡短文字，這類文字或考慮到藝術效果、或因為簡略急就，字形的簡化、訛變較大，這裏不作詳細討論。

與縑帛相比，戰國時期主要以竹簡為文字載體。但是竹簡十分笨重，所佔的空間又很大，寫作、閱讀都很不便利，更遑論在戰爭頻傳的戰國時期，要攜帶這樣的文字資料周遊在各國之中是難以想像的。以下有幾個事例可以反映當時竹簡書的情況：

《莊子‧天下》篇稱：「惠施有方，其書五車。」〔註19〕形容惠施的藏書很多，雖然他「其道駁，其言也不中」〔註20〕，但在當時也算是飽學之士了。然而學富五車所承載的信息量大概有多少？晉太康二年，汲縣人不準盜掘當地古墓，「得竹書數十車」〔註21〕。這批竹簡長古尺二尺四寸（約 55 公分）

〔註13〕 司馬遷：《史記》〔M〕，北京：中華書局，2006 年，第 362 頁。
〔註14〕 司馬遷：《史記》〔M〕，北京：中華書局，2006 年，第 315 頁。
〔註15〕 司馬遷：《史記》〔M〕，北京：中華書局，2006 年，第 365 頁。
〔註16〕 司馬遷：《史記》〔M〕，北京：中華書局，2006 年，第 315 頁。
〔註17〕 鄭傑文：《戰國策文新論》〔M〕，山東：山東人民出版社，1998 年，第 101 頁。
〔註18〕 李零：《簡帛古書與學術源流》〔M〕，北京：三聯書局，2004 年，第 64 頁。
〔註19〕 陳鼓應譯注：《莊子今注今譯》〔M〕，北京：中華書局，1983 年，第 75 頁。
〔註20〕 陳鼓應譯注：《莊子今注今譯》〔M〕，北京：中華書局，1983 年，第 75 頁。
〔註21〕 房玄齡等：《晉書》〔M〕，北京：中華書局，1998 年，第 1203 頁。

左右，以墨書（或稱漆書）寫成，每簡四十字，15 篇，約有 10 萬餘字，裝了數十車，《竹書紀年》則是其中較完整的一部分。由此我們可知「學富五車」的信息量也就相當於現代的 3 萬字左右，它所含的信息量很難與現在一本比較厚的書相比。

又根據《秦始皇本紀》載：「天下之事無小大皆決於上，上至以衡石量書，日夜有呈，不中呈不得休息。」〔註 22〕形容秦始皇專權，甚至用稱石來測量大臣奏章文件重量，日夜都有定額，閱讀達不到定額，就不休息。到了唐朝，柳宗元用「充棟宇」、「汗牛馬」〔註 23〕來形容書籍眾多，可見重量與體積在很長一段時間裏，都是用來表現書籍多寡的量詞，這自是因應竹簡書的特性而有。

戰國時期還有一種記事書寫材料是帛書，帛是白色的絲織品，漢代總稱絲織品為帛或繒，或合稱繒帛，所以帛書也名繒書。帛書的考古發現目前還太少，只有兩批，都是出自於長沙。一批屬於戰國中晚期之交，即子彈庫帛書；一批屬於西漢早期，即馬王堆帛書。〔註 24〕

帛書起源於何時目前尚無定論，王國維認為「以帛寫書，至遲亦當在周季」〔註 25〕，錢存訓說：「縑帛之用於書寫，至遲當在公元前六七世紀」〔註 26〕，無論是哪一個說法，都表示使用縑帛書寫的歷史早於戰國時期。縑帛與竹簡相比，雖然便於書寫，便於攜帶，但卻價格昂貴。漢代一匹（約 50×92釐米）縑帛值六石（720 漢斤）大米，只有少數皇家貴族才能使用，一般文人根本無力承擔。如此推想戰國時期的情況，便可知帛書稀少的原因。

除此之外，戰國時期各國的文字也不統一。王國維在《史籀篇疏證序》中說：「秦用籀文，六國用古文」，指出秦國與東方六國在文字上的差異。其實戰國時期文字的地方色彩十分濃厚，即使是通稱為「古文」的六國文字，往往也存在齊、楚有異，韓、燕不同。戰國時期文字多變情形比想像的要複雜，也間接影響了文字資料流通的困難。

受到書寫載體不便的限制，戰國時期士人個人成書的觀念薄弱。戰國時

〔註 22〕司馬遷：《史記》〔M〕，北京：中華書局，2006 年，第 258 頁。
〔註 23〕唐・柳宗元《陸文通墓表》：「其為書，處則充棟宇，出則汗牛馬。」
〔註 24〕李零：《簡帛古書與學術源流》〔M〕，北京：三聯書局，2004 年，第 67 頁。
〔註 25〕王國維：《簡牘檢署考》〔M〕，上海：上海古籍出版社，2004 年，第 11 頁。
〔註 26〕錢存訓著，周寧森譯：《中國古代書史：書於竹帛》〔M〕，香港：香港中文大學，1975 年，52 頁。

期發展與興盛起來的士階層，是戰國文學的主要的作者群體，其中以諸子百家最為重要。值得注意的是，無論是《論語》、《墨子》，還是《莊子》、《孟子》，都是在戰國末期由該學派的後學整理彙集而成，而內容往往也非宗師一人所作。與個人成書觀念薄弱相反，戰國時期是個編書觀念較強的時代，這些書往往由特定集團或著名人物來主持編訂，特定集團是諸子百家的後學，如諸子文章、戰國策士文章等，這些文章非宗師所寫，也非一時、一地、一人所寫，而是集中被編纂成冊作為教科書使用，《論語》、《墨子》、《莊子》等皆如是；而特定人物如《魏公子列傳》裏提到的：「當是時，公子威振天下，諸侯之客進兵法，公子皆名之，故世俗稱魏公子兵法」〔註27〕或《司馬穰苴列傳》中所稱：「齊威王使大夫追論古者司馬兵法而附穰苴於其中，因號曰司馬穰苴兵法」〔註28〕，還有《呂不韋列傳》中記載的：「呂不韋乃使其客人人著所聞，集論以為八覽、六論、十二紀，二十餘萬言。以為備天地萬物古今之事，號曰呂氏春秋」〔註29〕，戰國時人編書的成就尤以呂不韋為代表。

　　我們可以說，戰國文字資料的形態原本就是鬆散的，政策與政權更替又使其殘缺，所以即使司馬遷父子所處年代與戰國時期相去不遠，但是所能見到的資料仍然不夠完整。顧炎武在《日知錄》卷十三「周末風俗」條中提到：「自《左傳》之終，至周顯王三十五年（公元前 334 年，按即齊威王與魏惠王『會徐州相王』之歲），前後一百三十三年之間，史文闕軼，考古者為之茫昧也。」韓兆琦也指出：「《周本紀》從周敬王三十九年（公元前 481 年）一直到周赧王元年之間，一百六十多年間沒有任何事情可記載。」〔註30〕

二、年代紊亂

　　我們說戰國時期資料年代紊亂，主要是《史記》帶給我們的訊息。楊寬說：「《史記》所載的東方六國史事，年代有很多錯亂」〔註31〕，韓兆琦說：「《史記》中戰國一段的記事，……頭緒紛亂，含混不清，許多事情連個時代先後也排不出來，其原因就因為……戰國時代沒有這樣一部編年史（指《左傳》），

〔註27〕　司馬遷：《史記》〔M〕，北京：中華書局，2006 年，第 2384 頁。

〔註28〕　司馬遷：《史記》〔M〕，北京：中華書局，2006 年，2160 頁。

〔註29〕　司馬遷：《史記》〔M〕，北京：中華書局，2006 年，第 2510 頁。

〔註30〕　韓兆琦：《史記通論》〔M〕，廣西：廣西師範大學出版社，1996 年，第 245 頁。

〔註31〕　楊寬：《戰國史料編年輯證》〔M〕，上海：上海人民出版社，2001 年，前言第 2 頁。

於是司馬遷無可依傍」〔註32〕，司馬遷自己的說法是：「獨有秦記，又不載日月，其文略不具」〔註33〕。司馬遷在編著戰國史部分首先要面對的問題就是紀年。司馬遷雖然在《史記》中給予紀年充分的注意，作了「表」以方便查閱，但是僅是《史記》裏的戰國世家與《六國年表》就有很多矛盾，所以《史記》戰國史這一部分的可靠性一直受到懷疑。

我們現在所能見到的戰國時期資料，載有戰國史料的著作，主要有四十二部書〔註34〕，這裏面包括了六經、諸子百家、文學書和新近出土的文獻，若將之與《史記》隨文記載所取的 106 種原文獻〔註35〕作交叉比較，帶有戰國時期編年資料的有：史記（六國史記）、秦記、《竹書紀年》、《編年記》，前兩者在司馬遷的年代已經殘缺不堪，後兩者出土於司馬遷之後，司馬遷所看到的原文獻當中，編年資料很少。但是根據現有的出土資料顯示，當時各國乃至於個人的記錄習慣，還是以編年爲主。晉太康二年（公元 281 年）出土大批竹書，其中有《紀年》十三篇，用夏正，按年記載自夏至戰國初期大事，自周幽王以後用晉國紀年，三家分晉以後用魏國紀年，至「今王」（魏襄王）二十年（公元前 299 年）爲止。整理者將其定名爲《竹書紀年》，現在普遍認定此書是魏之史記，當爲魏國史官之記載。〔註 36〕杜預在《春秋左傳集解後序》稱《竹書紀年》爲《紀年篇》，稱其「大似春秋經，惟此足見古者國史策書之常法也。」劉知幾《史通・惑經篇》說：「《竹書紀年》，其所記事，皆與《魯春秋》同。」〔註37〕古本《竹書紀年》在宋代散失，今本《竹書紀年》是出於後人重編，其中春秋戰國部分全用東周紀年，已非本來面目。

雖然古本《竹書紀年》已經散佚，但是今本《竹書紀年》還是可以用來顯示《史記》中六國紀年的錯亂。楊寬指出：我們把《紀年》（《竹書紀年》）和《史記》所載魏武侯和魏惠王時的大事加以對勘，便發現兩書所記大事的年代都相差一年或兩年，而年代相同的一件也沒有。相差兩年都是戰爭，戰

〔註32〕韓兆琦：《史記通論》〔M〕，廣西：廣西師範大學出版社，1996 年，第 239 頁。

〔註33〕司馬遷：《史記》〔M〕，北京：中華書局，2006 年，第 686 頁。

〔註34〕楊寬：《戰國史料編年輯證》〔M〕，上海：上海人民出版社，2001 年，前言第 2 頁。

〔註35〕張大可、安平秋、俞樟華主編：《〈史記〉教程》〔M〕，北京：華文出版社，2002 年，第 136 頁。

〔註36〕楊寬：《戰國史料編年輯證》〔M〕，上海：上海人民出版社，2001 年，引論上編第 2 頁。

〔註37〕劉知幾：《史通》〔M〕，臺灣：臺灣古籍出版社，1993 年，第 412 頁。

爭是可以連續兩年的，但是像秦封商君和魯、衛、宋、鄭四國之君來魏朝見，是不可能跨年度的。特別要指出，《六國年表》記秦獻公十六年（公元前三六九年）日蝕，此年按《史記》是魏惠王二年，而《紀年》（《開元占經》卷一〇一所引）稱秦惠王元年「晝晦」，「晝晦」就是日蝕。查公元前三六九年西曆四月十一日確是日有環食。據此可知《史記》魏惠王紀元誤上了一年，該是魏惠王於三十六年改元又稱一年，未逾年改元，惠王未改元前實只三十五年，《史記》誤以惠王三十六卒，於是惠王改元以前的年世誤多一年，因而惠王紀元誤上了一年，連帶魏文侯、魏武侯紀元都誤上了一年。雖然只有一年之差，但是對於改正《史記》中東方六國紀年的錯誤，牽連很大。〔註38〕

　　相對於《六國年表》中東方六國的年表，以秦國資料為中心的秦表就清晰許多。一九七六年在湖北雲夢睡虎地發現秦簡《編年記》，記事起於秦昭王元年，終於秦始皇三十年，記錄了秦國與其周邊國家歷年的戰爭大事，與墓主簡單的年譜。將《編年記》中所載戰爭大事與《六國年表》作比較（詳見下表），可發現兩者基本上是相互呼應的，所記大事年代與地名基本相符。

《編年記》	《史記・六國年表》
昭王元年。（BC306）	秦擊皮氏，未拔而解。（魏表）
二年，攻皮氏。	
三年。	
四年，攻封陵。	秦拔我蒲坂、晉陽、封陵。（魏表）
五年，歸蒲反。	與秦會臨晉，復（歸）我蒲坂。（魏表）
六年，攻新城。	
七年，新城陷。	
八年，新城歸。	
九年，攻析。	
十年。	
十一年。	
十二年。	

〔註38〕楊寬：《戰國史料編年輯證》〔M〕，上海：上海人民出版社，2001 年，第 23 頁。

《編年記》	《史記‧六國年表》
十三年，攻伊（闕）。	與秦戰（解），〔我〕不利。（魏表）
十四年，伊（闕）。	白起擊伊闕，斬首二十四萬。（秦表） 佐韓擊秦，秦敗我兵伊闕。（魏表） 秦敗我伊闕，〔斬首〕二十四萬，虜將喜。（韓表）
十五年，攻魏。	
十六年，攻宛。	秦拔我宛城。（韓表）
十七年，攻垣、枳。	
十八年，攻蒲反。	客卿錯擊魏，至軹，取城大小六十一。（秦表） 秦擊我。取城大小六十一。（魏表） 按：垣、枳、蒲反屬魏國。
十九年。	
廿年，攻安邑。	
廿一年，攻夏山。	魏納安邑及河內。（秦表） 秦敗我兵夏山。（韓表）
廿二年。	
廿三年。	
廿四年，攻林。	
廿五年，攻茲氏。	秦拔我兩城。（趙表）按：林與茲氏屬趙國。
廿六年，攻離石。	秦拔我石城。（趙表）
廿七年，攻鄧。	
廿八年，攻□。	白起攻楚，拔鄢、鄧五城。（白起列傳） 秦拔鄢、西陵。（楚表）
廿九年，攻安陸。	白起擊楚，拔郢，更東至竟陵，以爲南郡。（秦表）按：安陸爲楚國屬縣，秦統一天下後分楚爲四郡，安陸爲南郡之地。 秦拔我郢，燒夷陵，王亡走陳。（楚表）
卅年，攻□山。	
卅一年，□。	
卅二年，攻啓封。	暴鳶救魏，爲秦所敗，走開封。（韓表）
卅三年，攻蔡、中陽。	
卅四年，攻華陽。	白起擊魏華陽軍，芒卯走，得三晉將，斬首十五萬。（秦表）
卅五年。	
卅六年。	

《編年記》	《史記‧六國年表》
卅七年，□寇剛。	秦擊我關與城，不拔。（韓表） 秦、楚擊我剛壽。（齊表）
卅八年，關輿。	
卅九年，攻懷。	秦拔我懷城。（魏表）
□年。	
四一年，攻邢丘。	秦拔我廩丘。（魏表）按：集解徐廣曰：「或作『邢丘』。」
四二年，攻少曲。	
四三年。	
四四年，攻大（太）行，□攻。	秦擊我太行。（韓表）
四五年，攻大（野）王。十二月甲午雞鳴時，喜產。	
四六年，攻□亭。	
四七年，攻長平。十一月，敢產。	白起破趙長平，殺卒四十五萬。（秦表） 使趙括代廉頗將。白起破括四十五萬。（趙表）
四八年，攻武安。	
四九年，□□□。	
五十年，攻邯單（鄲）。	王齕、鄭安平圍邯鄲，及齕還軍，拔新中。（秦表） 公子無忌救邯鄲，秦兵解去。（魏表） 秦圍我邯鄲，楚、魏救我。（趙表） 春申君救趙。（楚表）
五十一年，攻陽城。	秦擊我陽城，救趙新中。（韓表）
五十二年，王稽、張祿死。	取西周（王）。王稽棄市。
五十三年，吏誰從軍。	
五十四年。	
五十五年。	
五十六年，後九月，昭死。正月，（速）產。	
孝文王元年，立即死。	秦孝文王元年。（秦表）
莊王元年。	秦莊襄王楚元年。蒙驁取成皋，滎陽。初置三川郡。呂不韋相。取東周。（秦表）

《編年記》	《史記·六國年表》
莊王三年，莊王死。	
今元年，喜傅。	始皇帝元年。擊取晉陽，作鄭國渠。（秦表）
二年。	
三年，卷軍。八月，喜揄史。	
四年，□軍。十一月，喜□安陸□史。	
五年。	
六年，四月，爲安陸令史。	
七年，正月甲寅，鄢令史。	
八年。	
九年。	
十年。	
十一年，十一月，獲產。	
十二年，四月癸丑，喜治獄鄢。	
十三年，從軍。	
十四年。	
十五年，從平陽軍。	
十六年，七月丁巳，公終。自占年。	
十七年，攻韓。	內史（勝）〔騰〕擊得韓王安，盡取其地，置潁川郡。華陽太后薨。（秦表） 秦虜王安，秦滅韓。（韓表）
十八年，攻趙。正月，恢生。	
十九年，□□□□南郡備敬（警）。	
廿年，七月甲寅，嫗終。韓王居□山。	
廿一年，韓王死。昌平君居其處，有死□屬。	

《編年記》	《史記‧六國年表》
廿二年，攻魏梁（梁）。	王賁擊魏，得其王假，盡取其地。（秦表） 秦虜王假。（魏表）
廿三年，興，攻荊，□□守陽□死。四月，昌文君死。	
廿四年，□□□王□□。	
廿五年。	
廿六年。	
廿七年，八月己亥廷食時，產穿耳。	
廿八年，今過安陸。	
廿九年。	
卅年（BC214）。	

　　秦國的資料對司馬遷來說是十分重要且珍貴的，然而在秦孝公以前，「秦僻在雍州，不與中國諸侯之會盟，夷翟遇之」〔註39〕，因而戰國初期秦記罕記中原諸侯之事，戰國中期以後秦記亦仍簡略〔註40〕，甚至「不載日月」。但是戰國時期並非沒有編年體制，而是殘缺散佚嚴重，最終形成了年代紊亂的特性。

三、眞僞難辨

　　戰國資料的眞僞難辨的問題，司馬遷是知道的。他在《蘇秦列傳》中說：「世言蘇秦多異，異時事有類之者皆附之蘇秦。」〔註41〕但是在史料殘缺的情況下，也只能是「戰國之權變亦有可頗采者，何必上古。」〔註42〕除去作爲史料的眞實性問題不談，戰國資料有時連作者的身份也難分辨。

　　這主要是戰國時期託名寫作的風氣。在戰國時期，弟子後學對宗師思想文風的模仿是很普遍的現象。戰國各派學術大師身後，都有一群弟子及其再傳、三傳後學。門人弟子不僅在生活上必須爲宗師從事灑掃、駕車、侍坐、

〔註39〕 司馬遷：《史記》〔M〕，北京：中華書局，2006 年，第 202 頁。
〔註40〕 楊寬：《戰國史料編年輯證》〔M〕，上海：上海人民出版社，2001 年，引論上編第 2 頁。
〔註41〕 司馬遷：《史記》〔M〕，北京：中華書局，2006 年，第 2277 頁。
〔註42〕 司馬遷：《史記》〔M〕，北京：中華書局，2006 年，第 686 頁。

家務雜役，而且有責任和義務模仿宗師的思想和文風去進行寫作，以宣傳、發展其師的學說。

生活在戰國時代的士人，一旦歸於某思想流派，他的整個思想文風就必須模仿其師。這種模仿之風從孔子師徒就開始了，《論語・子張》中記載了子張、子夏、子游、曾子、子貢等孔子弟子的語錄，如子張曰：「士見危致命，見得思義，祭思敬，喪思哀，其可已矣。」〔註43〕子夏曰：「賢賢易色，事父母能竭其力，事君能致其身，與朋友交，言而有信。雖曰未學，吾必謂之學矣」〔註44〕子貢曰：「君子之過也，如日月之食焉：過也，人皆見之；更也，人皆仰之。」〔註45〕《論語・學而》記曾子曰：「吾日三省吾身：爲人謀而不忠乎？與朋友交而不信乎？傳不習乎？」〔註46〕若將曾子、子夏等人名字換成「子曰」，那麼人們絲毫不會懷疑這些話出於孔子之口。爲什麼會發生這種現象？這就是孔門弟子模仿孔子的思想和聲情口吻發表言論。

所以當我們說到戰國某一個諸子文風的時候，實際上包含著兩層意思：第一層是指這個學派宗師的思想，第二層才是指整個學派的文風。戰國時期作家風格實際上指的是整個學派的風格，更準確一點說，是這個學派宗師的風格，至於弟子後學的風格都是模仿宗師的。例如在孟子時代，政論散文已經成熟，可是《孟子》一書卻採用語錄體，這就是孟子有意識地模仿《論語》。這樣的風氣從戰國時期一直延續到漢朝，如屈原之後有宋玉的模仿，到了漢代又有淮南小山、東方朔、王褒等人模仿屈原、宋玉的作品。這些文字材料，無論是私家學習材料，或是文學作品，風格語氣近似，幾乎可以以假亂眞。

若只是拿文學作品來爲人物立傳，例如使用《論語》的材料來寫《仲尼弟子列傳》，那問題還不大。這些材料中最特殊的莫過於記載戰國策士言論的文字，也就是我們所說的戰國策士文獻。戰國策士文獻記錄戰國策士遊說的故事和遊說辭，在當時應該是提供遊士作爲榜樣而揣摩和學習的教材，和諸子書形成的狀況差不多。許多遊說辭是用作練習的腳本，而獻策的信件也是供遊士模仿的。在那個縱橫風氣盛行的時代，戰國策士們或誇大合縱連橫的作用，或僞託著名縱橫家如蘇秦、張儀和將相如樂毅而作遊說辭和書信，

〔註43〕楊伯俊譯注：《論語譯注》〔M〕，北京：中華書局，2006 年，第 12 頁。
〔註44〕楊伯俊譯注：《論語譯注》〔M〕，北京：中華書局，2006 年，第 109 頁。
〔註45〕楊伯俊譯注：《論語譯注》〔M〕，北京：中華書局，2006 年，第 213 頁。
〔註46〕楊伯俊譯注：《論語譯注》〔M〕，北京：中華書局，2006 年，第 65 頁。

甚至虛構各國間合縱連橫的故事。所以說這批材料雖然包含了戰國時期重要的歷史事件，可信度卻不高。然而《史記》在資料缺乏的情況之下，在《左傳》、《國語》之後，《楚漢春秋》、《秦楚之際》之前，這中間二百多年的歷史就主要靠戰國策士文獻來填補。這就使得我國戰國史的部分更加真偽難辨了。

第二節　秦統一至漢初戰國資料的集散情況

戰國時期特殊的環境，使得戰國資料分散的很嚴重。戰國末期秦相呂不韋編《呂氏春秋》，是對戰國時期資料的第一次整理；秦始皇焚書的同時，也將部分圖書收入皇家圖書館；劉邦進咸陽，蕭何搶先收藏秦宮室的書籍。有了這三次集中整理，這些先秦典籍與戰國資料成為司馬遷創作《史記》最重要的素材。

在戰國時期，首先值得注意的是秦相呂不韋的門客群編纂的《呂氏春秋》。關於其編纂過程，《呂不韋列傳》在秦王政即位之後有如下敘述：「當是時，魏有信陵君，楚有春申君，趙有平原君，齊有孟嘗君，皆下士喜賓客以相傾。呂不韋以秦之彊，羞不如，亦招致士，厚遇之，至食客三千人。是時諸侯多辯士，如荀卿之徒，著書布天下。呂不韋乃使其客人人著所聞，集論以為八覽、六論、十二紀、二十餘萬言。以為備天地萬物古今之事，號曰《呂氏春秋》。布咸陽市門，懸千金其上，延諸侯游士賓客有能增損一字者予千金。」〔註47〕《呂氏春秋·序意》也提到：「維秦八年，歲在涒灘，秋甲子朔，朔之日，良人請問十二紀。文信侯曰：『……凡十二紀者，所以紀治亂存亡也，所以知壽夭吉凶也。上揆之天，下驗之地，中審之人，若此則是非可不可無所遁矣。』」〔註48〕這裏所指的「秦八年」，不是秦王即位的第八年（公元前239年），而是指秦國滅亡周國八年後的秦王六年。〔註49〕根據這些記載可見，戰國時期諸侯、君主下面有許多辯士，他們著書立說以期名揚天下，呂不韋的《呂氏春秋》就是提供這些門客一個著作發表的機會，所以《呂氏春秋》的八覽、六論、十二紀，二十餘萬言，體現了一種書籍編纂的過程：《呂氏春秋》

〔註47〕司馬遷：《史記》〔M〕，北京：中華書局，2006年，第2510頁。
〔註48〕陳奇猷：《呂氏春秋校釋》〔M〕，上海：學林出版社，1984年，第5頁。
〔註49〕陳奇猷：《呂氏春秋校釋》〔M〕，上海：學林出版社，1984年，第3頁。

的編纂形式可能是先將已經存在的書籍內容編入到各篇中，其中也存在著與《史記》、《戰國策》相同或相似的故事及傳說。所以《呂氏春秋》在編纂形式與內容取材，對《史記》都有一定的啓發作用。

《呂氏春秋》的成書，我們可以觀察到戰國末年的秦國開始有了收書的觀念。自呂不韋起，秦丞相有收羅天下圖書、研究天下學術以求富國治民之風氣。後有李斯爲相，李斯乃大儒荀卿的學生，數十年爲秦相，他說「今諸生不師今而學古，以非當世」，自是對於古今圖書皆有涉獵。〔註50〕到了秦始皇三十四年（公元前213年），秦始皇下令焚書。焚書的結果，除了「諸侯史記尤甚，爲其有所刺譏也……而史記獨藏周室，以故滅」〔註51〕之外，秦國朝廷處保存了經書、諸子文獻、卜筮類的術數書以及醫藥、種樹類的方技書，並且試圖通過學官的方式使法律文書廣爲人知。而各地尚來不及焚毀的《詩》、《書》之類的書籍，因爲有一群捨生保護經書的士人，如《史記》記載「秦時焚書，伏生壁藏之」〔註52〕、《論衡・佚文》記載「五經之儒，抱經隱匿」，這類的書籍在民間得到了很好的保存。

秦末天下大亂，在劉邦入關至項羽燒咸陽之間，尚有蕭何收書一事載於史冊。《蕭相國世家》載：「沛公至咸陽，諸將皆爭走金帛財物之府分之，何獨先入收秦丞相御史律令圖書藏之。沛公爲漢王，以何爲丞相。項王與諸侯屠燒咸陽而去。漢王所以具知天下阨塞，戶口多少，彊弱之處，民所疾苦者，以何具得秦圖書也。」〔註53〕這批資料包括全國各地的戶口、關隘、民生報告等秦國官方文件，對漢初的施政有很大的幫助。司馬遷對蕭何收書的貢獻是十分肯定的，所以我們對蕭何收書一事應該重視。

從《蕭相國世家》的記載，蕭何收書的範圍是：秦丞相、御史的藏書，以及秦宮室裏的律令圖書。上文提到，自呂不韋開始，秦丞相有收羅天下圖書的風氣。秦國的末代丞相李斯在秦二世二年（公元前208年）八月被腰斬於咸陽鬧市，而劉邦率兵入關在漢王元年（公元前206年）十月，前後相距僅一年零二個月，丞相府中的藏書當不致損失太多。所以蕭何在入關後即刻前往丞相府收書。

〔註50〕鄭傑文：《戰國策文新論》〔M〕，山東：山東人民出版社，1998年，第101頁。
〔註51〕司馬遷：《史記》〔M〕，北京：中華書局，2006年，第686頁。
〔註52〕司馬遷：《史記》〔M〕，北京：中華書局，2006年，第2014頁。
〔註53〕司馬遷：《史記》〔M〕，北京：中華書局，2006年，第2014頁。

御史之官則起源甚早，在卜辭、西周銅器銘文及春秋戰國文獻中均能見到此官名。春秋戰國時期御史是國君的侍從史官，他國使臣獻國書，常由御史接受。兩君相會，有御史在旁記錄，如秦、趙兩君澠池之會，秦王與趙王相會於澠池，趙王鼓瑟，「秦御史前書曰：『某年月日，秦王與趙王會飲，令趙王鼓瑟。』」〔註54〕秦王擊缶，「相如顧召趙御史書曰『某年月日，秦王爲趙王擊缶。』」〔註55〕在國君宴會群臣的時候，亦是「執法在傍，御史在後」〔註56〕。除了君王之外，封君貴族也設有性質相同的侍史，如「孟嘗君侍客坐語，而屏風後常有侍史，主記君所與客語，問親戚居處」〔註57〕。韓、魏等國於地方亦設御史，如《戰國策・韓策三》有「安邑御史」；《韓非子・內儲說・七術》記「卜皮爲縣令，其御史污穢而有愛妾」〔註58〕，這類御史相當於各國派往協助地方官員的文字秘書。總而言之，在春秋戰國時期列國皆有御史，御史主要的工作就是掌管文書及記事。

秦統一後，建立了一套以丞相爲核心的中央官僚體制，其主要職官是丞相、太尉、御史大夫，御史的地位與職權皆被提高。丞相是百官之長，其職責是協助皇帝處理全國政務，所謂「相國、丞相，皆秦官，金印紫綬，掌丞天子，助理萬機。」太尉負責管理軍事，「金印紫綬，掌武事」、「爲百官之長」。御史大夫，其位次略次於丞相，是丞相的輔佐，《漢書・百官公卿表》稱：「御史大夫，秦官，位上卿，銀印紫綬，掌副丞相。」〔註59〕御史一職在秦代，御史大夫的主要職責是掌管司法。這與《史記》記載「（蕭何）收秦丞相御史律令圖書」〔註60〕是相符的。

楚漢相爭之後，在漢王朝接收了秦國的律令、圖書，開始制定律令、軍法、章程、禮儀的時候，收藏於各地的《詩》、《書》等著作又漸漸地出現了。《漢書・惠帝紀》提到漢惠帝四年（公元前191年）三月：「省法令妨吏民者，除挾書律」〔註61〕，這與《漢書・藝文志》序文中所謂：「漢興，改秦

〔註54〕司馬遷：《史記》〔M〕，北京：中華書局，2006年，第2442頁。
〔註55〕司馬遷：《史記》〔M〕，北京：中華書局，2006年，第2442頁。
〔註56〕司馬遷：《史記》〔M〕，北京：中華書局，2006年，第3199頁。
〔註57〕司馬遷：《史記》〔M〕，北京：中華書局，2006年，第2354頁。
〔註58〕張覺點校：《商君書・韓非子》〔M〕，湖南：嶽麓書社，2006年，第207頁。
〔註59〕班固：《漢書》〔M〕，北京：中華書局，2006年，第745頁。
〔註60〕司馬遷：《史記》〔M〕，北京：中華書局，2006年，第2014頁。
〔註61〕班固：《漢書》〔M〕，北京：中華書局，2006年，第90頁。

之敗，大收篇籍，廣開獻書之路」﹝註62﹞所說的情況一致。在這個時期，不僅是漢朝廷，諸侯國也開始收書。

根據近代考古發現，漢文帝時期長沙國的藏書已經十分豐富。馬王堆漢墓的帛書出土集中在三號墓，墓主爲長沙國丞相利蒼之子。這批帛書中存有六藝、諸子、詩賦、兵書、數術、方技等書籍，內容涉及古代哲學、歷史、和科學技術許多方面，經整理共有 28 種書籍，約 12 萬多字。而這只是諸侯國丞相之子所擁有的部分書籍。

到了漢景帝時代，《漢書‧景十三王傳》記載：

> 河間獻王德以孝景前二年立，修學好古，實事求是。從民得善書，必爲好寫與之，留其眞，加金帛賜以招之。繇是四方道術之人不遠千里，或有先祖舊書，多奉以奏獻王者，故得書多，與漢朝等。是時，淮南王安亦好書，所招致率多浮辯。獻王所得書皆古文先秦舊書，《周官》、《尙書》、《禮》、《禮記》、《孟子》、《老子》之屬，皆經傳說記，七十子之徒所論。其學舉六藝，立《毛氏詩》、《左氏春秋》博士。修禮樂，被服儒術，造次必於儒者。山東諸儒多從而游。﹝註63﹞

從這段記載說明了兩件事：第一，在漢景帝時期，河間國的獻王劉德熱衷收集古書善本。上有所好，下必甚焉，劉德的屬民有的不遠千里，有的則將自家的祖傳舊書呈獻給他；第二，劉德除了收書，還做了抄錄的工作，原書則用來收藏，對古文獻的保存是很大的貢獻。他所得到的先秦舊書，是「古文」所寫，可見是戰國時期分散殘留在東方六國的文獻，包括《周官》、《尙書》、《禮》、《禮記》、《孟子》、《老子》等，以及立了博士官的《毛氏詩》及《左氏春秋》。而河間國的藏書與漢代中央朝廷皇家圖書館藏書量相當，即使記載可能略有誇飾，但也足以顯示河間國藏書之豐。

同一時期，淮南王劉安也在大量收書，淮南王劉安是當時皇室貴族中學術修養較爲深厚的人，他招致賓客方術之士數千人著書立說，即爲「《內書》二十一篇，《外書》甚眾，又爲《中篇》八卷，言神仙黃白之術，亦二十餘萬言」﹝註64﹞的《淮南子》。然而這部涉及範圍十分廣泛的文化巨著，留傳

﹝註62﹞ 班固：《漢書》﹝M﹞，北京：中華書局，2006 年，第 1701 頁。

﹝註63﹞ 班固：《漢書》﹝M﹞，北京：中華書局，2006 年，第 2410 頁。

﹝註64﹞ 班固：《漢書》﹝M﹞，北京：中華書局，2006 年，第 2145 頁。

下來的只有《內書》二十一篇，也就是現在我們看到的今本《淮南子》。值
得注意的是，《淮南子》中收錄了與《史記》類似的故事〔註65〕，此種現象
當是由於漢初史料限制所致。

　　以上這些例子都反應出漢代諸侯國收書政策在各地普遍實行。

　　到了漢武帝時期，《漢書・藝文志》序曰：

　　　　漢興，改秦之敗，大收篇籍，廣開獻書之路。迄孝武世，書缺簡
　　　　脫，禮壞樂崩，聖上喟然而稱曰：『朕甚閔焉！』於是建藏書之策，
　　　　置寫書之官，下及諸子傳說，皆充秘府。〔註66〕

《漢書・武帝紀》元朔五年夏六月詔曰：

　　　　蓋聞導民以禮，風之以樂。今禮壞樂崩，朕甚閔焉。故詳延天下方
　　　　聞之士，咸薦諸朝。其令禮官勸學，講議洽聞，舉遺興禮，以為天
　　　　下先。太常其議予博士弟子，崇鄉黨之化，以屬賢材焉。〔註67〕

由此可知漢武帝初年便開始積極收集民間藏書，設置寫書之官，連諸子傳說
等書籍都收進秘府（國家藏書館）。司馬遷在《史記》中亦對此作了描述：

　　　　維我漢繼五帝末流，接三代統業。周道廢，秦撥去古文，焚滅《詩》
　　　　《書》，故明堂石室金匱玉版圖籍散亂。於是漢興，蕭何次律令，韓
　　　　信申軍法，張蒼為章程，叔孫通定禮儀，則文學彬彬稍進，《詩》《書》
　　　　往往間出矣。自曹參薦蓋公言黃老，而賈生、晁錯明申、商，公孫
　　　　弘以儒顯，百年之間，天下遺文古事靡不畢集太史公。〔註68〕

這個記載表明，西漢王朝建立大約一百年之後，經過諸侯國、朝廷幾個收書
階段，「天下遺文、古事」皆彙集到中央，所以司馬遷能「紬史記、石室金
匱之書」〔註69〕，《史記》的編纂正是處於西漢王朝收書達到最高潮的時候
〔註70〕，為司馬遷提供了很好的創作條件。

　　根據《漢書・藝文志》的目錄，班固沿用了《七略》的方法，將天下圖
書分為六種：（一）六藝略，著錄易、詩、書、禮、樂、春秋、論語、孝經、

〔註65〕藤田勝久：《〈史記〉戰國史料研究》〔M〕，上海：上海古籍出版社，2008年，
　　　　第25頁。
〔註66〕班固：《漢書》〔M〕，北京：中華書局，2006年，第1701頁。
〔註67〕班固：《漢書》〔M〕，北京：中華書局，2006年，第171～172頁。
〔註68〕司馬遷：《史記》〔M〕，北京：中華書局，2006年，第3319頁。
〔註69〕司馬遷：《史記》〔M〕，北京：中華書局，2006年，第3296頁。
〔註70〕藤田勝久：《〈史記〉戰國史料研究》〔M〕，上海：上海古籍出版社，2008年，
　　　　第26頁。

小學九類圖書，這些都是儒家經典或與儒家經典有關的著作，它們被安排在最突出的位置，單獨為一略，體現了漢武帝罷黜百家之後，儒家經典在政治上學術上的指導作用；（二）諸子略，著錄儒、道、陰陽、法、名、墨、縱橫、雜、農、小說等十家著作，西漢去古未遠，諸子書保存頗多，雖然自漢武帝朝開始獨尊儒學，但對諸家學說基本上還是兼收並蓄的，不像後世那樣極端，所以諸子列第二大類；（三）詩賦略，著錄了辭、賦、歌詩等五類文學作品；（四）兵書略，著錄了兵權謀、兵形勢、陰陽、兵技巧四類軍事文獻，包括了戰略思想、戰術技巧各個方面；（五）數術略，著錄了天文、曆譜、五行、蓍龜、雜占、形法六類圖書，這裏既有天文曆法數學物理方面的科學知識，也有荒誕不經的迷信；（六）方技略，著錄了醫經、經方、房中、神仙四類著作，大體上是醫學科學及方士巫術兩方面的雜著。以上六略三十八類，共著錄了當時可以看到的五百九十六家，一萬三千二百六十九卷圖書。在這個目錄裏，《史記》（《太史公書》）被放在《六藝略》的「春秋家」。春秋家中有二十三家、九百四十八篇，《史記》作為「太史公百三十篇」，列於《春秋左氏傳》、《戰國策》〔註71〕後面。這個目錄顯示出漢代書籍的實際情況，我們可以得知在西漢末年以前存在的書籍，也就是司馬遷可以直接採用的材料。

　　對於秦漢時代書籍的集散，我們可以總結：戰國時代的書籍在秦始皇的焚書之後是第一階段的整理，到了漢初民間所藏的書籍再次出現，漢惠帝時期廢止挾書律之後，諸侯王和國家進行了大量的民間書籍收集工作，而司馬遷正是在這個背景下從事《史記》的創作。

〔註71〕　《漢書·藝文志》：《春秋古經》十二篇，《經》十一卷。公羊、穀梁二家。《左氏傳》三十卷。左丘明，魯太史。《公羊傳》十一卷。公羊子，齊人。《穀梁傳》十一卷。穀梁子，魯人。《鄒氏傳》十一卷。《夾氏傳》十一卷。有錄無書。《左氏微》二篇。《鐸氏微》三篇。楚太傅鐸椒也。《張氏微》十篇。《虞氏微傳》二篇。趙相虞卿。《公羊外傳》五十篇。《穀梁外傳》二十篇。《公羊章句》三十八篇。《穀梁章句》三十三篇。《公羊雜記》八十三篇。《公羊顏氏記》十一篇。《公羊董仲舒治獄》十六篇。《議奏》三十九篇。石渠論。《國語》二十一篇。左丘明著。《新國語》五十四篇。劉向分《國語》。《世本》十五篇。古史官記黃帝以來訖春秋時諸侯大夫。《戰國策》三十三篇。記春秋後。《奏事》二十篇。秦時大臣奏事，及刻石名山文也。《楚漢春秋》九篇。陸賈所記。《太史公》百三十篇。十篇有錄無書。馮商所續《太史公》七篇。《太古以來年紀》二篇。《漢著記》百九十卷。《漢大年紀》五篇。

第三節　司馬遷的「戰國策」

一、司馬遷所見的「戰國策」

1、策士文獻的保存與流傳

與上述的戰國資料相比，戰國策士文獻的境況是幸運的。士人言論在秦統一期間一度遭到壓抑，但沒有明文規定禁止縱橫策士的活動；秦始皇焚百家書，是否包括縱橫家，也很難說清楚。司馬談的《論六家之要旨》裏面只提到陰陽、儒、墨、名、法、道德，代表了漢初較爲流行的幾家思想派別；《史記》中雖多有縱橫策士的記載，但僅說「權變」、「縱橫」、「長短」等詞，沒有提過「縱橫家」；一直到劉向、劉歆父子劃分「九流十家」才有縱橫家的出現，也就是說縱橫策士自成一家的觀念至少到西漢末年才定型。策士文獻除了由策士隨遊弟子所記，另一部分即是諸侯隨侍御史所錄。前者當被視爲縱橫家言而流傳於民間，與諸子百家語同在；後者當被視爲史籍而藏於官府，與諸侯國史同類。〔註72〕秦人焚書未全毀，張正男先生認爲六國史官可能以副錄的方式保存包括戰國策文在內的史料，〔註73〕項羽一把大火也沒有燒盡天下典籍：官收典籍由於博士官、丞相府等所藏而躲過秦火，又由於蕭何收書而部分躲過項羽之火；民間仍有未焚之藏匿典籍。蕭何所收書中當有戰國策文，且在世史官和策士弟子或者他們的後人也藏匿起一部分，從而戰國策文保存到西漢。〔註74〕

2、秦滅亡後策士情況

策士活動在秦帝國時期沉寂一時，在各地抗秦起義與楚漢相爭中又活躍了起來。《高祖本紀》中記載劉邦入關中，「或說沛公曰：『秦富十倍天下，地形彊。今聞章邯降項羽，項羽乃號爲雍王，王關中。今則來，沛公恐不得有此。可急使兵守函谷關，無內諸侯軍，稍徵關中兵以自益，距之。』」〔註75〕《淮陰侯列傳》中的盱眙人武涉，替項羽說服韓信：

> 天下共苦秦久矣，相與戮力擊秦。秦已破，計功割地，分土而王之，
> 以休士卒。今漢王復興兵而東，侵人之分，奪人之地，已破三秦，
> 引兵出關，收諸侯之兵以東擊楚，其意非盡吞天下者不休，其不知

〔註72〕鄭傑文：《戰國策文新論》〔M〕，山東：山東人民出版社，1998年，第102頁。
〔註73〕張正男：《戰國策初探》〔M〕，臺灣：商務印書館，1984年，第58頁。
〔註74〕鄭傑文：《戰國策文新論》〔M〕，山東：山東人民出版社，1998年，第105頁。
〔註75〕司馬遷：《史記》〔M〕，北京：中華書局，2006年，第364頁。

厭足如是甚也。且漢王不可必，身居項王掌握中數矣，項王憐而活之，然得脫，輒倍約，復擊項王，其不可親信如此。今足下雖自以與漢王爲厚交，爲之盡力用兵，終爲之所禽矣。足下所以得須臾至今者，以項王尚存也。當今二王之事，權在足下。足下右投則漢王勝，左投則項王勝。項王今日亡，則次取足下。足下與項王有故，何不反漢與楚連和，參分天下王之？今釋此時，而自必於漢以擊楚，且爲智者固若此乎！〔註76〕

這段說辭對當時情勢分析透徹，說辭切乎情、合乎理，洋洋灑灑與戰國策士說辭相當。後又有蒯通借「相人」、「復說」欲說服韓信，若非韓信「猶豫不忍倍漢」〔註77〕，楚漢相爭的結果必然爲武涉、蒯通所改變。

　　進入西漢，蒯通仍是策士代表之一。《田儋列傳》稱「蒯通者，善爲長短說，論戰國之權變爲八十一首。」〔註78〕《漢書・蒯伍江息夫傳》稱其：「通論戰國時說士權變，亦自序其說，凡八十一首，號曰《雋永》。」〔註79〕蒯通不僅對勢力進行遊說，還通論戰國時遊說之士的權變和自己關於縱橫之術的理論，可說是史載策士自立說的第一人。金德建先生指出，根據顏注的《漢書・張湯傳》：「《戰國策》名《短長術》。」〔註80〕以及司馬貞《索隱》也說過：「《戰國策》亦名曰《短長書》。」因此，他推測，「所謂『《長短書》』者，原來就是《戰國策》的別名，這就可以想見《戰國策》原本是蒯通等人的書了。」〔註81〕此說雖然過於武斷，但蒯通的確是漢初策士的經典人物。

　　除了蒯通，漢代關於策士的記載尚有：《平津侯主父列傳》中的「主父偃，齊臨淄人也，學長短縱橫之術」〔註82〕、《酷吏列傳》中的「邊通，學長短，剛暴彊人也。」〔註83〕《漢書・藝文志》記載縱橫家目錄：「從橫十二家，百七篇。蒯子五篇，鄒陽七篇，主父偃二十八篇。」顯示了漢代統一之後縱橫策士亦曾盛行一時，而且這個時期的策士開始有著書立說之舉，可看出策士在時移世易後也有了行爲上的變化。

〔註76〕司馬遷：《史記》〔M〕，北京：中華書局，2006年，第2622頁。
〔註77〕司馬遷：《史記》〔M〕，北京：中華書局，2006年，第2625頁。
〔註78〕司馬遷：《史記》〔M〕，北京：中華書局，2006年，第2649頁。
〔註79〕班固：《漢書》〔M〕，北京：中華書局，2006年，第2327頁。
〔註80〕班固：《漢書》〔M〕，北京：中華書局，2006年，第2218頁。
〔註81〕金德建，《司馬遷所見書考》〔M〕，上海：上海人民出版社，2006年，第111頁。
〔註82〕司馬遷：《史記》〔M〕，北京：中華書局，2006年，第2953頁。
〔註83〕司馬遷：《史記》〔M〕，北京：中華書局，2006年，第3143頁。

3、司馬遷眼中的戰國策

劉向在《戰國策》書錄中提到他所見的戰國策士文獻情況：

> 所校中《戰國策》書，中書餘卷，錯亂相糅莒。又有國別者八篇，少不足。臣向因國別者，略以時次之，分別不以序者以相補，除復重，得三十三篇。本字多誤脫爲半字，以「趙」爲「肖」，以「齊」爲「立」，如此字者多。中書本號，或曰《國策》，或曰《國事》，或曰《短長》，或曰《事語》，或曰《長書》，或曰《脩書》。臣向以爲戰國時，游士輔所用之國，爲之策謀，宜爲《戰國策》。其事繼春秋以後，訖楚、漢之起，二百四十五年間之事，皆定以殺青，書可繕寫。〔註84〕

從這段記錄可以歸納劉向所見的戰國策士文獻特徵是：（一）版本眾多，至少有《國策》、《國事》、《短長》、《事語》、《長書》、《脩書》六種原始資料，或加上「國別者八篇」以爲七種，或以爲是五種；（二）版本重複，劉向「除復重」之後才得到三十三篇的《戰國策》定本；（三）文本狀況不良，有脫落字和錯字。以上這些特徵，應該接近司馬遷所見的戰國策士文獻的原型。而劉向這批文獻是放置於「中書」，也就是司馬遷所謂的「石室金匱」，出處來源亦相同。另外還須注意到，在《史記》中引用自戰國策士文獻的部分，已經改過錯別字，並且沒有重複，也就是說，司馬遷早於劉向對這批戰國策士文獻做了整理和挑選，只是劉向是依照國別將其分類，而司馬遷是將其融入《史記》創作當中。如此，即使班固在《漢書·司馬遷傳》中說：「司馬遷據《左氏》、《國語》，採《世本》、《戰國策》，述《楚漢春秋》，接其後事，訖於天漢。」〔註85〕我們依然知道司馬遷所據的不可能是劉向的《戰國策》，僅能說司馬遷與劉向校編應該是放置於漢代皇家圖書館中的同一批戰國策士文獻。有幸於近代考古盛行，「1900 年瑞典人斯文赫定（Sven Hedins）在我國新疆沙漠裏古樓蘭廢墟發現了漢代的書寫紙，其中有一紙是隸書寫的《戰國策》殘葉，這張紙僅存六行不足，未標明書名，但與姚本《戰國策》燕策第一章與第二章首文字及編次相同，可決其爲《戰國策》無疑。」〔註86〕如此更能證實筆者

〔註84〕劉向集錄，范祥雍箋證，《戰國策箋證》〔M〕，上海：上海古籍出版社，2006年，第1頁。

〔註85〕班固：《漢書》〔M〕，北京：中華書局，2006年，第2737頁。

〔註86〕劉向集錄，范祥雍箋證，《戰國策箋證》〔M〕，上海：上海古籍出版社，2006年，第3頁。

的推測，《史記》與《戰國策》並非如傳統所認爲的垂直的父子關係，而是平行的兄弟關係。〔註87〕

二、關於《戰國縱橫家書》

1973 年出土的馬王堆帛書《戰國縱橫家書》中，帛書《戰國縱橫家書》中有百分之六十是新發現的佚文，既不存在於《史記》，也不存在於《戰國策》。但是因爲其他部分與《史記》、《戰國策》相同，所以一開始被命名爲《帛書戰國策》。由於《戰國縱橫家書》的年代比《史記》、《戰國策》都要靠前，所以《戰國縱橫家書》可看作爲是《史記》及《戰國策》成書的戰國故事輯本，我們將其與《史記》、《戰國策》作一個比較。

表：《戰國縱橫家書》與《史記》、《戰國策》之比較〔註88〕

章	《戰國縱橫家書》章題	《史記》	《戰國策》
1	蘇秦自趙獻書燕王章		
2	蘇秦使韓山獻書燕王章		
3	蘇秦使盛慶獻書於燕王章		
4	蘇秦自齊獻書於燕王章		《燕策二》
5	蘇秦謂燕王章	《蘇秦列傳》	《燕策一》
6	蘇秦自梁獻書於燕王章（一）		
7	蘇秦自梁獻書於燕王章（二）		
8	蘇秦謂齊王章（一）		
9	蘇秦謂齊王章（二）		
10	蘇秦謂齊王章（三）		
11	蘇秦自趙獻書於齊王章（一）		
12	蘇秦自趙獻書於齊王章（二）		
13	韓貧獻書於齊章		
14	蘇秦謂齊王章（四）		

〔註87〕 湯勤：《史記與戰國策語言比較研究》〔D〕，華中科技大學博士學位論文，2006年，第2頁。

〔註88〕 此表改編自藤田勝久：《馬王堆帛書戰國縱橫家書的結構與特徵》〔M〕，上海：上海世紀出版社，2008年，154～155頁。

章	《戰國縱橫家書》章題	《史記》	《戰國策》
15	須賈說穰侯章 五百七十（字）	《穰侯列傳》 約 700 字	《魏策三》 約 700 字
16	朱己謂魏王章 八百五十八（字）	《魏世家》 約 1000 字	《魏策三》 約 1100 字
17	謂起賈章 五百六十三（字）		
18	觸龍見趙太后章 五百六十九（字）	《趙世家》 約 739 字	《趙策四》 約 744 字
19	秦客卿造謂穰侯章 二百（字）‧大凡二千八百七十（字）		《秦策三》 約 400 字
20	謂燕王章	《蘇秦列傳》	《燕策一》
21	蘇秦獻書趙王章	《趙世家》	《趙策一》
22	蘇秦謂陳軫章	《田敬仲完世家》	
23	虞卿謂春申君章		《楚策四》、《韓策一》
24	公仲佣謂韓王章	《韓世家》	《韓策一》
25	李園謂辛梧章		
26	見田於梁南章		
27	齏皮堆邯鄲君章		

　　由上表可看出，《史記》和《戰國策》同時沒有收錄的篇章有十六章，其中大部分為與蘇秦相關的記載。由於《戰國縱橫家書》與今本《戰國策》的內容只有五分之二相似，所以楊寬先生認為它們應該屬於《蘇子》而不是《戰國策》，應如《蘇秦列傳》所述：

　　蘇秦兄弟三人，皆游說諸侯以顯名，其術長於權變。而蘇秦被反閒以死，天下共笑之，諱學其術。然世言蘇秦多異，異時事有類之者皆附之蘇秦。〔註89〕

所以楊寬先生認為《史記》和《戰國策》同時沒有收錄的部分就是秦漢之際流行的一種縱橫家節選本〔註90〕，也就是世傳的《蘇子》。關於《戰國縱橫家

〔註89〕司馬遷：《史記》〔M〕，北京：中華書局，2006年，第2277頁。
〔註90〕楊寬：《馬王堆帛書〈戰國策〉的史料價值》〔A〕，《戰國縱橫家書》〔M〕，北京：文物出版社，1990年，第7頁。

書》多出的十六篇究竟是否爲《戰國策》以外的著作，學界目前尚無定論，故不在本文討論。

　　根據鄭良樹先生的分類，《戰國縱橫家書》內容可分爲三個大類：第一大類是第一至十四章，以蘇秦的書信和對話爲中心；第二大類是第十五至十九章，每章的末尾記錄了故事的字數，第十九章的末尾記載了這五章的總字數「大凡二千八百七十」；第三大類第二十到二十七章，亦記載蘇子之事，但從其字體和內容看，輯錄的是與第一大類不同的另一個文本的故事。〔註91〕對《戰國縱橫家書》故事排列的問題，唐蘭先生、馬雍先生、楊寬先生、鄭良樹先生皆有不同的看法，不管原因爲何，唯一可以確定的，即是《戰國縱橫家書》是由至少三個不同版本的策士文獻所串聯的。劉向稱所見有《國策》、《國事》、《短長》、《事語》、《長書》、《修書》等名稱，證明了策士文獻雖然零散，但是或出自於縱橫家教學需要，或出於攜帶方便，已有編定成書的習慣；而集書的過程中，隨編者所需來彙集文章，所以才會有「多復重」的現象。從《戰國縱橫家書》的內容分類就能印證這個情形。我們不妨假想，《戰國縱橫家書》爲長沙王丞相之子所收集的圖書，或甚至是他將自己收集的戰國策士文章修編成書，當時策士文獻一部分收於官府，一部分流於民間，劉向所見可能僅限於「中書」，而司馬遷遊覽各地，未必沒有見過《戰國縱橫家書》裏的內容，或許出自對材料可信度的考慮，最後還是採取了與劉向相同的皇家圖書館裏的戰國策士文獻作爲《史記》的材料。

〔註91〕鄭良樹：《論帛書本〈戰國策〉的分批及命名》〔A〕，《竹簡帛書論文集》〔M〕，
　　　　北京：中華書局，1982 年

第二章　司馬遷對戰國策士文獻具體使用情況——與秦接壤的戰國世家

第一節　《趙世家》

　　《資治通鑒》記載：「周威烈王二十三年，初命晉大夫魏斯、趙籍、韓虔爲諸侯」〔註1〕，自此春秋時期的強國晉國被分爲韓、趙、魏三個國家，史稱「三家分晉」，而此年（公元前 403 年）也作爲春秋與戰國的分界。

　　趙國在戰國初期並不強盛，然而在武靈王實行胡服騎射之後，國強兵盛，其軍力一度爲東方六國之首，抵抗秦近百餘年，而互有勝負。期間能臣、健將、義士、名儒相繼輩出。戰國四大將軍——白起、王翦、廉頗、李牧，秦、趙平分秋色。戰國中期，秦、齊兩大國忙於爭奪霸權，趙國實際上成爲東方合縱諸國的盟主。在《史記》三十世家中，《趙世家》亦是頗具特色的一篇。首先，《趙世家》在戰國世家中的篇幅最長；第二，對於戰國以前尤其是春秋時期的記事較多，包括後來耳熟能詳的「趙氏孤兒」的故事，就是首見於《趙世家》；第三，《趙世家》進入戰國時期的趙國資料十分詳細，從趙敬侯開始，每個君主都有連續的編年記事。（參看下表）

〔註 1〕　司馬光：《資治通鑒》〔M〕，北京：中華書局，2005 年，第 1311 頁。

趙國君主	在位年數	編年記事情況
趙烈侯	9	只記元年、六年（記事）、九年（卒）
趙武公	13	只記武公十三年卒
趙敬侯	12	7年無
趙成侯	25	18年、23年無
趙肅侯	24	5、8、9、10、13、14、19、20、21年無
趙武靈王	27	2、6、7、12、15、22、24年無
趙惠文王	33	1、6、7、22、30、31、32年無
趙孝成王	21	3、5、6、7、9、13、17、18年無
趙悼襄王	9	7、8年無
趙幽繆王	8	全有

　　藤田勝久先生亦注意到了這個特殊的情況，他對此提出分析：認為「《趙世家》的信息量比六國趙表的多，其記事內容也更豐富，但《趙世家》的記事不一定比六國趙表多。……就是說，《趙世家》的記事雖然整體上很豐富，但有時與六國趙表的內容不同。」〔註2〕根據筆者考證，《趙世家》中記載了趙國的內部事件與帶「月」的編年記事，例如敬侯四年「築剛平以侵衛」〔註3〕；成侯「二年六月，雨雪」〔註4〕；趙武靈王「十九年春正月，大朝信宮」〔註5〕、「二十七年五月戊申，大朝於東宮，傳國，立王子何以為王」〔註6〕；趙惠文王三年「行賞，大赦，置酒酺五日，封長子章為代安陽君」〔註7〕等，內容涉及趙國邊防內政，並出現了詳細的月份記載。除了《趙世家》，其餘五個戰國世家中戰國時期的部分都沒有這種帶「月」的編年記事，而《趙世家》中帶「月」的編年記事甚至比《秦本紀》還多。我們都知道《秦本紀》所依循的「秦記」是「不載日月」〔註8〕的，所以它帶「月」的編年記事數量少是可以理解的。帶「月」的編年記事透露出《趙世家》中有一個不同於「秦記」

〔註2〕藤田勝久：《〈史記〉戰國史料研究》〔M〕，上海：上海古籍出版社，2008年，第283頁。
〔註3〕司馬遷：《史記》〔M〕，北京：中華書局，2006年，第1798頁。
〔註4〕司馬遷：《史記》〔M〕，北京：中華書局，2006年，第1799頁。
〔註5〕司馬遷：《史記》〔M〕，北京：中華書局，2006年，第1805頁。
〔註6〕司馬遷：《史記》〔M〕，北京：中華書局，2006年，第1812頁。
〔註7〕司馬遷：《史記》〔M〕，北京：中華書局，2006年，第1813頁。
〔註8〕司馬遷：《史記》〔M〕，北京：中華書局，2006年，第686頁。

的編年資料，但是目前無法更清楚的知道其形態。若我們將其假想爲趙國史記，則東方國家的史官記載的確比「秦記」詳細，甚至我們可以想像文化強大的齊國，其史書的編纂可能會更細膩，喪失了這些寶貴的史料，難怪司馬遷在《六國年表》序發出了「史記獨藏周室，以故滅。惜哉，惜哉！」〔註9〕的感歎。

《趙世家》按時代區分爲兩部分，第一部分從趙氏先人開始說起，而主要記載爲春秋時期的趙氏活動；第二部分爲戰國時期的趙國。戰國之前的《趙世家》，以晉君年代編年記事，附加類似民間傳說的故事。戰國以後的《趙世家》，主要由編年記事、戰國策士文獻以及戰國故事三個部分組成。戰國時期的《趙世家》使用了七則戰國故事，其中五則出於戰國策士文獻，分別是趙武靈王時期一則、趙惠文王時期一則、趙孝成王時期二則、趙悼襄王時期一則。以下按趙君年代先後依次比較分析：

趙武靈王是戰國時期最傑出的君王之一。趙國進入戰國時期後最重要的事莫過於趙武靈王推行的胡服騎射政策。司馬遷將《戰國策・趙策二》「武靈王平晝閒居」的故事繫於趙武靈王十九年，記載趙武靈王根據趙國的國情，大膽提出了胡服騎射的主張。實行這一主張，就要改變傳統習俗，因而遭到來自各方面的反對。但趙武靈王力排眾議，接連與貴族及大臣進行激烈的論辯，終於使反對者理屈辭窮，不得不同意他的主張。司馬遷將《戰國策・趙策二》「武靈王平晝閒居」這段文字做了修改，對趙武靈王力排眾議的記述是頗爲詳盡的，在反覆論辯中，將武靈王這位改革家的遠見卓識及其勇氣和魄力做了了最充分的體現。這段敘述很長，從「十九年春正月」至「遂胡服招騎射」，將近兩千字，而《戰國策・趙策二》「武靈王平晝閒居」全文字數則更多。爲了分析方便，我們將《趙世家》和《戰國策・趙策二》「武靈王平晝閒居」的分段列表比較：

《戰國策・趙策二》「武靈王平晝閒居」	《史記・趙世家》
A、武靈王閒居期間，肥義陪侍，與武靈王相談簡子、襄子之事迹，引出武靈王欲變法振興國力的想法——推行胡服騎射。肥義贊同武靈王。	一、武靈王招樓緩討論欲胡服騎射的想法，樓緩贊同。 二、群臣反對，武靈王與肥義討論，肥義贊同。（此段與A文字同）

〔註9〕司馬遷：《史記》〔M〕，北京：中華書局，2006年，第686頁。

《戰國策・趙策二》「武靈王平晝閒居」	《史記・趙世家》
B、公子成反對，武靈王與公子成辯論，說服公子成。 C、趙文反對，武靈王與趙文辯論。 D、趙造反對，武靈王與趙造辯論。	三、公子成反對，武靈王與公子成辯論，說服公子成。（此段與 B 文字同） 四、《史記》：明日，（公子成）服而朝。於是始出胡服令也。 五、趙文、趙造、周袑、趙俊皆諫止王毋胡服。 六、《史記》只取 D 文字用以駁斥諸大臣的反對。

此段故事《趙世家》與《戰國策・趙策二》「武靈王平晝閒居」不同之處有二：（一）《趙世家》中樓緩的加入；（二）《趙世家》中反對胡服騎射的大臣人數增加，但是卻將《戰國策・趙策二》「武靈王平晝閒居」中趙武靈王與群臣的辯論刪去一段。筆者對司馬遷的改造略作分析：樓緩為趙國人，前後侍奉趙武靈王和秦昭王兩位戰國時期著名的君王，活動時間跨度有四、五十年，《戰國策》中涉及他的文字有十篇之多。秦昭王十年、趙惠文王二年（公元前 297 年），秦與趙、宋聯合，謀求對抗齊、魏、韓三國，樓緩入秦出任秦相國。次年三國攻入函谷關，秦求和。再次年樓緩被免去相職。長平戰後，樓緩又為秦入趙，誘趙王納城講和，沒有成功。趙國多次因聽信樓緩而損害了自己的利益，司馬遷將其源於樓緩曾經力排眾議支持趙武靈王的胡服騎射政策，力圖解釋歷代趙王對其信任的原因。

在《戰國策・趙策二》「武靈王平晝閒居」中反對趙武靈王的人都是趙氏宗親，在《趙世家》中則是內廷外朝都有大臣反對，加大了胡服騎射政策推行的難度。在這種情況之下，司馬遷反將一大段《戰國策・趙策二》「武靈王平晝閒居」中武靈王辯論之詞刪去，更顯出趙武靈王對新政勢在必行、無需多言的氣勢。《趙世家》前半部分在趙簡子時期已經暗示了這一改革的必要性，趙國在經過胡服騎射改革後，十餘年間軍事實力大增，此後趙武靈王三次胡服北征，間隙還出兵滅掉中山國，除去趙國的心頭大患。司馬遷不惜筆墨地對此次改革進行敘述，顯示司馬遷對趙武靈王的重視，並將其視為能繼承春秋時期先祖業績的趙國重要君王。

趙武靈王二十七年，傳國於王子何，任肥義為相，兼任趙王何之傅。趙武靈王自號主父，專心趙國的軍事建設和對外戰爭。趙國國內政治、經濟事務則全部交由趙何負責，趙何即是趙惠文王。趙何即位後，國內的政治中心

逐漸地由趙武靈王轉向了趙惠文王。趙惠文王是繼趙武靈王后較有作爲的君王，他任用樂毅和平原君爲相，藺相如爲上卿，廉頗、趙奢爲將，對外以理折服強秦，對內整頓稅收，使得「國賦大平，民富而府庫實。」〔註 10〕趙惠文王十六年，廉頗帶趙軍伐齊，長驅深入齊境，《趙世家》記載道：

> 十六年，秦復與趙數擊齊，齊人患之，蘇厲爲齊遺趙王書曰：「臣聞古之賢君，其德行非布於海內也，教順非洽於民人也，祭祀時享非數常於鬼神也。甘露降，時雨至，年穀豐孰，民不疾疫，眾人善之，然而賢主圖之。令足下之賢行功力，非數加於秦也；怨毒積怒，非素深於齊也。秦趙與國，以強徵兵於韓，秦誠愛趙乎？其實憎齊乎？物之甚者，賢主察之。秦非愛趙而憎齊也，欲亡韓而吞二周，故以齊餤天下。恐事之不合，故出兵以劫魏、趙。恐天下畏己也，故出質以爲信。恐天下亟反也，故徵兵於韓以威之。聲以德與國，實而伐空韓，臣以秦計爲必出於此。夫物固有勢異而患同者，楚久伐而中山亡，今齊久伐而韓必亡。破齊，王與六國分其利也。亡韓，秦獨擅之。收二周，西取祭器，秦獨私之。賦田計功，王之獲利孰與秦多？」〔註11〕

本段在《戰國策・趙策一》「趙收天下且以伐齊」有類似的記載：

> 趙收天下，且以伐齊。蘇秦爲齊上書說趙王曰：「臣聞古之賢君，德行非施於海內也，教順慈愛，非布於萬民也，祭祀時享，非當於鬼神也。甘露降，風雨時至，農夫登，年穀豐盈，眾人喜之，而賢主惡之。令足下功力，非數痛加於秦國，而怨毒積惡，非曾深凌於韓也。臣竊外聞大臣及下吏之議，皆言主前專據，以秦爲愛趙而憎韓。臣竊以事觀之，秦豈得愛趙而憎韓哉？欲亡韓吞兩周之地，故以韓爲餌，先出聲於天下，欲鄰國聞而觀之也。恐其事不成，故出兵以佯示趙、魏。恐天下之驚覺，故微韓以貳之。恐天下疑己，故出質以爲信。聲德於與國，而實伐空韓。臣竊觀其圖之也，議秦以謀，計必出於是。

> 且夫說士之計，皆曰韓亡三川，魏滅晉國，恃韓未窮，而禍及於趙。且物固有勢異而患同者，又有勢同而患異者。昔者，楚人久伐而中

〔註10〕 司馬光：《資治通鑒》〔M〕，北京：中華書局，2005 年，第 1315 頁。

〔註11〕 司馬遷：《史記》〔M〕，北京：中華書局，2006 年，第 1817 頁。

山亡。今燕盡韓之河南，距沙丘，而至鉅鹿之界三百里，距於扞關，至於榆中千五百里。秦盡韓、魏之上黨，則地與國都邦屬而壞挈者七百里。秦以三軍強弩坐羊唐之上，即地去邯鄲二十里。且秦以三軍攻王之上黨而危其北，則句注之西，非王之有也。今魯句注禁常山而守，三百里通於燕之唐、曲吾，此代馬、胡駒不東，而崑山之玉不出也。此三寶者，又非王之有也。今從於彊秦國之伐齊，臣恐其禍出於是矣。

昔者，五國之王嘗合橫而謀伐趙，參分趙國壞地，著之盤盂，屬之讎柞，五國之兵有日矣。韓乃西師以禁秦國，使秦發令素服而聽，反溫、枳、高平於魏，反三公、什清於趙，此王之明知也。夫韓事趙宜正爲上交，今乃以抵罪取伐，臣恐其後事王者之不敢自必也。

今王收（齊），天下必以王爲得，韓危（抱）社稷以事王，天下必重王。然則韓義，王以天下就之；下至韓慕（逆），王以天下收之。是一世之命制於王已。臣願大王深與左右群臣辛計而重謀，先事成慮而熟圖之也。〔註12〕

此段以秦國向東方擴張爲背景，討論如果趙國和秦國聯手攻打齊國，便會對趙國不利。《趙世家》與《戰國策・趙策一》「齊收天下且以伐齊」不同之處有：（一）《趙世家》中改蘇秦爲蘇厲；（二）《戰國策・趙策一》「齊收天下且以伐齊」有四段文字，司馬遷僅用了分析秦、趙、韓形勢的部分，使說辭更加簡明扼要。

　　在司馬遷引用戰國策士文獻的過程中，我們會發現關於蘇秦、蘇代、蘇厲三人的事跡經常相混。分析其原因：蘇氏兄弟三人活動的時間雖先後不同，但他們活動的範圍和宗旨卻有著驚人的相似之處。蘇秦先在燕，後適齊，最主要的活動地點是在燕、齊兩國；蘇代、蘇厲先奔齊，後歸燕，主要活動地點也在這兩個國家。而他們的宗旨都是在六國合縱的基礎上，偏向幫助燕國而謀齊。所以光從書信的內容上來看，很難分辨究竟是蘇秦、蘇厲或是蘇代所言。

　　《戰國縱橫家書》二十一章亦有類似的記載：

獻書趙王：臣聞甘洛降，時雨至，禾穀（豐）盈，眾人喜之，賢君

〔註12〕劉向集錄，范祥雍箋證：《戰國策箋證》〔M〕，上海：上海古籍出版社，2006年，第972～974頁。

惡之。今足下功力非數加於秦也，怨竺積怒，非深於齊，下吏皆以秦爲夏趙而曾齊。臣竊以事觀之，秦幾夏趙而曾齊（哉）。欲以亡韓、呷兩周，故以齊餌天下。恐事之不□誠，故出兵以割革趙、魏。恐天下之疑己，故出摯以爲信。聲德兵國，實伐鄭韓。臣以秦之計必出於此。且説士之計皆曰：「韓亡參川，魏亡晉國，市□□朝未罷過及於趙。」

且物固有勢異而患同者。昔者，楚久伐，中山亡。今燕盡齊之河南，距莎丘、鉅鹿之圍三百里。距麠關，北至於榆中者千五百里。秦盡韓、魏之上黨，則地兵王布屬壤芥者七百里。秦以強弩坐羊腸之道，則地去邯鄲百廿里。秦以三軍功王之上常而包其北，則注之西，非王之有也。今增注、恒山而守三百里，過燕陽、曲逆，此代馬、胡狗不東，繪山之玉不出，此三葆者，或非王之有也，今從強秦久伐齊，臣恐其過出於此也。且五國之主嘗合衡謀伐趙，疏分趙壤，箸之（盤）竿，屬之祝（詛）。五國之兵出有日矣。齊乃西師以（禁）強秦。史秦廢令，疏服而聽，反溫、軹、高平於魏，反王公，符逾於趙，此天下所明知也。夫齊之事趙，宜正爲上交，乃以柢罪取伐，臣恐後事王者不敢自必也。今王收齊，天下必以王爲義矣。齊（抱）社稷事王，天下必重王。然則齊義，王以天下就之；齊逆，王以天下□之。是一世之命制於王也。臣願王兵下吏羊計某言而竺慮之也。

〔註13〕

《戰國縱橫家書》二十一章沒有《戰國策・趙策一》「趙收天下且以伐齊」起句八個字，也沒有記載上書者的姓名，文風較《史記》、《戰國策》粗疏，特徵更接近戰國策士的教學材料。另，《戰國策・趙策一》「趙收天下」中齊、韓混亂，齊多訛作爲韓，文義不通，而《戰國縱橫家書》此章韓皆作齊，與《趙世家》的裁選不謀而合，如此可知司馬遷在面對散亂繁雜的戰國策士文獻的時候，下了不少功夫，在歷史考證、錯誤修定部分都比劉向細心。

趙國此次攻齊，最後攻取齊國陽晉，威旗諸侯，趙國也隨之躍居六國之首。從此廉頗率軍征戰，守必固，攻必取，幾乎百戰百勝，威震列國。趙國成爲東方諸侯阻擋秦國東進的屏障，秦國自此十幾年間未敢輕言攻趙。

〔註13〕馬王堆漢墓帛書整理小組編：《戰國縱橫家書》〔M〕，北京：文物出版社，1976年，第 183 頁。

趙孝成王時期《趙世家》收錄了二則戰國故事，皆出自於戰國策士文獻，《趙世家》將其分別繫於趙孝成王元年和四年。

趙孝成王初繼位時，秦兵攻趙，取趙三城。《趙世家》記載道：

> 孝成王元年，秦伐我，拔三城。趙王新立，太后用事，秦急攻之。趙氏求救於齊，齊曰：「必以長安君爲質，兵乃出。」太后不肯，大臣彊諫。太后明謂左右曰：「復言長安君爲質者，老婦必唾其面。」左師觸龍言願見太后，太后盛氣而胥之。……太后曰：「諾，恣君之所使之。」於是爲長安君約車百乘，質於齊，齊兵乃出。子義聞之，曰：「人主之子，骨肉之親也，猶不能持無功之尊，無勞之奉，而守金玉之重也，而況於予乎？」〔註14〕

本段是很精彩的故事，因爲篇幅較長，本文於引用時做了刪節。故事敘述趙國爲了向齊國請求援軍，必須有人說服趙太后將她心愛的少子送去齊國作爲人質。面對頑固的趙太后，群臣束手無策。此時觸龍倚老賣老，步步爲營，先瓦解了趙太后排斥的情緒，以情動之，再以理說之，最後成功使趙太后同意讓長安君到齊國當人質，解救趙國危機。《趙世家》本段約有 739 字，《戰國策·趙策四》「趙太后新用事」約 744 字，《戰國縱橫家書》十八章亦記此事，篇末標注五百六十九（字）。《趙世家》與《戰國策·趙策四》「趙太后新用事」篇幅相當，《戰國縱橫家書》「觸龍見趙太后章」略少於前二者，但三者所載內容大致相同，顯示本段是戰國時期流傳較廣的故事。

趙孝成王四年所記載的是戰國時期對趙國影響最大的一次戰爭——長平之戰的部分敘述，敘述了長平之戰發生前韓國上黨的形勢：

> 四年，王夢衣偏裻之衣……後三日，韓氏上黨守馮亭使者至，曰：「韓不能守上黨，入之於秦。其吏民皆安爲趙，不欲爲秦。有城市邑十七，願再拜入之趙，財王所以賜吏民。」王大喜，召平陽君豹告之曰：「馮亭入城市邑十七，受之何如？」對曰：「聖人甚禍無故之利。」王曰：「人懷吾德，何謂無故乎？」對曰：「夫秦蠶食韓氏地，中絕不令相通，固自以爲坐而受上黨之地也。韓氏所以不入於秦者，欲嫁其禍於趙也。秦服其勞而趙受其利，雖彊大不能得之於小弱，小弱顧能得之於彊大乎？豈可謂非無故之利哉！且夫秦以牛田之水通糧蠶食，上乘倍戰者，裂上國之地，其政行。不可與爲難，必勿受

〔註14〕 司馬遷：《史記》〔M〕，北京：中華書局，2006 年，第 1822～1823 頁。

也。」王曰：「今發百萬之軍而攻，踰年歷歲未得一城也。今以城市邑十七幣吾國，此大利也。」

趙豹出，王召平原君與趙禹而告之。對曰：「發百萬之軍而攻，踰歲未得一城，今坐受城市邑十七，此大利，不可失也。」王曰：「善。」乃令趙勝受地，告馮亭曰：「敝國使者臣勝，敝國君使勝致命，以萬戶都三封太守。千戶都三封縣令，皆世世爲侯，吏民皆益爵三級，吏民能相安，皆賜之六金。」馮亭垂涕不見使者，曰：「吾不處三不義也：爲主守地，不能死固，不義一矣；入之秦，不聽主令，不義二矣；賣主地而食之，不義三矣。」〔註15〕

此段《戰國策・趙策一》「秦王謂公子他曰」記載道：

秦王謂公子他曰……馮亭守三十日，陰使人請趙王曰：「韓不能守上黨，且以與秦，其民皆不欲爲秦，而願爲趙。今有城市之邑七十，願拜內之與王，唯王才之。」趙王喜，召平原君而告之曰：「韓不能守上黨，且以與秦，其吏民不欲爲秦，而皆願爲趙。今馮亭令使者以與寡人，何如？」趙豹對曰：「臣聞聖人甚禍無故之利。」王曰：「人懷吾義，何謂無故乎？」對曰：「秦蠶食韓氏之地，中絕不令相通，故自以爲坐受上黨也。且夫韓之所以內趙者，欲嫁其禍也。秦被其勞，而趙受其利，雖強大不能得之於小弱，而小弱顧能得之強大乎？今王取之，可謂有故乎？且秦以牛田，水通糧，其死士皆列之於上地，令嚴政行，不可與戰。王自圖之。」王大怒曰：「夫用百萬之眾，攻戰踰年歷歲，未見一城也。今不用兵而得城七十，何故不爲？」

趙豹出。王召趙勝、趙禹而告之曰：「韓不能守上黨，今其守以與寡人，有城市之邑七十。」二人對曰：「用兵踰年，未見一城，今坐而得城，此大利也。」乃使趙勝往受地。趙勝至曰：「敝邑之王，使使者臣勝，太守有詔，使臣勝謂曰：『請以三萬戶之都封太守，千戶封縣令，諸吏皆益爵三級，民能相集者，賜家六金』。」馮亭垂涕而勉曰：「是吾處三不義也：爲主守地而不能死，而以與人，不義一也；主內之秦，不順主命，不義二也；賣主之地而食之，不義三也。」〔註16〕

〔註15〕司馬遷：《史記》〔M〕，北京：中華書局，2006 年，第 1824～1826 頁。
〔註16〕劉向集錄，范祥雍箋證：《戰國策箋證》〔M〕，上海：上海古籍出版社，2006年，第 988～990 頁。

從文字上來說，《趙世家》與《戰國策・趙策一》「秦王謂公子他曰」大致相同，但是細節處卻做了修正與改編。例如《戰國策・趙策一》「秦王謂公子他曰」第一段中「趙王喜，召平原君而告知曰」，根據上下文，司馬遷在《趙世家》中將其改為「召平陽君豹告之曰」，修正了《戰國策・趙策一》「秦王謂公子他曰」的筆誤；第二段最後，馮亭的反應，在《戰國策・趙策一》「秦王謂公子他曰」中與《趙世家》截然不同。在《戰國策・趙策一》「秦王謂公子他曰」中，馮亭垂涕承認自己的錯誤（「吾處三不義」），後果斷地「辭封而入韓」，目的是為了告訴韓王趙國已然發兵攻取上黨，既使韓王不失信於秦國，又成功地將秦國的注意力轉到趙國，使韓國轉危為安，可稱得上是戰國時期一流的縱橫家。從這個角度來看，《戰國策》中馮亭獻上黨，原本就是設計好的計策。《戰國策・趙策一》「秦王謂公子他曰」接著敘述馮亭：

> 辭封而入韓，謂韓王曰：「趙聞韓不能守上黨，今發兵已取之矣。」
> 韓告秦曰：「趙起兵取上黨。」秦王怒，令公孫起、王齕，以兵遇趙
> 於長平。〔註17〕

在《趙世家》中則直接敘述趙國接受上黨之後的後續發展：

> 趙遂發兵取上黨。廉頗將軍軍長平。七（年）〔月〕，廉頗免而趙括
> 代將。秦人圍趙括，趙括以軍降，卒四十餘萬皆阬之。王悔不聽趙
> 豹之計，故有長平之禍焉。〔註18〕

在《戰國策・趙策一》「秦王謂公子他曰」提到馮亭的部分到了《趙世家》中被省略，馮亭這個人物在《趙世家》中說明自己「不處三不義」之後便嘎然而止，人物形象顯得不夠飽滿。或許這是因為司馬遷想強調長平之禍的起因是由於「不聽趙豹之計」、「廉頗免而趙括代將」這兩個原因，於是便犧牲了對馮亭的塑造。總的來看，《戰國策・趙策一》「秦王謂公子他曰」是在敘述韓國轉危為安的原因，而《趙世家》的重點在長平之戰，是司馬遷對趙國招致長平之戰的解釋。

　　趙孝成王不聽諫言，接收了上黨，最後招來了幾乎導致滅國的長平之戰。趙國在趙武靈王推行胡服騎射之後，國力大增，一度與西方的秦國勢均力敵，是東方國家中戰鬥力最強的國家之一。然而自長平之戰後，實力再也無力與秦國相抗衡。

〔註17〕 劉向集錄，范祥雍箋證：《戰國策箋證》〔M〕，上海：上海古籍出版社，2006
　　　　年，第 990 頁。
〔註18〕 司馬遷：《史記》〔M〕，北京：中華書局，2006 年，第 1826 頁。

　　《趙世家》中最後一則戰國故事繫於趙悼襄王二年。當時趙國以李牧爲將，正集中全力攻燕，秦國則趁此機會拘留趙國春平君。《趙世家》與《戰國策・趙策四》文字基本相同，唯《戰國策・趙策四》「秦召春平侯」中人名爲春平侯，而《趙世家》做春平君。由於兩段文字幾乎相同，故判斷春平君與春平侯應爲同一人。《史記集解》指出：「徐廣曰：年表云太子從質秦歸。」〔註19〕所以《史記正義》說：「太子即春平君也。」〔註20〕然而在 1993 年 3 月出版《名古屋大學東洋史研究報告》中刊登了一個名爲「十七年春平侯鈹」的青銅器。根據李學勤先生的研究，這件青銅鈹的形制是直刃平脊，無格有莖……鈹長爲 33.1 釐米、寬 3.3 釐米，和一些類似的鈹一樣，文字乃鑿刻而成，因而筆劃多呈現爲楔形。其正面有文字兩行（見下圖），共二十字，反面有文字一行，計 5 字，釋文如下：

　　十七年，相邦春平侯，邦右

　　伐器工師，冶醇執劑。

　　大工尹韓。

圖：十七年春平侯鈹〔註21〕

〔註19〕司馬遷：《史記》〔M〕，北京：中華書局，2006 年，第 1831 頁。

〔註20〕司馬遷：《史記》〔M〕，北京：中華書局，2006 年，第 1831 頁。

〔註21〕李學勤：《四海尋珍》〔M〕，北京：清華大學出版社，1998 年，第 94 頁。

這批十七年由春平侯監製的青銅鈹，目前現存有八件。銘文所示十七年，經黃盛章先生考證爲趙孝成王十七年。趙孝成王晚年，趙國相位的設置，歷史記載不很明確。根據《趙世家》記載：趙孝成王「十五年，以尉文封相國廉頗爲信平君。」〔註22〕《廉頗藺相如列傳》稱：「趙以尉文封廉頗爲信平君，爲假相國。」〔註23〕然而《趙世家》又記載：「（趙孝成王）十六年，廉頗圍燕，以樂乘爲武襄君。十七年，假相大將武襄君攻燕，圍其國。十八年，延陵鈞率師從相國信平君助魏攻燕。」〔註24〕文中所稱「相國」即爲銘文中的「相邦」，「假相國」又爲「假相」，銘文中作「守相」。所謂「假」就是兼理的意思，「守」是指試用或代行官職。假相應爲兼任相職，守相則是試用性質的相。由此可見，僅在趙孝成王十五年到十八年中，趙國相位的更替是很頻繁的，易生混亂。兵器銘文可以提供我們清晰的紀年：從兵器銘文紀年可看出，趙孝成王十五年、十七年；趙悼襄王元年到四年、八年，春平侯都位居「相邦」之位。如此我們可以推斷：趙孝成王十五年至少有過兩任相國，分別爲廉頗與春平侯，而廉頗不爲相國職位時可能爲「假相」，如此《趙世家》與《廉頗藺相如列傳》中記載的矛盾即消除。而趙孝成王十七年春平侯爲相國，武襄君爲假相，也就順理成章了。由此我們得到結論：春平侯是趙國末年重要的大臣，但不應該是悼襄王的太子，《史記正義》的說法顯然有誤。

通過觀察《趙世家》對戰國策士文獻的選用與編排，可發現以下軌迹：進入戰國時期的趙國，由趙武靈王的胡服騎射開始國運興盛，到了趙孝成王時代的長平之戰則是趙國國力正式轉弱的分界線，隨後就一蹶不振，到了戰國末期趙王遷時期被秦滅亡。依循這個軌迹，司馬遷使用戰國策士文獻的大段對話來塑造趙武靈王的形象，而長平之戰更是司馬遷著墨最多的戰役，除了《趙世家》，在《秦本紀》、《韓世家》、《白起王翦列傳》、《平原君虞卿列傳》、《魏公子列傳》等相關國家、人物列傳中對長平之戰皆有論述。

然而《趙世家》所選用的戰國策士文獻，在故事本身的可信度與司馬遷改編排列的正確性，都需要加以考證。這個部分牽涉內容繁雜龐大，有些疑義已經不可考，有些則需依靠新出土文物證明，如前文考證春平君與春平侯爲同一人即爲一例。

〔註22〕 司馬遷：《史記》〔M〕，北京：中華書局，2006年，第1828頁。
〔註23〕 司馬遷：《史記》〔M〕，北京：中華書局，2006年，第2448頁。
〔註24〕 司馬遷：《史記》〔M〕，北京：中華書局，2006年，第1828～1829頁。

第二節　《魏世家》

　　《魏世家》進入戰國時期後對魏文侯、魏惠王和魏安釐王三個君主的敘述比較詳細。因爲魏之興在魏文侯之世，魏之衰從魏惠王開始，而魏安釐王的失策加速了魏的滅亡，司馬遷緊抓魏國歷史轉折的關鍵來進行《魏世家》的創作，全文篇幅很長。

　　魏文侯是戰國初期頗有聲望的君王。他禮敬賢人，以子夏、段干木、田子方爲師；重用賢士，文臣有李克、西門豹，武將有軍事家吳起。魏文侯支持李克實行政治改革，使魏國成爲戰國初期最強的國家。在《魏世家》的紀年中，魏文侯在位的三十八年有十三次編年記事，但是沒有對文侯的政績做具體描述。司馬遷引述了秦國人對魏文侯的看法：「魏君賢人是禮，國人稱仁，上下和合，未可圖也。」〔註25〕對魏文侯的評論在《戰國策》中雖然沒有，但在《呂氏春秋・開春論・期賢》、《淮南子・脩務》、《新序・雜事五》中都有類似的內容〔註26〕，《魏世家》的表述可說是這些典籍的概括。

　　魏武侯在位十六年，有八次編年記事，但是沒有附加戰國故事。

　　魏惠王（又稱梁惠王）期間，在位三十六年中有二十二次編年記事，三則戰國故事，其中一則出自於戰國策士文獻，一則出自《春秋後語》殘卷，另一則資料出處不明。

　　《魏世家》將與《戰國策・宋策》「魏太子自將過宋」相似的一則故事繫於魏惠王三十年：

　　　　三十年……魏遂大興師，使龐涓將，而令太子申爲上將軍。

　　　　過外黃，外黃徐子謂太子曰：「臣有百戰百勝之術。」太子曰：「可得聞乎？」客曰：「固願效之。」曰：「太子自將攻齊，大勝并莒，則富不過有魏，貴不益爲王。若戰不勝齊，則萬世無魏矣。此臣之百戰百勝之術也。」太子曰：「諾，請必從公之言而還矣。」客曰：「太子雖欲還，不得矣。彼勸太子戰攻，欲啜汁者眾。太子雖欲還，恐不得矣。」

　　　　太子因欲還，其御曰：「將出而還，與北同。」太子果與齊人戰，敗

〔註25〕司馬遷：《史記》〔M〕，北京：中華書局，2006年，第1839頁。
〔註26〕藤田勝久：《〈史記〉戰國史料研究》〔M〕，上海：上海古籍出版社，2008年，第341頁。

於馬陵。齊虜魏太子申，殺將軍涓，軍遂大破。〔註27〕

六國魏表記：「惠王三十年，齊虜我太子申，殺將軍龐涓。」〔註28〕本段《魏世家》與《戰國策‧宋策》「魏太子自將過宋」徐子與太子的對話大抵相同，但在事件細節上有些許不同。《戰國策‧宋策》「魏太子自將過宋」中不載龐涓事，最後言太子與「齊人戰而死」〔註29〕，高誘云：「齊人敗之馬陵，虜龐涓而殺太子申，故云『卒不得魏』也。」〔註30〕然而在《魏世家》中記載：「齊人敗之馬陵，虜龐涓而殺太子申，故云『卒不得魏』也」〔註31〕，與六國魏表相同，而《孫子吳起列傳》中記載龐涓是自刎而死，與齊國殺龐涓有些出入，但《史記》中的記載始終是太子活、龐涓死，與《戰國策》的說法又不太一樣。

司馬遷通過故事表現魏惠王其人，魏惠王在位三十六年，前十八年靠文侯打下的基礎，與諸侯交戰互有勝負；後十八年則連連敗績。一次是伐趙，被齊國派田忌、孫臏用計大敗於桂陵；再一次是伐韓，又被田忌、孫臏大敗於馬陵；另一次是被商鞅率秦軍打敗，盡失河西之地。這幾次大敗使魏國兵力耗盡，國力空虛。魏惠王到晚年似乎有所覺悟，想廣招賢士以挽回敗局，但為時已晚。司馬遷引用孟子的一席話為惠王作了總結：「為人君，仁義而已矣，何以利為！」〔註32〕尖銳地指出魏惠王的失敗是只顧爭利，不施仁義的結果。

《魏世家》在魏惠王至魏安釐王之間，於魏哀王時期有一則故事與《戰國策‧魏策二》「田需死」相似，《魏世家》記載道：

> 魏相田需死，楚害張儀、犀首、薛公。
>
> 楚相昭魚謂蘇代曰：「田需死，吾恐張儀、犀首、薛公有一人相魏者也。」代曰：「然相者欲誰而君便之？」昭魚曰：「吾欲太子之自相也。」代曰：「請為君北，必相之。」昭魚曰：「奈何？」對曰：「君

〔註27〕司馬遷：《史記》〔M〕，北京：中華書局，2006年，第1845～1846頁。

〔註28〕司馬遷：《史記》〔M〕，北京：中華書局，2006年，第725頁。

〔註29〕劉向集錄，范祥雍箋證：《戰國策箋證》〔M〕，上海：上海古籍出版社，2006年，第1827頁。

〔註30〕劉向集錄，范祥雍箋證：《戰國策箋證》〔M〕，上海：上海古籍出版社，2006年，第1828頁。

〔註31〕司馬遷：《史記》〔M〕，北京：中華書局，2006年，第1846頁。

〔註32〕司馬遷：《史記》〔M〕，北京：中華書局，2006年，第1847頁。

其爲梁王，代請說君。」昭魚曰：「奈何？」對曰：「代也從楚來，昭魚甚憂，曰：『田需死，吾恐張儀、犀首、薛公有一人相魏者也。』代曰：『梁王，長主也，必不相張儀。張儀相，必右秦而左魏。犀首相，必右韓而左魏。薛公相，必右齊而左魏。梁王，長主也，必不便也。』王曰：『然則寡人孰相？』代曰：『莫若太子之自相。太子之自相，是三人者皆以太子爲非常相也，皆將務以其國事魏，欲得丞相璽也。以魏之彊，而三萬乘之國輔之，魏必安矣。故曰莫若太子之自相也。』」

遂北見梁王，以此告之。太子果相魏。〔註33〕

本段《魏世家》與《戰國策・魏策二》「田需死」的内容基本一樣，繫於魏哀王九年。字面意思是蘇代爲楚國勸說魏王讓太子爲相，但實是分析了張儀、犀首、薛公（孟嘗君）三者政治傾向的不同，亦可看出當時各國的政治形勢。

魏安釐王是魏哀王的孫子。《魏世家》對魏安釐王的敘述篇幅最長，將近全文的三分之一。魏安釐王在位三十二年，有十二次編年記事，五則故事，除了「趙使人謂魏王曰：『爲我殺范痤，吾請獻七十里之地。』……」〔註34〕一段文字，風格類似戰國策士說辭，但不知出處。其他四則故事皆出自於戰國策士文獻，分別繫於魏安釐王四年、十一年、十四年。

司馬遷不惜筆墨，通過大段引用戰國策士文獻從不同方向、不同角度揭示了魏安釐王的嚴重失策。《魏世家》首先通過蘇代對魏安釐王的批評指出了「以地事秦，譬猶抱薪救火」的道理：

四年，秦破我及韓、趙，殺十五萬人，走我將芒卯。魏將段干子請予秦南陽以和。

蘇代謂魏王曰：「欲璽者段干子也，欲地者秦也。今王使欲地者制璽，使欲璽者制地，魏氏地不盡則不知已。且夫以地事秦，譬猶抱薪救火，薪不盡，火不滅。」

王曰：「是則然也。雖然，事始已行，不可更矣。」對曰：「王獨不見夫博之所以貴梟者，便則食，不便則止矣。今王曰『事始已行，不可更』，是何王之用智不如用梟也？」〔註35〕

〔註33〕司馬遷：《史記》〔M〕，北京：中華書局，2006年，第1851～1852頁。
〔註34〕司馬遷：《史記》〔M〕，北京：中華書局，2006年，第1856頁。
〔註35〕司馬遷：《史記》〔M〕，北京：中華書局，2006年，第1854頁。

《戰國策‧魏策三》「華軍之戰」有類似的敘述：

> 華軍之戰，魏不勝秦。明年，將使段干崇割地而講。
>
> 孫臣謂魏王曰：「魏不以敗之上割，可謂善用不勝矣；而秦不以勝之上割，可謂不能用勝矣。今處期年乃欲割，是群臣之私而王不知也。且夫欲璽者，段干子也，王因使之割地；欲地者，秦也，而王因使之受璽。夫欲璽者制地，而欲地者制璽，其勢必無魏矣！且夫姦臣固皆欲以地事秦。以地事秦，譬猶抱薪而救火也，薪不盡，則火不止。今王之地有盡，而秦之求無窮，是薪火之説也。」
>
> 魏王曰：「善。雖然，吾已許秦矣，不可以革也。」對曰：「王獨不見夫博者之用梟邪？欲食則食，欲握則握。今君劫於群臣而許秦，因曰不可革，何用智之不若梟也！」〔註36〕

《魏世家》記魏國爲秦所敗，欲獻南陽之地予秦國求和，蘇代向魏王說明割地之舉猶如抱薪救火。《戰國策‧魏策三》「華軍之戰」中爲孫臣向魏王進諫，言明不應在戰敗一年之後才向秦國割地。進言內容雖然近似，但是時間與進言者均不同，《戰國策》文末多出「魏王曰：『善。』乃案其行」句，《魏世家》則無。

另，《魏世家》及《史記》其他篇章中均不見「華軍之戰」字眼。根據《魏世家》記載：「安釐王元年，秦拔我兩城。二年，又拔我二城，軍大梁下，韓來救，予秦溫以和。三年，秦拔我四城，斬首四萬。」〔註37〕與六國魏表文字大抵相同，魏表安釐王四年，記「與秦南陽以和」〔註38〕，同年爲六國秦表昭襄王三十四年，記「白起擊魏華陽軍，芒卯走，得三晉將，斬首十五萬。」〔註39〕由此推測《戰國策‧魏策三》中所謂華軍之戰，應該是「華陽軍」或是「華陽之戰」的訛誤。

魏安釐王十一年有兩則戰國故事。其一見於《戰國策‧秦策四》「秦昭王謂左右」，《魏世家》中記載：

> 秦昭王謂左右曰：「今時韓、魏與始孰彊？」對曰：「不如始彊。」

〔註36〕 劉向集錄，范祥雍箋證：《戰國策箋證》〔M〕，上海：上海古籍出版社，2006年，第1379～1380頁。

〔註37〕 司馬遷：《史記》〔M〕，北京：中華書局，2006年，第1854頁。

〔註38〕 司馬遷：《史記》〔M〕，北京：中華書局，2006年，第743頁。

〔註39〕 司馬遷：《史記》〔M〕，北京：中華書局，2006年，第743～744頁。

　　王曰：「今時如耳、魏齊與孟嘗、芒卯孰賢？」對曰：「不如。」王
　　曰：「以孟嘗、芒卯之賢，率彊韓、魏以攻秦，猶無奈寡人何也。今
　　以無能之如耳、魏齊而率弱韓、魏以伐秦，其無奈寡人何，亦明矣。」
　　左右皆曰：「甚然。」

　　中旗馮琴而對曰：「王之料天下過矣。當晉六卿之時，知氏最彊，滅
　　范、中行，又率韓、魏之兵以圍趙襄子於晉陽，決晉水以灌晉陽之
　　城，不湛者三版。知伯行水，魏桓子御，韓康子爲參乘。知伯曰：『吾
　　始不知水之可以亡人之國也，乃今知之。』汾水可以灌安邑，絳水
　　可以灌平陽。魏桓子肘韓康子，韓康子履魏桓子，肘足接於車上，
　　而知氏地分，身死國亡，爲天下笑。今秦兵雖彊，不能過知氏；韓、
　　魏雖弱，尚賢其在晉陽之下也。此方其用肘足之時也，願王之勿易
　　也！」〔註40〕

司馬遷將此事繫於《魏世家》華陽之戰後的魏安釐王十一年，通過秦國大臣
中旗對形勢的分析指出：魏如能與韓聯合起來，其力量依舊是不可輕視的。《魏
世家》作「中旗馮琴」處，《戰國策》作「中期推琴」，《春秋後語》作「伏琴」，
而《韓非子》作「推瑟」，《說苑》作「伏瑟」，文各不同。但基本上就是琴師
中期（中旗）針對秦王輕視韓、魏的態度予以勸諫，使秦王不再小看兩國。《魏
世家》在故事末多出「於是秦王恐」一句，更加惟妙惟肖地表現了秦王戒愼
恐懼的回應。

　　另一則繫於魏安釐王十一年的故事是齊、楚攻魏之事。《魏世家》記載
道：

　　齊、楚相約而攻魏，魏使人求救於秦，冠蓋相望也，而秦救不至。

　　魏人有唐雎者，年九十餘矣，謂魏王曰：「老臣請西說秦王，令兵先
　　臣出。」魏王再拜，遂約車而遣之。唐雎到，入見秦王。秦王曰：「丈
　　人芒然乃遠至此，甚苦矣！夫魏之來求救數矣，寡人知魏之急已。」
　　唐雎對曰：「大王已知魏之急而救不發者，臣竊以爲用策之臣無任
　　矣。夫魏，一萬乘之國也，然所以西面而事秦，稱東藩，受冠帶，
　　祠春秋者，以秦之彊足以爲與也。今齊、楚之兵已合於魏郊矣，而
　　秦救不發，亦將賴其未急也。使之大急，彼且割地而約從，王尚何

〔註40〕　司馬遷：《史記》〔M〕，北京：中華書局，2006 年，第 1854～1855 頁。

救焉？必待其急而救之，是失一東藩之魏而彊二敵之齊、楚，則王
何利焉？」於是秦昭王遽爲發兵救魏。魏氏復定。〔註41〕

本段故事敘述秦、魏兩國聯盟，但齊、楚攻魏，秦卻不救。當時唐雎已經九
十幾歲，向魏安釐王自薦西說秦王。《魏世家》與《戰國策·魏策四》「秦魏
爲與國」的內容上基本一致：唐雎向秦昭王陳明利害關係，最後一句《魏世
家》將《戰國策·魏策四》「秦魏爲與國」中「竊以爲大王籌筴之臣無任矣」
〔註42〕改作「則王何利焉」，點明了戰國時期國與國的關係是利益至上，比《戰
國策》所言更加凸顯重點。而司馬遷也按照慣例刪去了《戰國策·魏策四》「秦
魏爲與國」對此事的評論：「魏氏復全，唐且之說也。」〔註43〕

魏安釐王最後一則故事是信陵君反對魏王伐韓的進言說辭：

魏王以秦救之故，欲親秦而伐韓，以求故地。无忌謂魏王曰：「秦與
戎翟同俗，有虎狼之心，貪戾好利無信，……今王與秦共伐韓而益
近秦患，臣甚惑之。而王不識則不明，群臣莫以聞則不忠。……異
日者，從之不成也，楚、魏疑而韓不可得也。今韓受兵三年，秦橈
之以講，識亡不聽，投質於趙，請爲天下雁行頓刃，楚、趙必集兵，
皆識秦之欲無窮也，非盡亡天下之國而臣海內，必不休矣。是故臣
願以從事王，王速受楚趙之約，而挾韓之質以存韓，而求故地，韓
必效之。此士民不勞而故地得，其功多於與秦共伐韓，而又與彊秦
鄰之禍也。夫存韓安魏而利天下，此亦王之天時已。……今不存韓，
二周、安陵必危，楚、趙大破，衛、齊甚畏，天下西鄉而馳秦入朝
而爲臣不久矣。」〔註44〕

這段談話長約千言，對親秦之害、存韓之利的分析極爲精闢。在內容部分，
除了進言者《戰國策·魏策三》「魏將與秦攻韓」作朱己，《魏世家》作无忌，
說辭內容基本相同。《戰國縱橫家書》十六章亦有類似「朱己謂魏王」的故事，
篇末標注八百五十八（字），《魏世家》中本段約爲一千字，《戰國策·魏策三》
「魏將與秦攻韓」約爲一千一百字，仍然是《史記》與《戰國策》的版本較

〔註41〕司馬遷：《史記》〔M〕，北京：中華書局，2006 年，第 1855～1856 頁。
〔註42〕劉向集錄，范祥雍箋證：《戰國策箋證》〔M〕，上海：上海古籍出版社，2006
年，第 1451 頁。
〔註43〕劉向集錄，范祥雍箋證：《戰國策箋證》〔M〕，上海：上海古籍出版社，2006
年，第 1451 頁。
〔註44〕司馬遷：《史記》〔M〕，北京：中華書局，2006 年，第 1857～1862 頁。

爲接近。《戰國縱橫家書》十六章首句作「謂魏王曰」〔註45〕，未記人名，所以這位進言者的身份不明確，于鬯云：「（朱己）不特非信陵君，而並非魏臣。……且如下文『群臣知之，而莫以此諫，則不忠矣』，必是外臣之言，不合魏臣而作此語，猶秦策言謀臣皆不盡忠，必非秦臣之言也。」〔註46〕筆者認爲于鬯的推斷不無道理。但司馬遷將其人作爲無忌的心意也昭然若揭，茅坤說：「信陵君是太史公胸中得意人」〔註47〕，本段說辭之後《魏世家》即接「二十年，秦圍邯鄲，信陵君無忌矯奪將軍晉鄙兵以救趙，趙得全。」〔註48〕信陵君的果斷與安釐王的懦弱，高下立見。本段的進言者雖然身份不明確，然《魏世家》與《戰國策·魏策三》「魏將與秦攻韓」都標明了此事是在「韓受兵三年」、秦太后「以憂死」之後，按推斷應該是在周赧王五十二年，也就是魏安釐王十四年。

　　以上三段戰國策士說辭的使用，雖然出自不同人之口，但連繫起來恰似一篇完整的談話，層層深入地揭示了魏安釐王時期魏國所面臨的問題的要害，可見司馬遷在面對爲數眾多的《戰國策》資料時，在選擇與編排上是頗具匠心的。

第三節　《韓世家》

　　韓國與趙國、魏國相同，在周威烈王二十三年受封爲諸侯王。然而韓國是戰國時期力量最弱的國家。它東鄰魏國，西鄰秦國，兩個鄰國都比它強大的多，韓國兩面受敵，常被侵伐，自公元前 403 年立國到公元前 230 年爲秦所滅，是六國中最早滅亡的國家，六國韓表亦是以此時間作爲韓國的始終。

　　司馬遷在《韓世家》論贊裏提到對韓國的看法：「韓厥之感晉景公，紹趙孤之子武，以成程嬰、公孫杵臼之義，此天下之陰德也。韓氏之功，於晉未睹其大者也。然與趙、魏終爲諸侯十餘世，宜乎哉！」〔註49〕綜觀韓國歷史，二百多年的期間未曾出現過一位較有作爲的國君，司馬遷甚至認爲韓國能與

〔註45〕馬王堆漢墓帛書整理小組編：《戰國縱橫家書》〔M〕，北京：文物出版社，1976年，第 152 頁。
〔註46〕於鬯：《香草校書》〔M〕，北京：中華書局，1984 年，第 166 頁。
〔註47〕茅坤：《青霞先生文集》〔M〕，臺灣：水牛出版社，1996 年，第 72 頁。
〔註48〕司馬遷：《史記》〔M〕，北京：中華書局，2006 年，第 1862 頁。
〔註49〕司馬遷：《史記》〔M〕，北京：中華書局，2006 年，第 1878 頁。

趙國、魏國共同爲諸侯國，是因爲春秋時期的韓國先祖韓厥使趙氏香火不滅，積下了陰德。韓國君王乏善可陳，亦缺乏賢臣良將，韓國的國勢一直比較孱弱，所以《韓世家》是《史記》戰國世家中篇幅最短的一篇。

然而《韓世家》的編纂方式是很特別的，《韓世家》中很多以「我」作爲主詞敘史句式，如鄭敗我負黍、鄭圍我陽翟、秦伐我宜陽、魏敗我馬陵、魏敗我澮、秦敗我西山、宋取我黃池、秦來拔我宜陽、魏敗我將韓舉、秦伐敗我鄗、秦敗我脩魚、大破我岸門、秦使甘茂攻我宜陽、秦拔我宜陽、秦復與我武遂、秦復取我武遂、秦伐我，取穰、秦與我河外及武遂、秦敗我二十四萬、秦拔我宛、秦敗我師於夏山、趙、魏攻我華陽、秦拔我陘、秦擊我於太行，我上黨郡守以上黨郡降趙、秦拔我陽城、秦拔我城皋、秦悉拔我上黨、秦拔我十三城等句。此種以「我」爲主詞的敘史句式，是《六國年表》的表述方式，也就是說《韓世家》中的編年記事基本取自於六國韓表。藤田勝久先生認爲這本來是秦國的記事，司馬遷將其從秦紀中分出來，再放入韓表中。[註50] 根據司馬遷在《六國年表》序裏的說法，年表是依據「秦記」編成的，而韓國與秦國接壤，增加了其史料的正確性，所以筆者認爲藤田勝久先生的說法有一定道理。《韓世家》戰國時期的部分即是以這些編年記事加上出自於戰國策士文獻的五則戰國故事結合而成。

這五則故事分別爲《韓世家》中韓宣惠王時期一則，韓襄王時期三則，韓釐王時期一則。可見在《韓世家》中，司馬遷將戰國故事多數集中在韓襄王身上。

韓宣惠王爲韓昭侯之子，繼位期間較重要的事情有：十年（公元前 323 年），宣惠王始稱王；十六年秦敗韓脩魚以及二十一年秦韓共同擊敗楚國。其中十六年與二十一年事有因果關係。《韓世家》在韓宣惠王十六年對韓、楚、秦的關係作了比較詳細的敘述：

> 十六年，秦敗我脩魚，虜得韓將……於濁澤。韓氏急，公仲謂韓王曰：「與國非可恃也。今秦之欲伐楚久矣，王不如因張儀爲和於秦，賂以一名都，具甲，與之南伐楚，此以一易二之計也。」韓王曰：「善。」乃警公仲之行，將西購於秦。
>
> 楚王聞之大恐，召陳軫告之。陳軫曰：「秦之欲伐楚久矣，……是因

〔註50〕 藤田勝久：《〈史記〉戰國史料研究》〔M〕，上海：上海古籍出版社，2008 年，第 313 頁。

秦、韓之兵而免楚國之患也。」楚王曰:「善。」乃警四境之內,興
師言救韓。……

韓王聞之大說,乃止公仲之行。……韓王不聽,遂絕於秦。秦因大
怒,益甲伐韓,大戰,楚救不至韓。十九年,大破我岸門。

太子倉質於秦以和。〔註51〕

韓國在脩魚、濁澤之戰失敗後,宣惠王想利用與南方楚國結盟以對付秦國。
此時縱橫家們紛紛獻策,公仲獻計說:楚國不可依靠。秦國蓄謀伐楚已久,
韓國最好用張儀爲使與秦議和,讓秦國向南攻楚,則韓國可以一舉兩得。楚
國知道了十分恐慌,楚懷王採用陳軫的計謀,派使臣對韓宣惠王說:楚國雖
小,但已出兵救韓,希望韓國也共同與秦決一死戰。最後韓宣惠王採取了楚
國「合縱」的建議,與秦絕交。秦兵繼續攻韓,而楚國坐視不救,正應了公
仲之語:「以實伐我者秦也,以虛名救我者楚也。」〔註52〕

　　本段故事與《戰國策・韓策一》「秦韓戰於濁澤」、《戰國縱橫家書》24章
的記載相似,比較顯著的改動是司馬遷刪去了戰國策士文獻中對此事件的評
論部分:

《戰國策・韓策一》「秦韓戰於濁澤」:韓氏之兵,非削弱也,民非
蒙愚也。兵爲秦禽,智爲楚笑,過聽於陳軫,失計於韓明也。〔註53〕

《戰國縱橫家書》24章:故韓是之兵非弱也,其民非愚蒙也,兵爲
秦禽,知爲楚笑者,過聽於陳軫,失計韓備,故曰:「計聽知順逆,
唯王可。」〔註54〕

《韓非子・十過》也有這段故事記載:

奚謂內不量力?昔者秦之攻宜陽,韓氏急。公仲朋謂韓君曰:「與國
不可恃也,豈如因張儀爲和於秦哉!因賂以名都而南與伐楚,是患
解於秦而害交於楚也。」公曰:「善。」乃警公仲之行,將西和秦。
楚王聞之,懼,召陳軫而告之曰:「韓朋將西和秦,今將奈何?」陳

〔註51〕司馬遷:《史記》〔M〕,北京:中華書局,2006年,第1870～1871頁。
〔註52〕司馬遷:《史記》〔M〕,北京:中華書局,2006年,第1870頁。
〔註53〕劉向集錄,范祥雍箋證:《戰國策箋證》〔M〕,上海:上海古籍出版社,2006
　　　　年,第1514頁。
〔註54〕馬王堆漢墓帛書整理小組編:《戰國縱橫家書》〔M〕,北京:新華書局,1976
　　　　年,第573頁。

軫曰：「秦得韓之都一，驅其練甲，秦、韓爲一以南鄉楚，此秦王之
所以廟祠而求也，其爲楚害必矣。王其趣發信臣，多其車，重其幣，
以奉韓曰：『不穀之國雖小，卒已悉起，願大國之信意於秦也。因願
大國令使者入境視楚之起卒也。』」韓使人之楚，楚王因發車騎，陳
之下路，謂韓使者曰：「報韓君，言弊邑之兵今將入境矣。」使者還
報韓君，韓君大大悦，止公仲。公仲曰：「不可。夫以實告我者，秦
也；以名救我者，楚也。聽楚之虛言而輕誣強秦之實禍，則危國之
本也。」韓君弗聽。公仲怒而歸，十日不朝。宜陽益急，韓君令使
者趣卒於楚，冠蓋相望而卒無至者。宜陽果拔，爲諸侯笑。故曰：
內不量力，外恃諸侯者，則國削之患也。〔註55〕

將《韓世家》、《戰國策》、《戰國縱橫家書》以及《韓非子》的文字加以比較，
可見《韓世家》、《戰國策》、《戰國縱橫家書》使用的戰國策士文獻版本，司
馬遷在引用時省略其評語的部分，直接接上編年，使整體看起來更像是編年
記事的形式。而《韓非子》中是對這個故事提出不同的結論：「內不量力，外
恃諸侯者，則國削之患也。」作爲法家對君王之過的提醒。

因爲楚國的失信，韓宣惠王二十一年遂有「與秦共攻楚，敗楚將屈丐，
斬首八萬於丹陽」之事，而韓宣惠王也於此年去世，韓襄王繼位。

韓襄王時期用了三則戰國故事，全部繫於韓襄王十二年。韓襄王時期的
編年記事，與六國韓表對比襄王四年、五年、六年、九年、十年、十一年、
十四年、十六年至襄王卒的記錄，六國韓表與《韓世家》的基本一致，如《韓
世家》記載：「（韓襄王）九年，秦復取我武遂。十年，太子嬰朝秦而歸。十
一年，秦伐我，取穰。與秦伐楚，敗楚將唐眛」〔註56〕，六國韓表中記爲：「九
年，秦取武遂。十年，太子嬰與秦王會臨晉，因至咸陽而歸。十一年，秦取
我穰。與秦擊楚。」〔註57〕但是六國韓表在韓襄王十二年沒有記錄，六國韓
表十三年記載：「齊、魏王來。立咎爲太子」〔註58〕，但《韓世家》中「韓立
咎爲太子。齊、魏王來」〔註59〕卻繫於十二年。依《韓世家》的文字來看，
韓襄王十二年有兩件大事，其一是襄王太子死，公子咎、公子蟣蝨爭爲太子；

〔註55〕張覺點校：《商君書·韓非子》〔M〕，湖南：嶽麓書社，2006 年，第 157 頁。
〔註56〕司馬遷：《史記》〔M〕，北京：中華書局，2006 年，第 1872 頁。
〔註57〕司馬遷：《史記》〔M〕，北京：中華書局，2006 年，第 735～736 頁。
〔註58〕司馬遷：《史記》〔M〕，北京：中華書局，2006 年，第 737 頁。
〔註59〕司馬遷：《史記》〔M〕，北京：中華書局，2006 年，第 1875 頁。

　　其二是「楚圍雍氏」。這場王位爭奪戰與「楚圍雍氏」有著千絲萬縷的關係，是司馬遷在《韓世家》中著墨比較多的一段。

　　韓襄王十二年，太子嬰病死。為了空出來的太子之位，公子蟣蝨（《戰國策》作幾瑟）、公子咎兩兄弟展開了一場激烈的爭奪。在這場王位爭奪中，蘇代（《戰國策・韓策二》「冷向謂韓咎曰」中進言者為冷向）獻計給公子咎，曰：

>　　蟣蝨亡在楚，楚王欲内之甚。今楚兵十餘萬在方城之外，公何不令楚王築萬室之都雍氏之旁，韓必起兵以救之，公必將矣。公因以韓楚之兵奉蟣蝨而内之，其聽公必矣，必以楚韓封公也。」韓咎從其計。〔註60〕

此事按推斷發生在「楚圍雍氏」之前，《戰國策・韓策二》「冷向謂韓咎曰」與《韓世家》在内容、時間及背景都相同。當時公子蟣蝨正在楚國當人質，人身不得自由，加上距離又遠，很難左右朝中局勢。原本在太子繼承次序上排在公子蟣蝨之後的公子咎，當時則留在韓國國内，占盡了天時地利人和，配合蘇代的計謀，最終在這場政治鬥爭中獲得了勝利，被立為太子，《韓世家》記載道：

>　　蘇代又謂秦太后弟羋戎曰：「公叔伯嬰恐秦楚之内蟣蝨也，公何不為韓求質子於楚？……公挾秦楚之重以積德於韓，公叔伯嬰必以國待公。」於是蟣蝨竟不得歸韓。韓立咎為太子。〔註61〕

韓襄王卒，公子咎立，是為韓釐王。韓釐王即位之後，對蟣蝨仍小心提防，不許他返回韓國，公子蟣蝨最後在楚國鬱鬱而終。結合上兩段文字，按照當時的情勢分析，楚國打算將逃亡的公子蟣蝨送回韓國，若是公子蟣蝨回國當上太子，那麼韓國將會與楚國聯合，對秦國產生威脅。所以《韓世家》稱蘇代勸韓咎把蟣蝨接回國，倒符合蘇代一貫的合縱的政策。但同年，《韓世家》中又記載蘇代勸秦新城君羋戎不要讓蟣蝨回國，因為如果蟣蝨不回韓國，那麼韓、楚必會交惡，韓國只能轉而依附秦國，最後「蟣蝨竟不得歸韓」，這兩段說辭顯得蘇代的主張混亂，行為矛盾。再看《戰國策》中的記載，光是《戰國策・韓策二》一章，關於韓咎與蟣蝨爭奪太子位的情況，就有五篇以上相關記載。冷向勸韓咎讓蟣蝨回韓國，韓咎根本不可能同意。但是韓咎為了「公

〔註60〕司馬遷：《史記》〔M〕，北京：中華書局，2006年，第1873頁。
〔註61〕司馬遷：《史記》〔M〕，北京：中華書局，2006年，第1875頁。

必將矣。公因以楚、韓之兵奉幾瑟而內之，幾瑟得入而德公，必以韓、楚秦公矣」〔註62〕，也只能先答應了冷向的說法。隨後又派某人又去找新城君勸說，即是《戰國策·韓策二》「謂新城君曰」中所述：

> 謂新城君曰：「公叔、伯嬰恐秦、楚之內幾瑟也，公何不為韓求質子於楚？……公挾秦、楚之重，以積德於韓，則公叔、伯嬰必以國事公矣。」〔註63〕

讓秦國挑起楚、韓之間的矛盾，致使最後蟣蝨無法回國。如此編排，韓咎機關算盡，既得到了美名、軍權，又阻止了蟣蝨回國爭權，最後當上了太子，縱橫家們的計策安排跌宕起伏，順理成章，顯然比《韓世家》中的敘述要略高一籌。

楚國攻打韓國雍氏，在《戰國策·韓策二》中有兩章與此事相關，《韓世家》中亦有收錄：一是《戰國策·韓策二》「楚圍雍氏韓令冷向」，韓國派冷向去秦國請求救兵之事：

> 楚圍雍氏，韓令冷向借救於秦，秦為發使公孫昧入韓。公仲曰：「子以秦為將救韓乎？其不乎？」……公仲恐曰：「然則奈何？」對曰：「公必先韓而後秦，先身而後張儀。以公不如亟以國合於齊、楚，秦必委國於公以解伐。是公之所以外者儀而已，其實猶之不失秦也。」〔註64〕

《韓世家》中不記冷向之名，只做「韓求救於秦。」其他內容基本一致。另一則是《戰國策·韓策二》「楚圍雍氏五月」，韓國先後派尚靳、張翠去秦國請救兵，最後張翠通過甘茂說服了秦王，秦國終於出兵援救韓國。但是「楚圍雍氏」之事在相關的《楚世家》及六國秦表、楚表皆無記載。更令人疑惑的是，《秦本紀》秦惠王更元十三年有段文字為「楚圍雍氏，秦使庶長疾助韓而東攻齊，到滿助魏攻燕」〔註65〕，時間是公元前312年，與韓襄王十二年（公元前300年）相差十年；《樗里子甘茂列傳》也有情節相似的敘述：「楚

〔註62〕 劉向集錄，范祥雍箋證：《戰國策箋證》〔M〕，上海：上海古籍出版社，2006年，第1571頁。

〔註63〕 劉向集錄，范祥雍箋證：《戰國策箋證》〔M〕，上海：上海古籍出版社，2006年，第1566～1567頁。

〔註64〕 劉向集錄，范祥雍箋證：《戰國策箋證》〔M〕，上海：上海古籍出版社，2006年，第1544頁。

〔註65〕 司馬遷：《史記》〔M〕，北京：中華書局，2006年，第207頁。

懷王怨前秦敗楚於丹陽而韓不救，乃以兵圍韓雍氏。韓使公仲侈告急於秦。秦昭王新立，太后楚人，不肯救」〔註66〕，發生時間大約在秦昭王元年左右，也就是公元前 306 年。從這三段文字敘述的人名與對話來看，《史記》中這三段記載的應該為同一事件，但卻年代錯亂。這種現象當起因於戰國策士文獻中所記載的故事沒有時序、錯綜雜亂，難以排列。司馬遷在面對此一事件時，肯定也產生了疑惑，但因為沒有更準確的資料來判斷此事件的發生時間，故在作《六國年表》時便省略不記，也算是「疑則傳疑，蓋其慎也」〔註67〕了。

《韓世家》中第五則故事繫在韓釐王二十三年。《韓世家》記載道：

> 二十三年，趙、魏攻我華陽。韓告急於秦，秦不救。韓相國謂陳筮
> 曰：「事急，願公雖病，為一宿之行。」陳筮見穰侯。穰侯曰：「事
> 急乎？故使公來。」陳筮曰：「未急也。」穰侯怒曰：「是可以為公
> 之主使乎？夫冠蓋相望，告敝邑甚急，公來言未急，何也？」陳筮
> 曰：「彼韓急則將變而佗從，以未急，故復來耳。」穰侯曰：「公無
> 見王，請今發兵救韓。」八日而至，敗趙、魏於華陽之下。〔註68〕

華陽之戰是戰國末期比較重要的戰役之一。趙、魏兩國聯合進攻韓國，包圍韓國重要城邑華陽。韓國求救於秦，秦昭襄王令武安君白起、客卿胡陽率軍救韓。趙、魏聯軍與韓軍膠著於華陽，而華陽距秦地較遠，魏、趙估計援韓秦軍短期內不會趕到而疏於防範。白起預測到趙、魏聯軍的想法，採取出其不意、攻其不備的方針，大軍由咸陽出發，以平均每日百里的急行軍進行遠途奔襲，僅八天就到達華陽城下，向魏軍發起攻擊，一舉殲滅魏軍十五萬人，生擒三名魏將，魏國宰相芒卯敗逃；接著又進攻趙將賈偃，大敗趙軍，殲敵二萬，遂乘勝直逼魏都大梁。

《韓世家》編錄的這段僅是體現華陽之戰前夕的情況，其實華陽之戰對韓國影響不大，主要是對趙、魏兩國——尤其是魏國產生了嚴重的打擊，六國韓表甚至連此事都不記。本段《韓世家》與《戰國策·韓策三》「趙魏攻華陽」的歷史背景、對話基本一致，唯在《韓世家》作陳筮的人物，在《戰國策·韓策三》「趙魏攻華陽」中作田苓（荼），然田苓與陳筮皆沒有更多的歷

〔註66〕司馬遷：《史記》〔M〕，北京：中華書局，2006 年，第 2313 頁。

〔註67〕司馬遷：《史記》〔M〕，北京：中華書局，2006 年，第 487 頁。

〔註68〕司馬遷：《史記》〔M〕，北京：中華書局，2006 年，第 1877 頁。

史資料做參考，所以無法判斷司馬遷改動人名的原因。

　　從上文的比較中可以看出《韓世家》對戰國策士文獻的運用，有些是年代不能確定，有的是情節產生矛盾，更有不明原因的人名更改。之所以會出現這樣的錯誤，主要是戰國策士文獻中對「楚圍雍州」與「韓咎蟣蝨之爭」記錄本來就很多，而戰國時期國與國之間的情勢複雜，再加上沒有明顯的編年，司馬遷在編排資料的時候就發生了困難。簡單地說，《韓世家》編纂的脈絡大致就是拿韓表結合戰國策士文獻，概括說明韓國的興衰，在《史記》世家中是比較單調的一篇。

第四節　《楚世家》

　　楚國是春秋初期就崛起的南方大國。東周平王三十一年，熊通「自立，為武王」〔註 69〕，楚武王之子文王建都於郢，不斷兼併南方落後的小國和部落，到其子楚成王即位，已經是「楚地千里」〔註 70〕，「天子賜胙，曰：『鎮爾南方夷越之亂，無侵中國』」〔註 71〕，承認了楚國鎮撫南方夷越的「首領」地位。楚國在春秋時期相當於戰國時期的秦國，是各國積極聯合抗衡的對象，齊桓公的尊王攘夷，晉文公擔當華夏抗楚的盟主，足見楚國在春秋時期對中原地區始終威脅不斷。

　　進入戰國時期，楚國呈現出三個特點，一是幅員廣大。《戰國策‧楚策一》「蘇秦為趙合從說楚威王」稱「楚，天下之強國也。楚地西有黔中、巫郡，東有夏州、海陽，南有洞庭、蒼梧，北有汾陘之塞、郇陽，地方五千里，帶甲百萬，車千乘，騎萬匹，粟支十年，此霸王之資也。」〔註 72〕據學者考察，其地跨今十一省，兼縣三百餘。難怪司馬相如《子虛賦》中的子虛先生說：「臣聞楚有七澤，嘗見其一，未睹其餘也。臣之所見，蓋特其小小者耳，名曰雲夢。雲夢者，方九百里，其中有山焉。」〔註 73〕雖是誇大之辭，但是所謂地盡東南，楚國的確是戰國時期最大的國家。劉向《戰國策書錄》曰：「橫則秦

〔註 69〕　司馬遷：《史記》〔M〕，北京：中華書局，2006 年，第 1695 頁。
〔註 70〕　司馬遷：《史記》〔M〕，北京：中華書局，2006 年，第 1697 頁。
〔註 71〕　司馬遷：《史記》〔M〕，北京：中華書局，2006 年，第 1697 頁。
〔註 72〕　劉向集錄，范祥雍箋證：《戰國策箋證》〔M〕，上海：上海古籍出版社，2006
　　　　　年，第 787 頁。
〔註 73〕　司馬遷：《史記》〔M〕，北京：中華書局，2006 年，第 3003～3004 頁。

帝，縱則楚王」〔註74〕，說的正是楚國與秦國都具備了統一中國的實力。然而楚國在戰國時期的第二個特點卻是楚軍的戰力已經大不如昔。與春秋時期的所向披靡相比，戰國時期楚國很少主動與中原各國發生戰爭，而只是在他國戰爭中擔當暗盟的角色。由於沒有專門的軍事人才，張儀譏之曰「楚雖有富大之名，其實空虛。其卒雖眾，多言而輕走，易北，不敢堅戰」〔註75〕，這與楚莊王時期「楚國折鈞之喙，足以爲九鼎」〔註76〕的豪氣已經相去甚遠。第三個特點是缺乏名臣良將。在人才濟濟的戰國時期，楚國除了屈原以外，幾乎沒有一個大臣能對楚國的形勢作出正確的分析。所以楚國在抗秦活動中經常被動地參加六國聯盟，又輕易背叛盟友轉而親秦，尤其以楚懷王幾次錯誤的判斷造成楚國無可挽回的頹勢。即便如此，到了戰國末年，楚國仍是老將王翦口中「非六十萬人不可」〔註77〕消滅的國家，而楚國更是唯一在秦滅六國戰爭過程中打敗過秦國的國家。

司馬遷在《太史公自序》中說：「重黎業之，吳回接之；殷之季世，粥子牒之。周用熊繹，熊渠是續。莊王之賢，乃復國陳；既赦鄭伯，班師華元。懷王客死，蘭咎屈原；好諛信讒，楚并於秦。嘉莊王之義，作楚世家第十。」〔註78〕可見《楚世家》中司馬遷較爲重視的君主，除了春秋五霸之一的楚莊王，另一位就是戰國時期的楚懷王。《楚世家》戰國時期部分引用十則戰國故事，其中四則故事出自於戰國策士文獻：一則繫於楚威王七年，其他三則都繫於楚懷王期間，與司馬遷作《楚世家》的思想脈絡是一致的。楚懷王十八年之後至楚滅亡，有六則戰國故事不知其出處。

楚威王是楚懷王的父親，是楚國進入戰國時期之後在戰功方面頗有建樹的君王。楚威王七年，《楚世家》記載：

> 七年，齊孟嘗君父田嬰欺楚，楚威王伐齊，敗之於徐州，而令齊必逐田嬰。〔註79〕

〔註74〕 劉向集錄，范祥雍箋證：《戰國策箋證》〔M〕，上海：上海古籍出版社，2006年，劉向書錄第2頁。
〔註75〕 劉向集錄，范祥雍箋證：《戰國策箋證》〔M〕，上海：上海古籍出版社，2006年，第1273頁。
〔註76〕 司馬遷：《史記》〔M〕，北京：中華書局，2006年，第1700頁。
〔註77〕 司馬遷：《史記》〔M〕，北京：中華書局，2006年，第2339頁。
〔註78〕 司馬遷：《史記》〔M〕，北京：中華書局，2006年，第3309頁。
〔註79〕 司馬遷：《史記》〔M〕，北京：中華書局，2006年，第1721頁。

這裏面包含了當時兩件事，一是「田嬰欺楚」，一是楚、齊「徐州之戰」。

根據《越王句踐世家》記載，越國在越王無彊時候，「越興師北伐齊，西伐楚」〔註80〕，一度欲爭霸中原。當時齊國正準備與魏國開戰，於是「齊威王使人說越王曰：『越不伐楚，大不王，小不伯』」〔註81〕，說服越王轉而伐楚，而楚威王也起兵攻越。齊國順利轉移了楚、越兩國的注意力，遂能專心對付魏國，在桂陵之戰、馬陵之戰大敗魏軍。《史記集解》：「徐廣曰：『時楚已滅越而伐齊。齊說越，令攻楚，故云齊欺楚。』」〔註82〕說的就是這件事。

齊威王九年，魏襄王至徐州朝見齊威王，尊齊威王為王，齊威王承認魏惠王的王號，史稱「徐州相王」。隔年，齊威王十年，即是楚威王七年，楚威王親領大軍伐齊，進圍徐州，大敗齊國，此即「北破齊於徐州」〔註83〕之事。楚國大敗齊國，楚威王提出要求：「令齊必逐田嬰。」〔註84〕此事在《戰國策·齊策一》「楚威王戰勝於徐州」中有類似的記載：

> 楚威王戰勝於徐州，欲逐嬰子於齊。嬰子恐。

> 張丑謂楚王曰：「王戰勝於徐州也，盼子不用也。盼子有功於國，百姓為之用。嬰子不善，而用申縛。申縛者，大臣與百姓弗為用，故王勝之也。今嬰子逐，盼子必用。復整其士卒，以與王遇，必不便於王也。」楚王因弗逐。〔註85〕

「張丑謂楚王」語，《楚世家》與《戰國策·齊策一》「楚威王戰勝於徐州」基本相同，司馬遷只是在此基礎上加了一段田嬰欺楚的敘述，並加上繫年。《戰國策·齊策一》「楚威王戰勝於徐州」中的申縛，《楚世家》作申紀，經考證應為同一人。約在同一時間，楚威王也徹底擊敗了越王無彊，「盡取吳地至浙江」，對越與對齊戰爭的勝利使楚國在東方六國中的聲望顯赫一時。當時齊、魏開始弱化，而韓、趙尚未有新的發展，秦國剛剛變法不久，是楚國在戰國時期發展機會最好的時候。

楚威王十年，威王薨。繼位者即是楚懷王。懷王元年，魏聞楚喪，伐楚，

〔註80〕 司馬遷：《史記》〔M〕，北京：中華書局，2006年，第1748頁。

〔註81〕 司馬遷：《史記》〔M〕，北京：中華書局，2006年，第1748頁。

〔註82〕 司馬遷：《史記》〔M〕，北京：中華書局，2006年，第1721頁。

〔註83〕 司馬遷：《史記》〔M〕，北京：中華書局，2006年，第1751頁。

〔註84〕 司馬遷：《史記》〔M〕，北京：中華書局，2006年，第1721頁。

〔註85〕 劉向集錄，范祥雍箋證：《戰國策箋證》〔M〕，上海：上海古籍出版社，2006年，第486～487頁。

並取楚陘山。於是懷王六年，「楚使柱國昭陽將兵而攻魏，破之於襄陵，得八邑」〔註86〕、「移兵而攻齊」〔註87〕，楚國先得魏八個城池，接著攻打齊國。策士陳軫爲齊國使者，以「畫蛇添足」的故事勸說楚柱國昭陽曰：

> 今君已爲令尹矣，此國冠之上。臣請得譬之。人有遺其舍人一卮酒者，舍人相謂曰：「數人飲此，不足以徧，請遂畫地爲蛇，蛇先成者獨飲之。」一人曰：「吾蛇先成。」舉酒而起，曰：「吾能爲之足。」及其爲之足，而後成人奪之酒而飲之，曰：『蛇固無足，今爲之足，是非蛇也。」今君相楚而攻魏，破軍殺將，功莫大焉，冠之上不可以加矣。今又移兵而攻齊，攻齊勝之，官爵不加於此；攻之不勝，身死爵奪，有毀於楚：此爲蛇爲足之說也。不若引兵而去以德齊，此持滿之術也。〔註88〕

使昭陽「引兵而去」，停止對齊國攻擊。司馬遷對這個故事做了些許潤色與補充，將《戰國策・齊策二》「昭陽爲楚伐魏」的「官（冠）之上，非可重也。戰無不勝而不知止者，身且死，爵且後歸，猶爲蛇足也」〔註89〕句改成「攻齊勝之，官爵不加於此；攻之不勝，身死爵奪，有毀於楚：此爲蛇爲足之說也」〔註90〕，其他部分基本沒有變動。從楚懷王六年這段記錄來看，楚國具備同時對魏國、齊國開戰的實力。楚懷王十一年，蘇秦合縱六國，楚懷王被推爲「從長」，可見楚懷王前期楚國的國力還保持了威王時期的強勢。

楚國由盛轉弱的關鍵在楚懷王十六年。《楚世家》記載：

> 十六年，秦欲伐齊，而楚與齊從親，秦惠王患之，乃宣言張儀免相，使張儀南見楚王，謂楚王曰：「……王爲儀閉關而絕齊，今使使者從儀西取故秦所分楚商於之地方六百里，如是則齊弱矣。是北弱齊，西德於秦，私商於以爲富，此一計而三利俱至也。」
>
> 懷王大悅，乃置相璽於張儀，日與置酒，宣言「吾復得吾商於之地」。群臣皆賀，而陳軫獨弔。懷王曰：「何故？」陳軫對曰：「秦之所爲重王者，以王之有齊也。今地未可得而齊交先絕，是楚孤也。夫秦

〔註86〕　司馬遷：《史記》〔M〕，北京：中華書局，2006年，第1721頁。

〔註87〕　司馬遷：《史記》〔M〕，北京：中華書局，2006年，第1721頁。

〔註88〕　司馬遷：《史記》〔M〕，北京：中華書局，2006年，第1722頁。

〔註89〕　劉向集錄，范祥雍箋證：《戰國策箋證》〔M〕，上海：上海古籍出版社，2006年，第565頁。

〔註90〕　司馬遷：《史記》〔M〕，北京：中華書局，2006年，第1722頁。

又何重孤國哉，必輕楚矣。且先出地而後絕齊，則秦計不爲。先絕齊而後責地，則必見欺於張儀。見欺於張儀，則王必怨之。怨之，是西起秦患，北絕齊交。西起秦患，北絕齊交，則兩國之兵必至。臣故弔。」楚王弗聽，因使一將軍西受封地。

張儀至秦，詳醉墜車，稱病不出三月，地不可得。楚王曰：「儀以吾絕齊爲尚薄邪？」乃使勇士宋遺北辱齊王。齊王大怒，折楚符而合於秦。秦齊交合，張儀乃起朝，謂楚將軍曰：「子何不受地？從某至某，廣袤六里。」楚將軍曰：「臣之所以見命者六百里，不聞六里。」即以歸報懷王。懷王大怒，興師將伐秦。陳軫又曰：「伐秦非計也。不如因賂之一名都，與之伐齊，是我亡於秦，取償於齊也，吾國尚可全。今王已絕於齊而責欺於秦，是吾合秦齊之交而來天下之兵也，國必大傷矣。」〔註91〕

《楚世家》引用了大段《戰國策・秦策二》「齊助楚攻秦」的內容，主要是講秦派遣張儀到楚國，用計使楚、齊絕交之事。除了少數文字的變動，如刪去「（秦惠王）謂張儀曰：吾欲伐齊，齊楚方歡，子爲寡人慮之，奈何？」張儀曰：「王其爲臣約車並幣，臣請試之」〔註92〕、「楚王使人絕齊，使者未來，又重絕之。張儀反，秦使人使齊，齊、秦之交陰合」〔註93〕等句，將楚使者改爲楚將軍，及增加了一個「北辱齊王」的勇士宋遺，其他與《戰國策・秦策二》「齊助楚攻秦」內容相同。

此事後續，《戰國策・秦策二》「齊助楚攻秦」記載道：

楚王不聽，遂舉兵伐秦。秦與齊合，韓氏從之。楚兵大敗於杜陵。
故楚之土壤士民非削弱，僅以救亡者，計失於陳軫，過聽於張儀。
〔註94〕

楚懷王不聽陳軫之言，先與齊國絕交，後又主動與秦國開戰，最後是引來秦、齊、韓的聯軍，大敗楚軍於杜陵。參照《六國年表》，楚懷王十六年無戰爭記事。所以《楚世家》僅說秦國發兵反擊：

〔註91〕 司馬遷：《史記》〔M〕，北京：中華書局，2006 年，第 1723 頁。
〔註92〕 劉向集錄，范祥雍箋證：《戰國策箋證》〔M〕，上海：上海古籍出版社，2006 年，第 230 頁。
〔註93〕 劉向集錄，范祥雍箋證：《戰國策箋證》〔M〕，上海：上海古籍出版社，2006 年，第 231 頁。
〔註94〕 劉向集錄，范祥雍箋證：《戰國策箋證》〔M〕，上海：上海古籍出版社，2006 年，第 232 頁。

　　　　楚王不聽，遂絕和於秦，發兵西攻秦。秦亦發兵擊之。〔註95〕

依照《楚世家》的安排，若不是楚懷王聽信張儀之計，六國與秦之間的戰爭結果還未可知。這也就是《戰國策》裏所做的評論：「計失於陳軫，過聽於張儀。」〔註96〕司馬遷在引用《戰國策》文字時，經常會省略評語的部分，然後直接接上編年記事。這種手法在《史記》中其他篇章也能看見，如《韓世家》引用《韓策一‧秦韓戰於濁澤》時也是省略了《戰國策》的評語。

　　因為有楚懷王十六年張儀欺楚之事，所以當楚懷王十八年秦國想與楚國修好時，楚懷王想藉此機會除掉張儀，後因聽信了鄭袖的讒言，竟然又將張儀放了。《楚世家》記載道：

> 十八年，秦使使約復與楚親，分漢中之半以和楚。楚王曰：「願得張儀，不願得地。」……儀遂使楚。至，懷王不見，因而囚張儀，欲殺之。儀私於靳尚，靳尚為請懷王曰：「拘張儀，秦王必怒。天下見楚無秦，必輕王矣。」又謂夫人鄭袖曰：「秦王甚愛張儀，而王欲殺之，今將以上庸之地六縣賂楚，以美人聘楚王，以宮中善歌者為之媵。楚王重地，秦女必貴，而夫人必斥矣。夫人不若言而出之。」鄭袖卒言張儀於王而出之。儀出，懷王因善遇儀，儀因說楚王以叛從約而與秦合親，約婚姻。張儀已去，屈原使從齊來，諫王曰：「何不誅張儀？」懷王悔，使人追儀，弗及。是歲，秦惠王卒。〔註97〕

本段與《戰國策‧楚策二》「楚懷王拘張儀」相比，增加了「願得張儀，不願得地」一段，顯示楚懷王對張儀恨之入骨；精簡了靳尚說服鄭袖的說辭，使情節更加緊湊；張儀被放走之後，又增加屈原從齊國趕回楚國向楚懷王陳明厲害關係一段，懷王后悔放了張儀，但是派人去追已經追不上了。在《戰國策》中不見屈原的事迹，而《楚世家》加入屈原之事體現了司馬遷對楚懷王「好諛信讒」的評論。

　　綜上所述，司馬遷對與秦接壤的四個世家引用戰國策士文獻的部分，我們可以歸納出幾個問題：（一）四個世家中以《趙世家》的資料最完善；《魏

〔註95〕司馬遷：《史記》〔M〕，北京：中華書局，2006年，第1724頁。

〔註96〕劉向集錄，范祥雍箋證：《戰國策箋證》〔M〕，上海：上海古籍出版社，2006年，第232頁。

〔註97〕司馬遷：《史記》〔M〕，北京：中華書局，2006年，第1724～1725頁。

世家》以編年記事與戰國策士文獻組成；《韓世家》以六國韓表的資料為主，輔以戰國策士文獻；《楚世家》由編年記事、戰國策士文獻以及較多的戰國故事組成。《楚世家》中楚懷王后期的戰國故事雖不見於《戰國策》，如「齊湣王欲為從長，惡楚之與秦合，乃使使遺楚王書曰……」〔註98〕、「昭雎曰：『王雖東取地於越，不足以刷恥……』」〔註99〕、「周王赧使武公謂楚相昭子曰……」〔註100〕等，但風格內容亦近似戰國策士文獻。(二)通過對《史記》、《戰國策》、《戰國縱橫家書》的比較，可發現《史記》與《戰國策》的字數相近，而《戰國縱橫家書》的字數較少於前兩者，文字也較為粗糙。《戰國縱橫家書》更接近原始民間流傳的策士文獻，由此推測，司馬遷與劉向所用的應該是同一版本——即是皇家圖書館中較好的版本。(三)戰國策士文獻有一部分是策士用來講學的材料，所以策士師傅在分析過具體案例後會有一個結語。我們注意到這個結語是以策士謀略的成敗為中心，如「過聽於陳軫，失計於韓明也」〔註101〕、「計失於陳軫，過聽於張儀」〔註102〕、「魏氏復全，唐且之說也」〔註103〕等，關於這類評論，司馬遷往往將其刪去，以保持世家內容的風格一致。

〔註98〕司馬遷：《史記》〔M〕，北京：中華書局，2006年，第1725頁。

〔註99〕司馬遷：《史記》〔M〕，北京：中華書局，2006年，第1726頁。

〔註100〕司馬遷：《史記》〔M〕，北京：中華書局，2006年，第1733頁。

〔註101〕劉向集錄，范祥雍箋證：《戰國策箋證》〔M〕，上海：上海古籍出版社，2006年，第1514頁。

〔註102〕劉向集錄，范祥雍箋證：《戰國策箋證》〔M〕，上海：上海古籍出版社，2006年，第232頁。

〔註103〕劉向集錄，范祥雍箋證：《戰國策箋證》〔M〕，上海：上海古籍出版社，2006年，第1451頁。

第三章　司馬遷對戰國策士文獻具體使用情況——與秦不接壤的戰國世家

　　前文我們分析了與秦國接壤的四個世家——《趙世家》、《魏世家》、《韓世家》、《楚世家》，發現其編纂方式主要由編年記事與戰國策士文獻組成——這個部分多出自於《戰國策》資料，再加入部分不見於《戰國策》的戰國故事。根據藤田勝久先生所分析的《史記》六國年表的結構，他發現秦以外各國記事只是不連貫的紀年，而且離秦越遠、關係越少的國家，信息量也就越小。〔註1〕本章所討論的《田齊世家》、《燕召公世家》即是距離秦國較遠的國家，司馬遷在編纂這兩個世家時或多或少都受到了資料短缺的影響。

　　齊國在戰國時期的重要性是不言而喻的：齊國的稷下學宮對東方各國文化影響甚大；齊國曾聯合韓、魏大敗楚國，攻入秦函谷關，迫秦求和，一直到戰國晚期還保持著強盛的國力，是最晚被秦所滅的國家。然而《田敬仲完世家》卻是《史記》中編年最混亂的世家。

　　燕國是戰國時期位居北方的小國，從疆土、人口、實力上來看都是偏弱的國家，與秦相隔最遠。燕國在歷史上較爲有名的人物是燕太子丹，但在《燕召公世家》中只有「二十三年，太子丹質於秦，亡歸燕」〔註2〕、「太子丹陰養壯士二十人，使荊軻獻督亢地圖於秦，因襲刺秦王。秦王覺，殺軻，使將

〔註 1〕 藤田勝久：《〈史記〉戰國史料研究》〔M〕，上海：上海古籍出版社，2008 年，第 313 頁。
〔註 2〕 司馬遷：《史記》〔M〕，北京：中華書局，2006 年，第 1560～1561 頁。

軍王翦擊燕」〔註3〕的簡短記載。《燕召公世家》中只有兩個戰國故事，是使用戰國縱橫家文獻最少的世家。

本章最後附論《史記》本紀中唯一使用戰國策士文獻的《周本紀》。

第一節 《田敬仲完世家》

公元前386年，齊國世卿田和取代了姜姓國君，成為齊國的新主，從此齊國就由姜姓國變為田姓國。田氏先祖最早來到齊國的是田完（即陳完），他的謚號是敬仲，因名本篇為《田敬仲完世家》，簡稱《田完世家》。史書又常稱此後的齊國為田齊，所以本文以下將其簡稱為《田齊世家》。

齊國在春秋時期就是霸主大國，春秋末年到戰國初期國力一度衰落，直至戰國中期始立國。《田齊世家》記載：「田和立為齊侯，列於周室，紀元年」〔註4〕，田和即是太公，是第一代齊侯。戰國時期齊國最重要的君主為太公和的曾孫齊威王，《滑稽列傳》裏記載威王「不飛則已，一飛衝天；不鳴則已，一鳴驚人」〔註5〕、「威行三十六年」〔註6〕；《田齊世家》中記載齊威王「烹阿大夫，及左右嘗譽者皆并烹之」〔註7〕，「齊國震懼，人人不敢飾非，務盡其誠。齊國大治。諸侯聞之，莫敢致兵於齊二十餘年」〔註8〕，齊國開始逐漸強大。齊威王兒子齊宣王辟彊「喜文學游說之士……是以齊稷下學士復盛，且數百千人」〔註9〕，稷下學宮人才濟濟，齊國成為東方的學術文化中心。齊國國力在齊湣王時期達到鼎盛，三十六年「（湣）王為東帝，秦昭王為西帝」〔註10〕，三十八年甚至「欲以并周室，為天子」〔註11〕，諸侯恐懼。然而齊湣王也是齊國國力由盛轉衰的關鍵人物，齊湣王四十年「燕、秦、楚、三晉合謀，各出銳師以伐，敗我濟西」〔註12〕，相當於六國伐齊的濟西之戰是整

〔註3〕 司馬遷：《史記》〔M〕，北京：中華書局，2006年，第1561頁。
〔註4〕 司馬遷：《史記》〔M〕，北京：中華書局，2006年，第1886頁。
〔註5〕 司馬遷：《史記》〔M〕，北京：中華書局，2006年，第3197頁。
〔註6〕 司馬遷：《史記》〔M〕，北京：中華書局，2006年，第3197頁。
〔註7〕 司馬遷：《史記》〔M〕，北京：中華書局，2006年，第1888頁。
〔註8〕 司馬遷：《史記》〔M〕，北京：中華書局，2006年，第1888～1889頁。
〔註9〕 司馬遷：《史記》〔M〕，北京：中華書局，2006年，第1895頁。
〔註10〕 司馬遷：《史記》〔M〕，北京：中華書局，2006年，第1898頁。
〔註11〕 司馬遷：《史記》〔M〕，北京：中華書局，2006年，第1900頁。
〔註12〕 司馬遷：《史記》〔M〕，北京：中華書局，2006年，第1900頁。

個戰國時期齊國在軍事上最慘痛的失敗，齊愍王亦死於亂軍之中。濟西之戰標誌著齊國軍事實力的急劇衰弱，從此，齊國再也不能同強大的秦國軍隊爭雄天下了。〔註13〕

齊愍王死後，齊國僅剩下莒和即墨兩城。齊愍王子法章在莒繼位為齊襄王，燕國引兵東圍即墨，城中推舉田單為將，雙方相持達五年。田單組織反攻，用「火牛陣」大敗燕軍，「迎襄王於莒，入臨菑。齊故地盡復屬齊。」〔註14〕公元前221年，秦滅韓、魏、楚、燕、趙後，使將軍王賁從燕地南攻齊國，俘虜齊王建，齊國滅亡，是六國中滅國最晚的國家。

《田齊世家》使用戰國策士文獻的情況是《史記》世家中最混亂的一篇，除了編年上的差異：《田齊世家》中所記桓公午、威王、宣王及愍王數代，其繫年與《竹書紀年》有較大出入。清代以來的學者大多認為司馬遷記載有誤：一是桓公午之前遺漏了齊侯剡（在位九年）；二是桓公午在位十九年誤為六年，這樣就是把齊威王、齊宣王和齊愍王的年代提前了二十二年，把齊愍王在位應為十七年拉長為四十年。按《竹書紀年》推算，桓公午在位應是公元前374～357年，齊威王應在公元前356～320年，齊宣王應在公元前319～301年，齊愍王應在公元前300～284年。不過難得的是，司馬遷對齊國人物事迹在相關世家與列傳中的敘述保持前後一致，並能自圓其說，作為史實雖然還有商榷的餘地，但是作為故事編纂卻是毫無破綻。

《田齊世家》中有七則故事出自於戰國策士文獻：分別是齊威王時期二則，齊宣王時期一則，齊愍王時期三則，齊襄王、齊王建時期二則。

《史記》中關於齊威王的故事，在《田齊世家》中有四則、《滑稽列傳》中有二則，不見於《戰國策》。《田齊世家》自齊威王二十六年才開始使用戰國策士文獻，《田齊世家》記載：

> 魏惠王圍邯鄲，趙求救於齊。齊威王召大臣而謀曰：「救趙孰與勿救？」騶忌子曰：「不如勿救。」段干朋曰：「不救則不義，且不利。」威王曰：「何也？」對曰：「夫魏氏并邯鄲，其於齊何利哉？且夫救趙而軍其郊，是趙不伐而魏全也。故不如南攻襄陵以獘魏，邯鄲拔而乘魏之獘。」威王從其計。〔註15〕

〔註13〕　徐勇：《從相關戰爭看戰國中後期齊國由強盛到衰亡的轉變》〔A〕，《第五屆國際孫子兵法研究會論文集》〔M〕，2006年。

〔註14〕　司馬遷：《史記》〔M〕，北京：中華書局，2006年，第1901頁。

〔註15〕　司馬遷：《史記》〔M〕，北京：中華書局，2006年，第1892頁。

《齊策一‧邯鄲之難》記載：

> 邯鄲之難，趙求救於齊。田侯召大臣而謀曰：「救趙，孰與勿救？」
> 鄒子曰：「不如勿救。」段干綸曰：「弗救，則我不利。」田侯曰：「何
> 哉？」「夫魏氏兼邯鄲，其於齊何利哉！」田侯曰：「善。」乃起兵，
> 曰：「軍於邯鄲之郊。」段干綸曰：「臣之求利且不利者，非此也。
> 夫救邯鄲，軍於其郊，是趙不拔而魏全也。故不如南攻襄陵以弊魏。
> 邯鄲拔而承魏之弊，是趙破而魏弱也。」田侯曰：「善。」
>
> 乃起兵南攻襄陵。七月，邯鄲拔。齊因承魏之弊，大破之桂陵。〔註16〕

本段記的是歷史上有名「圍魏救趙」的桂陵之戰，在《戰國策》中記為「邯
鄲之難」，是奠定齊國成為強國的戰役，也是戰國時期重要的戰役，在《六
國年表》中魏表、趙表、齊表皆有記載。六國魏表記於魏惠王十八年：「邯
鄲降。齊敗我桂陵」〔註17〕；六國趙表記於趙成侯二十二年：「魏拔邯鄲」〔註
18〕；六國齊表記於齊威王二十六年：「敗魏桂陵」〔註19〕，在相關世家中亦
有記載。

此事在《史記》中的編年前後完整，但是與其他文本對照，年代仍是略
有出入。例如《竹書紀年》記：「惠成王十七年，宋、衛會齊師，圍我襄陵。
十八年，王以韓師敗諸侯師於襄陵。齊侯使楚景舍來求成。趙敗魏桂陵。」
〔註20〕雷學淇稱：「齊出師助趙，豈有趙師不出者？」〔註21〕關於「邯鄲之
難」，《史記》中沒有記楚國事，《戰國策‧楚策一》卻有「邯鄲之難昭奚恤」
章曰：

> 邯鄲之難，昭奚恤謂楚王曰：「王不如無救趙，而以強魏。……」景
> 舍曰：「不然……魏怒於趙之勁，而見楚救之不足畏也，必不釋趙。
> 趙、魏相弊，而齊、秦應楚，則魏可破也。」
>
> 楚因使景舍起兵救趙。邯鄲拔，楚取睢、濊之間。〔註22〕

〔註16〕 劉向集錄，范祥雍箋證：《戰國策箋證》〔M〕，上海：上海古籍出版社，2006
年，第504～505頁。

〔註17〕 司馬遷：《史記》〔M〕，北京：中華書局，2006年，第722頁。

〔註18〕 司馬遷：《史記》〔M〕，北京：中華書局，2006年，第722頁。

〔註19〕 司馬遷：《史記》〔M〕，北京：中華書局，2006年，第722頁。

〔註20〕 雷學淇：《竹書紀年義證》〔M〕，臺灣：藝文印書館，1966年，第152頁。

〔註21〕 雷學淇：《竹書紀年義證》〔M〕，臺灣：藝文印書館，1966年，第152頁。

〔註22〕 劉向集錄，范祥雍箋證：《戰國策箋證》〔M〕，上海：上海古籍出版社，2006

由這些相關資料顯示，當時魏圍趙邯鄲，參與的國家有齊、楚、宋、衛，情況混亂。六國魏表的惠王十九年，有一條記錄：「諸侯圍我襄陵」〔註23〕，說的應該就是《竹書紀年》所述之事，只是紀年不同。還有《呂氏春秋·不屈篇》記載魏惠王事云：「圍邯鄲三年而弗能取，士卒罷潞，國家空虛。」〔註24〕這段記載參照魏表：魏惠王十八年「邯鄲降」〔註25〕，魏惠王二十年「歸趙邯鄲」〔註26〕，與「三年弗能取」〔註27〕基本上是吻合的。

　　除了編年問題，本段文字《戰國策》與《田齊世家》人名記載有些許不同，：（一）《戰國策》作田侯，《田齊世家》作齊威王。齊在威王二十六年敗魏於桂陵之後始稱王，各書無異聞，所以《戰國策》的「田侯」即是齊威王；（二）鄒子與騶忌子、段干綸與段丁朋為同一人。

　　在文字創作上，《田齊世家》將《戰國策》中田侯「軍於邯鄲之郊」一小段文字結合在段干朋的進諫之言中，增加「不義」二字。但是綜觀本段，《田齊世家》中的省略使得往下的對話有些突兀，雖強調「不義」卻沒有更多解釋，反倒不如《戰國策》行文的邏輯順暢。

　　桂陵之戰之後，《田齊世家》利用《戰國策·齊策一》「成侯鄒忌為齊相」一段戰國策士文獻，寫田忌出奔之事，年度橫跨齊威王二十六年與三十五年，並穿插了桂陵之戰的後續發展，《田齊世家》記載：

> 其後成侯騶忌與田忌不善，公孫閱謂成侯忌曰：「公何不謀伐魏，田忌必將。戰勝有功，則公之謀中也；戰不勝，非前死則後北，而命在公矣。」於是成侯言威王，使田忌南攻襄陵。十月，邯鄲拔，齊因起兵擊魏，大敗之桂陵。於是齊最彊於諸侯，自稱為王，以令天下。……
>
> 三十五年，公孫閱又謂成侯忌曰：「公何不令人操十金卜於市，曰：『我田忌之人也。吾三戰而三勝，聲威天下。欲為大事，亦吉乎不

年，第 757～758 頁。

〔註23〕司馬遷：《史記》〔M〕，北京：中華書局，2006 年，第 722 頁。

〔註24〕高誘注：《呂氏春秋》〔A〕，《諸子集成》〔C〕，上海：上海書店，1986 年，第 311 頁。

〔註25〕司馬遷：《史記》〔M〕，北京：中華書局，2006 年，第 722 頁。

〔註26〕司馬遷：《史記》〔M〕，北京：中華書局，2006 年，第 723 頁。

〔註27〕高誘注：《呂氏春秋》〔A〕，《諸子集成》〔C〕，上海：上海書店，1986 年，第 311 頁。

吉乎？』」卜者出，因令人捕爲之卜者，驗其辭於王之所。田忌聞之，
因率其徒襲攻臨淄，求成侯，不勝而犇。〔註28〕

在時間上，《戰國策·齊策一》「邯鄲之難」寫的是「七月，邯鄲拔」〔註29〕，
《田齊世家》記的是十月，懷疑是傳抄過程中「十」與「七」字的訛誤。

田忌出走的前因後果，《戰國策·齊策一》「成侯鄒忌爲齊相」記載：

成侯鄒忌爲齊相，田忌爲將，不相説。公孫閈謂鄒忌曰：「公何不爲
王謀伐魏？勝，則是君之謀也，君可以有功；戰不勝，田忌不進，
戰而不死，曲撓而誅。」鄒忌以爲然，乃説王而使田忌伐魏。

田忌三戰三勝。鄒忌以告公孫閈，公孫閈乃使人操十金而往卜於市，
曰：「我田忌之人也，吾三戰而三勝，聲威天下，欲爲大事，亦吉否？」

卜者出，因令人捕爲人卜者，亦驗其辭於王前。田忌遂走。〔註30〕

與《田齊世家》的內容幾乎相同。

到了齊宣王期間，魏、韓兩國交戰與南梁，韓向齊求救，齊用孫子之計，
在馬陵大破魏軍，殺龐涓。司馬遷將此事繫於齊宣王二年：

二年，魏伐趙。趙與韓親，共擊魏。趙不利，戰於南梁。宣王召田
忌復故位。韓氏請救於齊。

宣王召大臣而謀曰：「蚤救孰與晚救？」騶忌子曰：「不如勿救。」
田忌曰：「弗救，則韓且折而入於魏，不如蚤救之。」孫子曰：「夫
韓、魏之兵未獘而救之，是吾代韓受魏之兵，顧反聽命於韓也。且
魏有破國之志，韓見亡，必東面而愬於齊矣。吾因深結韓之親而晚
承魏之獘，則可重利而得尊名也。」宣王曰：「善。」乃陰告韓之使
者而遣之。

韓因恃齊，五戰不勝，而東委國於齊。齊因起兵，使田忌、田嬰將，
孫子爲（帥）〔師〕，救韓、趙以擊魏，大敗之馬陵，殺其將龐涓，
虜魏太子申。其後三晉之王皆因田嬰朝齊王於博望，盟而去。〔註31〕

〔註28〕 司馬遷：《史記》〔M〕，北京：中華書局，2006 年，第 1892～1893 頁。
〔註29〕 劉向集錄，范祥雍箋證：《戰國策箋證》〔M〕，上海：上海古籍出版社，2006
年，第 505 頁。
〔註30〕 劉向集錄，范祥雍箋證：《戰國策箋證》〔M〕，上海：上海古籍出版社，2006
年，第 511 頁。
〔註31〕 司馬遷：《史記》〔M〕，北京：中華書局，2006 年，第 1893～1894 頁。

《戰國策》中有類似的故事，稱「南梁之難」，但是人名與結尾有所不同。《戰國策・齊策一》「南梁之難」記載：

> 南梁之難，韓氏請救於齊。
>
> 田侯召大臣而謀曰：「早救之，孰與晚救之便？」張丐對曰：「晚救之，韓且折而入於魏，不如早救之。」田臣思曰：「不可。夫韓、魏之兵未弊而我救之，我代韓而受魏之兵，顧反聽命於韓也。且夫魏有破韓之志，韓且見亡，必東愬於齊。我因陰結韓之親，而晚承魏之弊，則國可重，利可得，名可尊矣。」田侯曰：「善。」乃陰告韓使者而遣之。
>
> 韓自以專有齊國，五戰五不勝，東愬於齊。齊因起兵擊魏，大破之馬陵。魏破韓弱，韓、魏之君因田嬰北面而朝田侯。〔註32〕

《戰國策・齊策一》「南梁之難」中是田侯、張丐、田臣思的對話，《田齊世家》為宣王、騶忌子、田忌、孫子，對話內容雖然大抵相同，但人物差距較大。《史記索隱》引王劭曰：「此時鄒忌死已四年，又齊威王時未稱王，故《戰國策》謂之田侯。今此以田侯為宣王，又橫稱鄒忌，皆謬矣。」〔註33〕根據《竹書紀年》，馬陵之戰在梁惠王二十八年，相當於齊威王十四年，當時齊國未稱王，所以《戰國策・齊策一》「南梁之難」中稱「田侯」，指齊威王應該無誤。然而在《六國年表》中，梁惠王二十八年（相當於齊威王三十六年）魏、韓、齊三國皆無戰爭記載，而齊宣王二年記載：「敗魏馬陵。田忌、田嬰、田肦將，孫子為師」〔註34〕，與《田齊世家》保持一致。《孫子吳起列傳》中對馬陵之戰亦有描述：

> （桂陵之戰）後十三歲，魏與趙攻韓，韓告急於齊。齊使田忌將而往，直走大梁。……龐涓自知智窮兵敗，乃自剄，……齊因乘勝盡破其軍，虜魏太子申以歸。〔註35〕

自桂陵之戰（齊威王二十六年，公元前 353 年）至馬陵之戰（齊宣王二年，公元前 341 年）約十三年，亦與《六國年表》、《田齊世家》相呼應。由此可

〔註32〕劉向集錄，范祥雍箋證：《戰國策箋證》〔M〕，上海：上海古籍出版社，2006年，第 508 頁。

〔註33〕司馬遷：《史記》〔M〕，北京：中華書局，2006 年，第 1894 頁。

〔註34〕司馬遷：《史記》〔M〕，北京：中華書局，2006 年，第 1894 頁、第 725 頁。

〔註35〕司馬遷：《史記》〔M〕，北京：中華書局，2006 年，第 1894 頁、第 2164 頁。

見《史記》的編年無論正確與否，整體的編排還是十分細緻的。

齊愍王時期有三則故事，其中二則可見於《戰國策》，一則見於《戰國縱橫家書》。齊愍王在位十七年，破秦、燕諸國，滅宋國，西侵三晉，東伐楚國，在武功方面頗有建樹。

齊愍王十二年，有「楚圍雍氏」之事，《田齊世家》記載：

> 十二年，攻魏。楚圍雍氏，秦敗屈丐。蘇代謂田軫曰：「臣願有謁於公，其爲事甚完，使楚利公，成爲福，不成亦爲福。今者臣立於門，客有言曰魏王謂韓馮、張儀曰：『煮棗將拔，齊兵又進，子來救寡人則可矣；不救寡人，寡人弗能拔。』此特轉辭也。秦、韓之兵毋東，旬餘，則魏氏轉韓從秦，秦逐張儀，交臂而事齊楚，此公之事成也。」田軫曰：「奈何使無東？」對曰：「韓馮之救魏之辭，必不謂韓王曰『馮以爲魏』，必曰『馮將以秦韓之兵東卻齊宋，馮因摶三國之兵，乘屈丐之弊，南割於楚，故地必盡得之矣。』張儀救魏之辭，必不謂秦王曰『儀以爲魏』，必曰『儀且以秦韓之兵東距齊宋，儀將摶三國之兵，乘屈丐之獎，南割於楚，名存亡國，實伐三川而歸，此王業也。』公令楚王與韓氏地，使秦制和，謂秦王曰『請與韓地，而王以施三川，韓氏之兵不用而得地於楚。』韓馮之東兵之辭且謂秦何？曰『秦兵不用而得三川，伐楚韓以窘魏，魏氏不敢東，是孤齊也』。張儀之東兵之辭且謂何？曰『秦韓欲地而兵有案，聲威發於魏，魏氏之欲不失齊楚者有資矣。』魏氏轉秦韓爭事齊楚，楚王欲而無與地，公令秦韓之兵不用而得地，有一大德也。秦韓之王劫於韓馮、張儀而東兵以徇服魏，公常執左券以責於秦韓，此其善於公而惡張子多資矣。」〔註36〕

《戰國縱橫家書》22 章記載：

> 齊宋攻魏，楚回翁是，秦敗屈□。胃陳軫曰：「願有謁於公，其爲事甚完，便楚，利公。成則爲福，不成則爲福。今者秦立於門，客有言曰：『魏王胃韓倗、張義：煮棘將榆，齊兵有進，子來救寡人可也，不救寡人，寡人弗能枝。』樽辭也。秦、韓之兵毋東，旬餘，魏是樽，韓是從，秦逐張義，交臂而事楚，此公事成也。」陳軫曰：「若何史毋東？」合曰：「韓倗之救魏之辭，必不胃鄭王曰：『倗以爲魏。』

〔註36〕司馬遷：《史記》〔M〕，北京：中華書局，2006 年，第 1896～1897 頁。

必將曰：『偹將榑三國之兵，乘屈百之敝，南割於楚，故地必盡。』張義之救魏之辭，必不胃秦王曰：『義以爲魏。』必將曰：『義且以韓、秦之兵東巨齊、宋，義將榑三國之兵，乘屈之敝，南割於楚，名存亡國，實伐三川而歸，此王業也。』公令楚王與韓氏地，使秦制和。胃秦曰：『請與韓地而王以施三川，韓是之兵不用而得地於楚，□□□□□何。秦兵不用而得三川，伐楚、韓以窘魏，魏是不敢不聽。秦韓欲地而兵案聲□發於魏，魏是□□□□□□□□魏是轉，秦、韓爭事齊楚，王欲毋予地。公令秦、韓之兵不用而得地，有一大德。秦、韓之王劫於韓偹、張義而東兵以服魏，公常操□芥而責於秦·韓，此其善於公而惡張義多資矣。』」〔註37〕

《戰國縱橫家書》不記策士姓名，而《田齊世家》記策士爲蘇代。兩段文字的內容基本一樣，司馬遷僅對戰國策士文獻進行考證改錯，如改正「楚回翁是」爲「楚圍雍氏」、「胃」改正爲「謂」、「張義」改正爲「張儀」，這與劉向所見戰國策士文獻「本字多誤脫爲半字，以「趙」爲「肖」，以「齊」爲「立」，如此字者多」〔註38〕的情況是類似的。

齊湣王三十六年，《田齊世家》記載齊王稱帝之事：

……蘇代自燕來，入齊，見於章華東門。

齊王曰：「嘻，善，子來！秦使魏冄致帝，子以爲何如？」對曰：「王之問臣也卒，而患之所從來微，……以收天下，此大資也。且天下立兩帝，王以天下爲尊齊乎？尊秦乎？」王曰：「尊秦。」曰：「釋帝，天下愛齊乎？愛秦乎？」王曰：「愛齊而憎秦。」曰：「兩帝立約伐趙，孰與伐桀宋之利？」王曰：「伐桀宋利。」對曰：「夫約鈞，然與秦爲帝而天下獨尊秦而輕齊，……願王孰慮之。」〔註39〕

秦、齊稱帝，《竹書紀年》將此事繫於齊湣王十四年。然而《史記》在《田齊世家》、《秦本紀》、《六國年表》、《穰侯列傳》中將其繫於秦昭王十九年，也就是齊湣王三十六年，表、世家、列傳保持年代一致。本段爲蘇代勸說齊湣

〔註37〕馬王堆漢墓帛書整理小組編：《戰國縱橫家書》〔M〕，北京：新華書局，1976年，第 202 頁。

〔註38〕劉向集錄，范祥雍箋證：《戰國策箋證》〔M〕，上海：上海古籍出版社，2006年，劉向書錄第 1 頁。

〔註39〕司馬遷：《史記》〔M〕，北京：中華書局，2006 年，第 1894 頁、第 1898～1899頁。

王去帝號，並成功說服齊湣王放棄伐趙轉而攻打宋國，《田齊世家》中作「蘇代」的人物，在《戰國策・齊策四》「蘇秦自燕之齊」中作「蘇秦」：

> 蘇秦自燕之齊，見於華章南門。齊王曰：「嘻！子之來也。秦使魏冉致帝，子以爲何如？」對曰：「王之問臣也卒，而患之所從生者微。……其於以收天下，此大資也。」

> 蘇秦謂齊王曰：「齊、秦立爲兩帝，王以天下爲尊秦乎？且尊齊乎？」王曰：「尊秦。」「釋帝則天下愛齊乎？且愛秦乎？」王曰：「愛齊而憎秦。」「兩帝立，約伐趙，孰與伐宋之利也？」對曰：「夫約與秦爲帝，……願王熟慮之也！」〔註40〕

齊國攻打宋國，《田齊世家》將其繫於齊湣王三十八年：

> 三十八年，伐宋。秦昭王怒曰：「吾愛宋與愛新城、陽晉同。韓聶與吾友也，而攻吾所愛，何也？」

> 蘇代爲齊謂秦王曰：「韓聶之攻宋，所以爲王也。齊彊，輔之以宋，楚魏必恐，恐必西事秦，是王不煩一兵，不傷一士，無事而割安邑也，此韓聶之所禱於王也。」

> 秦王曰：「吾患齊之難知。一從一衡，其說何也？」對曰：「天下國令齊可知乎？齊以攻宋，其知事秦以萬乘之國自輔，不西事秦則宋治不安。中國白頭游教之士皆積智欲離齊秦之交，伏式結軼西馳者，未有一人言善齊者也，伏式結軼東馳者，未有一人言善秦者也。何則？皆不欲齊秦之合也。何晉楚之智而齊秦之愚也！晉楚合必議齊秦，齊秦合必圖晉楚，請以此決事。」秦王曰：「諾。」〔註41〕

本段承接《田齊世家》齊湣王三十六年事，蘇代在說動齊國攻打宋國之後，蘇代又代齊國去說服秦王不要出兵救宋。《戰國策・韓策三》「韓人攻宋」中有幾乎相同的一段，說辭內容雖然大致相同，但國名、人名需要考辯。

> 韓人攻宋，秦王大怒曰：「吾愛宋，與新城、陽晉同也。韓珉與我交而攻我甚所愛，何也？」

> 蘇秦爲韓說秦王曰：「韓珉之攻宋，所以爲王也。以韓之強，輔之以

〔註40〕劉向集錄，范祥雍箋證：《戰國策箋證》〔M〕，上海：上海古籍出版社，2006年，第663～664頁。

〔註41〕司馬遷：《史記》〔M〕，北京：中華書局，2006年，第1899～1900頁。

宋，楚、魏必恐。恐，必西面事秦。王不折一兵，不殺一人，無事而割安邑，此韓珉之所以禱於秦也。」秦王曰：「吾固患韓之難知，一從一橫，此其說何也？」對曰：「天下固令韓可知也，韓故已攻宋矣，其西面事秦，以萬乘自輔；不西事秦，則宋地不安矣。中國白頭游教之士，皆積智欲離秦、韓之交，伏軾結靮西馳者，未有一人言善韓者也。伏軾結靮東馳者，未有一人言善秦者也，皆不欲韓、秦之合者，何也？則晉、楚智而韓、秦愚也。晉、楚合，必伺韓、秦；韓、秦合，必圖晉、楚。請以決事。」秦王曰：「善。」〔註42〕

本段的對話內容《戰國策》與《田齊世家》基本是一致的。人名、國名異處有三：（一）蘇秦改爲蘇代，吳師道云：「當作『代』。蘇代爲燕反間，勸齊伐宋，將以敝齊而爲燕，恐秦之敗其事，故遊說以止之爾。《史記》恐有所考據，當考」〔註43〕；（二）韓珉改爲韓聶，金正煒云：「此爲韓珉相齊時事。……珉損爲民，而民、人古通用，因轉爲人。又唐人諱民爲人，或由其時轉寫之譌」〔註44〕；（三）韓改爲齊，吳汝綸云：「此當依《史記》爲齊攻宋，篇內所言皆齊、秦之勢。……篇中韓字皆當作齊，以下並同。」〔註45〕綜上所述，范祥雍先生說：「此『韓人』乃『韓珉』之誤。『韓珉』或作『韓民』……（民）避唐諱而改作『人』。」〔註46〕所以「韓人攻宋」是由「韓珉攻宋」、「韓民攻宋」轉變而來，文中的「韓」不指韓國，而是指人名，所以「因韓珉而在《韓策》，後人乃誤改之耳。」〔註47〕的確，從當時的情況來看，韓國沒有能力與秦合作，也無法引起「韓、秦合，必圖晉、楚」〔註48〕的作用。司馬遷作《田齊世家》時自是考慮過這個問題，所以對這段文字做了修改。

　　齊王建時代到齊滅亡，《田齊世家》使用了兩則出自於戰國策士文獻的

〔註42〕劉向集錄，范祥雍箋證：《戰國策箋證》〔M〕，上海：上海古籍出版社，2006年，第1595～1596頁。

〔註43〕郭人民：《戰國策校注》〔M〕，北京：中州出版社，1988年，第473頁。

〔註44〕郭人民：《戰國策校注》〔M〕，北京：中州出版社，1988年，第473頁。

〔註45〕郭人民：《戰國策校注》〔M〕，北京：中州出版社，1988年，第472頁。

〔註46〕劉向集錄，范祥雍箋證：《戰國策箋證》〔M〕，上海：上海古籍出版社，2006年，第1596～1597頁。

〔註47〕劉向集錄，范祥雍箋證：《戰國策箋證》〔M〕，上海：上海古籍出版社，2006年，第1596頁。

〔註48〕劉向集錄，范祥雍箋證：《戰國策箋證》〔M〕，上海：上海古籍出版社，2006年，第1596頁。

故事。第一則記愍王四十年六國聯軍攻陷臨淄後，齊王出奔，被淖齒所殺的經過。之後愍王子法章立，成為襄王，以及齊王建出生之事。《田齊世家》記載：

> 湣王之遇殺，其子法章變名姓為莒太史敫家庸。太史敫女奇法章狀貌，……於是莒人共立法章，是為襄王。以保莒城而布告齊國中：「王已立在莒矣。」
>
> 襄王既立，立太史氏女為王后，是為君王后，生子建。……〔註49〕

此段與《戰國策·齊策六》「齊閔王之遇殺」：

> 齊閔王之遇殺，其子法章變姓名，為莒太史家庸夫。太史敫女，奇法章之狀貌，……法章乃自言於莒。共立法章為襄王。
>
> 襄王立，以太史氏女為王后，生子建。……〔註50〕

幾乎完全相同。接著《田齊世家》穿插了一段田單復國的敘述：

> 襄王在莒五年，田單以即墨攻破燕軍，迎襄王於莒，入臨淄。齊故地盡復屬齊。齊封田單為安平君。十四年，秦擊我剛壽。十九年，襄王卒，子建立。〔註51〕

而《戰國策·齊策六》「齊閔王之遇殺」僅記為：

> 襄王卒，子建立為齊王。君王后事秦謹，與諸侯信，以故建立四十有餘年不受兵。〔註52〕

齊王建時期的第二個戰國故事繫於齊王建六年。《田齊世家》齊王建六年記載了秦趙長平之戰前的事，趙國向齊國請求糧食援助，謀士周子以「唇亡齒寒」來比喻趙、齊之間的關係：

> 王建立六年，秦攻趙，齊楚救之。
>
> 秦計曰：「齊楚救趙，親則退兵，不親遂攻之。」趙無食，請粟於齊，齊不聽。周子曰：「不如聽之以退秦兵，不聽則秦兵不卻，是秦之計中而齊楚之計過也。且趙之於齊楚，扞蔽也，猶齒之有脣也，脣亡則齒寒。今日亡趙，明日患及齊楚。且救趙之務，宜若奉漏甕沃焦

〔註49〕 司馬遷：《史記》〔M〕，北京：中華書局，2006年，第1901頁。
〔註50〕 劉向集錄，范祥雍箋證：《戰國策箋證》〔M〕，上海：上海古籍出版社，2006年，第738頁。
〔註51〕 司馬遷：《史記》〔M〕，北京：中華書局，2006年，第1901頁。
〔註52〕 劉向集錄，范祥雍箋證：《戰國策箋證》〔M〕，上海：上海古籍出版社，2006年，第738頁。

釜也。夫救趙，高義也；卻秦兵，顯名也。義救亡國，威卻彊秦之
兵，不務爲此而務愛粟，爲國計者過矣。」

齊王弗聽。秦破趙於長平四十餘萬，遂圍邯鄲。〔註53〕

《戰國策・齊策二》「秦攻趙長平」中有近似的內容：

秦攻趙長平，齊、楚救之。秦計曰：「齊、楚救趙，親則將退兵；不
親則且遂攻之。」

趙無以食，請粟於齊，而齊不聽。蘇秦謂齊王曰：「不如聽之，以卻
秦兵，不聽，則秦兵不卻，是秦之計中，而齊、燕之計過矣。且趙
之於燕、齊，隱蔽也，齒之有脣也，脣亡則齒寒。今日亡趙，則明
日及齊、楚矣。且夫救趙之務，宜若奉漏甕沃焦釜。夫救趙，高義
也；卻秦兵，顯名也。義救亡趙，威卻強秦兵，不務爲此，而務愛
粟，則爲國計者過矣。」〔註54〕

《田齊世家》記策士爲周子，而《戰國策・齊策二》「秦攻趙長平」作蘇秦，
然長平之戰時蘇秦去世已久，《戰國策》的記載有誤。策士向齊王建提出進言，
認爲應該支持趙國，但是齊王不聽，最後秦破趙軍，圍趙邯鄲。這顯示了齊
王建的目光短淺，無法看清大局，又不能接納策士的進言，齊國的滅亡已經
近在眼前。

　　齊王建四十四年，在秦滅齊之後，《田齊世家》穿插使用《戰國策・齊策
六》「齊閔王之遇殺」中「君王后事秦謹，與諸侯信，以故建立四十有餘年不
受兵」〔註55〕的句子，補充記載君王后（齊襄王的王后）的事迹：

始，君王后賢，事秦謹，與諸侯信，齊亦束邊海上，秦日夜攻三晉、
燕、楚，五國各自救於秦，以故王建立四十餘年不受兵。君王后死，
后勝相齊，多受秦閒金，多使賓客入秦，秦又多予金，客皆爲反閒，
勸王去從朝秦，不脩攻戰之備，不助五國攻秦，秦以故得滅五國。

〔註56〕

〔註53〕 司馬遷：《史記》〔M〕，北京：中華書局，2006 年，第 1902 頁。

〔註54〕 劉向集錄，范祥雍箋證：《戰國策箋證》〔M〕，上海：上海古籍出版社，2006
年，第 572～573 頁。

〔註55〕 劉向集錄，范祥雍箋證：《戰國策箋證》〔M〕，上海：上海古籍出版社，2006
年，第 738 頁。

〔註56〕 司馬遷：《史記》〔M〕，北京：中華書局，2006 年，第 1902～1903 頁。

《戰國策·齊策六》「齊閔王之遇殺」中對君王后的描述較多，記載了兩段故事：

> 秦始皇嘗使使者遺君王后玉連環，曰：「齊多知，而解此環不？」君王后以示群臣，群臣不知解。君王后引椎椎破之，謝秦使曰：「謹以解矣。」及君王后病且卒，誠建曰：「群臣之可用者某。」建曰：「請書之。」君王后曰「善。」取筆牘受言。君王后曰：「老婦已亡矣。」〔註57〕

齊王建在位四十四年時間，其中四十一年有君王后扶持。第一段故事顯示了君王后有勇有謀地解決了秦國的挑釁；第二段故事記載君王后臨終之時對齊國國政放心不下，原本對齊王建有一番交代，然看出齊國頹勢不可挽救，故不言而終。側面印證了為什麼在君王后在世的時候，齊國可以「四十餘年不受兵」。君王后死後，《田齊世家》與《齊策六·齊愍王之遇殺》記載大抵相同，《戰國策·齊策六》「齊閔王之遇殺」曰：

> 君王后死，後后勝相齊，多受秦間金玉，使賓客入秦，皆為變辭，
>
> 勸王朝秦，不脩攻戰之備。〔註58〕

最終結果即是《田齊世家》所記：「秦以故得滅五國。」〔註59〕齊國滅亡的根本原因在於君王后去世以後，齊王建受秦國利誘，改變對外政策，使得合縱失敗，最終由秦王政統一了六國。

第二節 《燕召公世家》

《燕召公世家》，本文中簡稱為《燕世家》。燕，姬姓，其先祖召公，周武王滅紂後，封召公於北燕，都薊。周顯王四十六年（公元前 323 年）燕君始稱王，至燕王喜三十三年（秦王政二十五年，公元前 222 年）為秦所滅。燕國在戰國時期全境東北和東胡接界，西與中山、趙接界，南邊靠海，並和齊接界。燕國在戰國時期只是位居北方的小諸侯國，但是燕國自周初分封開始至滅亡，有將近九百年的歷史。〔註60〕燕國雖然不是戰國時期重要的國家，

〔註57〕劉向集錄，范祥雍箋證：《戰國策箋證》〔M〕，上海：上海古籍出版社，2006年，第 738 頁。

〔註58〕劉向集錄，范祥雍箋證：《戰國策箋證》〔M〕，上海：上海古籍出版社，2006年，第 739 頁。

〔註59〕司馬遷：《史記》〔M〕，北京：中華書局，2006 年，第 1903 頁。

〔註60〕藤田勝久：《〈史記〉戰國史料研究》〔M〕，上海：上海古籍出版社，2008 年，第 415 頁。

但是對於《史記》來說，《燕世家》有三個值得注意的地方：（一）《燕世家》中有「今王喜」的記載，《史記索隱》指出「今王猶今上也」〔註61〕，《史記志疑》認爲：「今王仍舊史之文」〔註62〕，《史記會注考證》中說：「當時書傳，蓋有記時事稱喜今王者，而傳入史編也」〔註63〕，錢大昕說：「今王蓋當時人所稱，猶紀年稱魏襄王爲今王也」，也就是說除了戰國策士文獻、戰國故事，司馬遷在編纂《燕世家》時可能還有一份近似燕國舊史的資料；（二）《燕世家》所使用的戰國策士文獻部分，內容與《戰國策‧燕策》幾乎相同，並且這兩則戰國故事中原本就包含燕國的紀年，這個情況是十分罕見的；（三）戰國策士最重要的人物之一蘇秦與燕國關係重大，《蘇秦列傳》中使用戰國策士文獻的部分十三篇裏有九篇出自於《戰國策‧燕策》，反倒是《燕世家》中僅使用了兩篇《戰國策‧燕策》的文字，是《史記》戰國世家中引用戰國策士文獻最少的一篇。

　　《燕世家》中使用了二則戰國故事：分別是燕王噲時期、燕昭王時期各一。前文提到，燕國在戰國七雄中比較弱小，又地處邊遠，很長一段時間都沒有逐鹿中原、爭奪天下的能力。綜觀戰國時期燕國的歷史，比較重要的便是燕王噲的讓國之舉與燕昭王（燕王噲之子）的崛起。

　　燕王噲讓國不僅在戰國時期是一件令人匪夷所思的事，在中國歷史上也很難找出這等荒唐的事。《燕世家》對此事前因後果如是記載：

> 燕噲既立，齊人殺蘇秦。蘇秦之在燕，與其相子之爲婚，而蘇代與子之交。及蘇秦死，而齊宣王復用蘇代。燕噲三年，與楚、三晉攻秦，不勝而還。子之相燕，貴重，主斷。蘇代爲齊使於燕，燕王問曰：「齊王奚如？」對曰：「必不霸。」燕王曰：「何也？」對曰：「不信其臣。」蘇代欲以激燕王以尊子之也。於是燕王大信子之。子之因遺蘇代百金，而聽其所使。

> 鹿毛壽謂燕王：「不如以國讓相子之。人之謂堯賢者，以其讓天下於許由，許由不受，有讓天下之名而實不失天下。……子之南面行王事，而噲老不聽政，顧爲臣，國事皆決於子之。」〔註64〕

〔註61〕司馬遷：《史記》〔M〕，北京：中華書局，2006年，第1559頁。

〔註62〕梁玉繩：《史記志疑》〔M〕，北京：中華書局，1981年，第899頁。

〔註63〕瀧川資言：《史記會注考證》〔M〕，北京：北嶽文藝出版社，1999年，2788頁。

〔註64〕司馬遷：《史記》〔M〕，北京：中華書局，2006年，第1555～1556頁。

燕王噲繼位之初，「齊人殺蘇秦」是什麼情況呢？蘇秦在齊國被嫉妒他的齊國大臣刺殺，蘇秦死後，他燕國間諜的身份和企圖顛覆齊國的陰謀被揭穿，齊國因此對燕國非常怨恨，兩國從此結下了深仇大恨。而子之，是蘇秦的兒女親家，並早與蘇代有所交往。當蘇代重新被齊國任用之後，蘇代出使燕國，故意以言語刺激燕王噲，使子之獲得燕王的重用。而子之便視蘇代為恩人，不僅「遺百金」，還「聽其所使」，再加上子之本就是個「貴重、主斷」的人，這就為燕王噲讓國之後燕國的危機埋下了伏筆。

在蘇代之後，又有了鹿毛壽的建言。燕王噲於是作出了一個驚世駭俗的決定：將燕王的君位「禪讓」給相國子之，並把三百石以上高官的璽印全部收回，交由子之任命。換言之，子之全面執掌了燕國軍政大權，在《戰國策・燕策一》「燕王噲既立」中如此記載：

> 子之三年，燕國大亂，百姓恫怨，將軍市被、太子平謀，將攻子之。……
> 燕人恫怨，百姓離意。〔註65〕

戰國策士文獻記載以子之紀年，儼然已經將子之視作燕國國君。《燕世家》去其子之二字，改為：

> 三年，國大亂，百姓恫恐。將軍市被與太子平謀，將攻子之。……
> 眾人恫恐，百姓離志。〔註66〕

但前文已有「燕噲三年」，此處又重複出現「三年」。若是同屬「燕噲三年」，應直接刪去「三年」字樣；若「燕噲三年」與「子之三年」不是同一年，那就必須做出區別。參照六國燕表，「君讓其臣子之國，顧為臣」記在燕王噲五年，所以此處的「三年」應該解釋為「燕噲三年」之後三年。總之，本處《燕世家》顯然是據《戰國策・燕策》「燕王噲既立」的文字所改，但是改的不夠徹底而造成疑義。

子之主政之後，國人不服，各種矛盾被激化。太子平與將軍市被起兵攻擊子之，失敗。將軍市被又聯合百官回頭攻打太子平，最後是將軍市被戰死，太子被殺。這場內亂造成了燕國人心渙散和國力的嚴重削弱。而齊國在孟子的建議下，趁機伐燕，《燕世家》記載：

> 孟軻謂齊王曰：「今伐燕，此文、武之時，不可失也。」王因令章子

〔註65〕劉向集錄，范祥雍箋證：《戰國策箋證》〔M〕，上海：上海古籍出版社，2006年，第1675～1676頁。
〔註66〕司馬遷：《史記》〔M〕，北京：中華書局，2006年，第1556～1557頁。

將五都之兵，以因北地之眾以伐燕。士卒不戰，城門不閉，燕君噲
死，齊大勝。

燕子之亡二年，而燕人共立太子平，是爲燕昭王。[註67]

本段《燕世家》與《戰國策・燕策一》「燕王噲既立」內容幾乎完全一樣。將
軍匡章率軍在出兵五十天內佔領了燕都，燕國大敗，幾乎亡國，燕王噲被殺，
子之逃亡。在燕國軍民的奮力抵抗和趙、韓、秦、楚等國的壓力下，齊國不
得不退兵，趙國擁立在韓爲人質的公子平，並以兵護送至燕國，是爲燕昭王。

燕昭王就是在這種國家殘破、民心離散的形勢下登上君位的。《戰國策・
燕策一》「燕昭王收破燕後即位」記載道：

燕昭王收破燕後，即位，卑身厚幣，以招賢者，欲將以報讎。故往
見郭隗先生曰：「齊因孤國之亂，而襲破燕。孤極知燕小力少，不足
以報。然得賢士與共國，以雪先王之恥，孤之願也。敢問以國報讎
者奈何？」

郭隗先生對曰：「帝者與師處，王者與友處，霸者與臣處，亡國與役
處。詘指而事之，北面而受學，則百己者至。先趨而後息，先問而
後嘿，則什己者至。人趨己趨，則若己者至。馮几據杖，眄視指使，
則廝役之人至。若恣睢奮擊，呴籍叱咄，則徒隸之人至矣。此古服
道致士之法也。王誠博選國中之賢者，而朝其門下，天下聞王朝其
賢臣，天下之士必趨於燕矣。」

昭王曰：「寡人將誰朝而可？」郭隗先生曰：「臣聞古之君人，有以
千金求千里馬者，三年不能得，涓人言於君曰：『請求之。』君遣之。
三月得千里馬，馬已死。買其首五百金，反以報君。君大怒曰：『所
求者生馬，安事死馬而捐五百金？』涓人對曰：『死馬且買之五百金，
況生馬乎？天下必以王爲能市馬，馬今至矣。』於是不能期年，千
里之馬至者三。今王誠欲致士，先從隗始；隗且見事，況賢於隗者
乎？豈遠千里哉？」

於是昭王爲隗築宮而師之。樂毅自魏往，鄒衍自齊往，劇辛自趙往，
士爭湊燕。燕王弔死問生，與百姓同其甘苦。

〔註67〕司馬遷：《史記》〔M〕，北京：中華書局，2006 年，第 1557 頁。

二十八年，燕國殷富，士卒樂佚輕戰。於是遂以樂毅爲上將軍，與秦、楚、三晉合謀以伐齊。齊兵敗，閔王出走於外。燕兵獨追北，入至臨淄，盡取齊寶，燒其宮室宗廟。齊城之不下者，唯獨莒、即墨。〔註68〕

《燕世家》對這段文字進行了改造，保留了重要的人物——郭隗，並提取郭隗與燕昭王的對話的精華，將全文精簡爲：

燕昭王於破燕之後即位，卑身厚幣以招賢者。謂郭隗曰：「齊因孤之國亂而襲破燕，孤極知燕小力少，不足以報。然誠得賢士以共國，以雪先王之恥，孤之願也。先生視可者，得身事之。」

郭隗曰：「王必欲致士，先從隗始。況賢於隗者，豈遠千里哉！」

於是昭王爲隗改築宮而師事之。樂毅自魏往，鄒衍自齊往，劇辛自趙往，士爭趨燕。燕王弔死問孤，與百姓同甘苦。

二十八年，燕國殷富，士卒樂軼輕戰，於是遂以樂毅爲上將軍，與秦、楚、三晉合謀以伐齊。齊兵敗，湣王出亡於外。燕兵獨追北，入至臨淄，盡取齊寶，燒其宮室宗廟。齊城之不下者，獨唯聊、莒、即墨，其餘皆屬燕，六歲。〔註69〕

昭王登位之初，決心要令燕國強大起來。他四處尋找治國的良才，禮待老臣郭隗，築宮敬以爲師，一時各國群賢聚集燕國。《戰國策・燕策一》「燕昭王收破燕後即位」中「千金市馬」的故事，在《韓世家》中被刪去。燕昭王二十八年（公元前 284 年）燕國聯合趙、楚、韓、魏諸國攻齊，上將軍樂毅攻破齊國，佔領齊國七十多城，締造了燕國最輝煌的時期。

戰國策士文獻這兩段故事中的燕國紀年被《燕世家》照單全收。戰國策士文獻中標注紀年的故事本來就不多，被《史記》完全引用的更是少數，《燕世家》是一個比較特別的情況。

第三節　《周本紀》

《史記》的本紀部分只有《周本紀》使用了戰國策士文獻，主要是對在

〔註68〕 劉向集錄，范祥雍箋證：《戰國策箋證》〔M〕，上海：上海古籍出版社，2006年，第 1684～1685 頁。
〔註69〕 司馬遷：《史記》〔M〕，北京：中華書局，2006 年，第 1558 頁。

戰國時期分裂的東、西二周國的記載。然而在戰國時期更為重要的《秦本紀》、《秦始皇本紀》，卻完全沒有利用戰國策士文獻。所以司馬遷對戰國策士文獻使用的情況符合他自己的敘述：東方六國因為史書被滅，只能利用「戰國之權變」，實是迫不得已之舉。

　　戰國時期的東、西周，雖列在本紀中，但其實只是戰國諸侯國中的兩小國，遠比不上東方六國的地位。這就形成《周本紀》的西周部分自成體系，平王東遷之後的東周採用另一種記敘方式，一篇本紀結合兩種手法，足見司馬遷對史料的靈活運用。

　　《周本紀》所記的內容，自周代始祖后稷開始，到「秦莊襄王滅東（西）周。東西周皆入於秦，周既不祀」〔註70〕，記事斷限約從公元前11世紀中期到公元前256年，將近八百年的歷史，共計萬餘字。縱觀周本紀，可看出：（一）記西周事多以故事敘述為主，雖然西周年代距司馬遷較遠，但人物音容相貌對話反而詳細鮮活，這自是得益於民間對先聖賢王的傳說故事；（二）自周平王東遷之後，敘述轉為簡略，大多是按照周王紀年來安排事件項目的記載。也就是說，周本紀的創作是結合紀傳與編年記事手法。值得注意的是，周平王東遷往後的歷史，除周襄王三年的「管仲辭曰」及十三年的「富辰諫曰」有對話之外，其他對話皆集中於東周分東、西周之後，也就是出自於戰國策士文獻的部分。換言之，《周本紀》是自東周分東、西周之後才開始使用戰國策士文獻。

　　《周本紀》東周時期又可分成兩部分：自「平王立，東遷於雒邑」〔註71〕開始，到「慎靚王立六年，崩，子赧王延立。王赧時東西周分治」〔註72〕可為第一部分，時間為公元前770年至公元前314年。在這三百多年之中，除了簡略的編年記事之外，記錄了兩則故事。一則記於襄王三年，內容以管仲與齊桓公對話為主；另一則記在周襄王十三年，主要是鄭國伐滑的事，嚴格說起來與周王朝沒有什麼太大的關係。

　　自「王赧時東西周分治」〔註73〕到「秦莊襄王滅東周。東西周皆入於秦，周既不祀」〔註74〕為東周時期的第二部分，時間自公元前314年至公元前249

〔註70〕司馬遷：《史記》〔M〕，北京：中華書局，1959年，第169頁。
〔註71〕司馬遷：《史記》〔M〕，北京：中華書局，1959年，第149頁。
〔註72〕司馬遷：《史記》〔M〕，北京：中華書局，1959年，第160頁。
〔註73〕司馬遷：《史記》〔M〕，北京：中華書局，1959年，第160頁。
〔註74〕司馬遷：《史記》〔M〕，北京：中華書局，1959年，第169頁。

年，大約 65 年。這段時間裏，《周本紀》收錄了十一則戰國故事，除了周赧王八年的「秦攻宜陽」與五十九年的「秦取韓陽城」，其它九則故事皆出自戰國策士文獻。韓兆琦指出：因爲《戰國策》沒有《周策》，所以《周本紀》從周敬王三十九年一直到周赧王元年之間，一百六十多年間沒有任何事情可記載。周赧王元年以後五十多年的記事，司馬遷開始依據《西周》、《東周》二策來編寫。〔註 75〕由此可見戰國策士文獻在戰國時期史料方面對《史記》是獨具價值。

　　周赧王八年是《史記》中單年使用戰國策士文獻最多的，此年繫有五則故事，皆出自於戰國策士文獻。第一件事爲西周武公太子去世：

> 西周武公之共太子死，有五庶子，毋適立。司馬翦謂楚王曰：「不如以地資公子咎，爲請太子。」
>
> 左成曰：「不可。周不聽，是公之知困而交疏於周也。不如請周君孰欲立，以微告翦，翦請令楚（賀）〔資〕之以地。」
>
> 果立公子咎爲太子。〔註76〕

本段文字在《戰國策·東周策》「周共太子死」中僅作「周太子」，編進《東周策》中：

> 周共太子死，有五庶子，皆愛之，而無適立也。司馬翦謂楚王曰：「何不封公子咎，而爲之請太子？」
>
> 左成謂司馬翦曰：「周君不聽，是公之知困而交絕於周也。不如謂周君曰：『孰欲立也？微告翦，翦（今）〔令〕楚王資之以地。』公若欲爲太子，因令人謂相國御展子、廬夫空曰：『王類欲令若爲之，此健士也，居中不便於相國。』」
>
> 相國令之爲太子。〔註77〕

《戰國策·東周策》「周共太子死」與《周本紀》的敘述方式一致，皆分爲三部分敘述：分別爲周共太子死、左成勸司馬翦、公子咎爲太子。然差異之處亦有三處，（一）《戰國策·東周策》「周共太子死」的周共太子指的自然是東周，而《周本紀》記爲西周，鮑本卷《戰國策》引《周本紀》記在西周赧王

〔註75〕韓兆琦：《史記通論》〔M〕，廣西：廣西師範大學出版社，1996 年，第 245 頁。

〔註76〕司馬遷：《史記》〔M〕，北京：中華書局，1959 年，第 161 頁。

〔註77〕劉向集錄，范祥雍箋證：《戰國策箋證》〔M〕，上海：上海古籍出版社，2006 年，第 69 頁。

下。然東西二周國的世系紛亂，《戰國策》、《史記》在這點上也沒有整理出特別明確的線索，故難分誰是誰非；（二）《戰國策・東周策》「周共太子死」第二段有一個小周折，除了左成的勸說（與《周本紀》第二段文字同），加入公若（經考證即是公子咎）亦使計謀來增加自己被立為太子的機會；（三）《戰國策・東周策》「周共太子死」作「相國」令公子咎為太子，《周本紀》則沒有交待此事，只記錄了最終結果。

從故事性來說，《戰國策・東周策》「周共太子死」用寥寥數語展現了公子咎積極爭取皇位的形象，略勝《周本紀》；而從記敘歷史角度來說，《周本紀》最後結論省去了「相國」二字，如實保留了結果，又減少了疑義，處理方式十分靈活。

周赧王八年第二件事，是秦要發兵攻打韓國，軍隊要從東、西周中間穿過，《周本紀》記載道：

> 秦借道兩周之閒，將以伐韓，周恐借之畏於韓，不借畏於秦。史厭謂周君曰「何不令人謂韓公叔曰：『秦之敢絕周而伐韓者，信東周也。公何不與周地，發質使之楚？』秦必疑楚不信周，是韓不伐也。又謂秦曰『韓彊與周地，將以疑周於秦也，周不敢不受。』秦必無辭而令周不受，是受地於韓而聽於秦。」〔註78〕

本段敘述《周本紀》與《戰國策・東周策》「秦假道於周以伐韓」內容大抵相同，文中《周本紀》中稱史厭的人物在《戰國策・東周策》「秦假道於周以伐韓」作史黶。但《戰國策・魏策一》「張儀欲並相秦魏」有「史厭謂趙獻曰」句，無法判斷《戰國策》中史黶、史厭是否為一人，也無法斷定《周本紀》中的史厭是司馬遷筆誤或是另指他人。

第三件事為秦王欲招西周君入秦，而西周君不想去，找策士為其謀劃之事，《周本紀》記載道：

> 秦召西周君，西周君惡往，故令人謂韓王曰：「秦召西周君，將以使攻王之南陽也，王何不出兵於南陽？周君將以為辭於秦。周君不入秦，秦必不敢踰河而攻南陽矣。」〔註79〕

本段《周本紀》與《戰國策・西周策》「秦召周君」內容大抵相同，為周君令策士（《周本紀》、《戰國策・西周策》「秦召周君」中皆未言明策士名字）為

〔註78〕 司馬遷：《史記》〔M〕，北京：中華書局，1959 年，第 162 頁。
〔註79〕 司馬遷：《史記》〔M〕，北京：中華書局，1959 年，第 163 頁。

不入秦國而作勸說，然勸說的對象不同。《戰國策・西周策》「秦召周君」作「秦召周君，周君難往。或爲周君謂魏王曰」〔註 80〕，而《周本紀》記爲韓王。在春秋戰國時期，稱南陽的地方不止一處，如春秋時魯國的南陽指泰山以南、汶水以北地；晉國的南陽指太行以南、黃河以北地區。戰國時期魏國的南陽，一部分屬韓國，直至公元前 263 年，秦國大將白起進攻韓國取南陽，韓本部與上黨被分隔。而伏牛山以南、漢水以北地亦稱南陽，分屬韓、楚。根據戰國時期的地圖，當時魏在北，韓在南，若說是「秦必不敢越河而攻南陽」〔註 81〕，指的應爲位在黃河北邊的魏國南陽。所以《戰國策・西周策》「秦召周君」中作魏王應該是正確的，《周本紀》作韓王恐爲筆誤。

《周本紀》在周赧王八年記載的第四件事爲東西周之間的戰爭：

東周與西周戰，韓救西周。或爲東周說韓王曰：「西周故天子之國，多名器重寶。王案兵毋出，可以德東周，而西周之寶必可以盡矣。」

〔註 82〕

本段記事見於《戰國策・東周策》「東周與西周戰」，內容、文字大致相同。在紀年方面，《呂氏春秋》大事記將此事繫於周赧王十五年，與「楚圍雍氏」同年。《韓世家》記「雍氏之役」在韓襄王十二年，亦爲周赧王十五年。然根據下段文字，《周本紀》又將「楚圍雍氏」繫於周赧王八年。通過以上文獻的記載，我們推測「東周與西周戰」與「楚圍雍氏」是發生在同一年，至於是周赧王八年還是十五年，尚需與其他史料交叉比較作進一步的考證。

關於「楚圍雍氏」一事，《史記》與戰國策士文獻的記載差異較大。《周本紀》記載：

楚圍雍氏，韓徵甲與粟於東周，東周君恐，召蘇代而告之。代曰：「君何患於是。臣能使韓毋徵甲與粟於周，又能爲君得高都。」周君曰：「子苟能，請以國聽子。」

代見韓相國曰：「楚圍雍氏，期三月也，今五月不能拔，是楚病也。今相國乃徵甲與粟於周，是告楚病也。」

〔註 80〕劉向集錄，范祥雍箋證：《戰國策箋證》〔M〕，上海：上海古籍出版社，2006年，第 112 頁。

〔註 81〕劉向集錄，范祥雍箋證：《戰國策箋證》〔M〕，上海：上海古籍出版社，2006年，第 112 頁。

〔註 82〕司馬遷：《史記》〔M〕，北京：中華書局，1959 年，第 163 頁。

韓相國曰：「善。使者已行矣。」代曰：「何不與周高都？」韓相國
大怒曰：「吾毋微甲與粟於周亦已多矣，何故與周高都也？」代曰：
「與周高都，是周折而入於韓也，秦聞之必大怒忿周，即不通周使，
是以獎高都得完周也。曷爲不與？」相國曰：「善。」

果與周高都。〔註83〕

而《戰國策·西周策》作「雍氏之役」，與《周本紀》在內容上有三個不同之
處：第一，《周本紀》將此事列爲東周事，而《戰國策·西周策》「雍氏之役」
中列爲西周事。但《戰國策·東周策》的「楚攻雍氏」中有「楚攻雍氏，周
糧秦、韓，楚王怒周，周之君患之」〔註84〕的句子，《竹書紀年》中又有「梁
惠成王十七年，東周與韓高都、利」〔註85〕的記載，可見高都原屬於東周，
所以司馬遷將「雍氏之役」改爲東周事是正確的。第二，《周本紀》中刪去《戰
國策·西周策》「雍氏之役」中一段：「公不聞楚計乎？昭應謂楚王曰：『韓氏
罷於兵，倉廩空，無以守城，吾收之以饑，不過一月必拔之』」〔註86〕，但不
影響蘇代整段說辭。第三，《戰國策·西周策》「楚圍雍氏」最後記「不徵甲
與粟於周而與高都，楚卒不拔雍氏而去」〔註87〕，而《周本紀》則只記「果
與東周高都」〔註88〕，司馬遷在《周本紀》中刪去他國事也屬正常。

周赧王三十四年，《周本紀》與《戰國策·西周策》皆有「蘇厲謂周君曰」
一段，《周本紀》作：

三十四年，蘇厲謂周君曰：「秦破韓、魏，扑師武，北取趙藺、離石
者，皆白起也。是善用兵，又有天命。今又將兵出塞攻梁，梁破則
周危矣。君何不令人說白起乎？曰『楚有養由基者，善射者也。去
柳葉百步而射之，百發而百中之。……一舉不得，前功盡弃。公不
如稱病而無出。』」〔註89〕

〔註83〕司馬遷：《史記》〔M〕，北京：中華書局，1959年，第163～164頁。
〔註84〕劉向集錄，范祥雍箋證：《戰國策箋證》〔M〕，上海：上海古籍出版社，2006
年，第27頁。
〔註85〕雷學淇：《竹書紀年義證》〔M〕，臺灣：藝文印書館，1966年，第81頁。
〔註86〕劉向集錄，范祥雍箋證：《戰國策箋證》〔M〕，上海：上海古籍出版社，2006
年，第94頁。
〔註87〕劉向集錄，范祥雍箋證：《戰國策箋證》〔M〕，上海：上海古籍出版社，2006
年，第94頁。
〔註88〕司馬遷：《史記》〔M〕，北京：中華書局，1959年，第164頁。
〔註89〕司馬遷：《史記》〔M〕，北京：中華書局，1959年，第164～165頁。

而《戰國策・西周策》「蘇厲謂周君曰」作：

> 蘇厲謂周君曰：「敗韓、魏，殺犀武，攻趙，取藺、離石、祁者，皆白起。是攻用兵，又有天命也。今攻梁，梁必破，破則周危，君不若止之。」
>
> 謂白起曰：「楚有養由基者，善射；去柳葉者百步而射之，百發百中。……一攻而不得，前功盡滅，公不若稱病不出也。」〔註90〕

內容唯一的差別在於《戰國策・西周策》「蘇厲謂周君曰」是蘇厲先後與周君、白起對話，而《周本紀》是記蘇厲讓周君找人去勸告白起，《周本紀》將《戰國策・西周策》「蘇厲謂周君曰」的兩段對話合併為一，使行文更為順暢。

周赧王四十五年，《周本紀》使用了兩則戰國故事：第一則是策士向周最進言：

> 四十五年，周君之秦客謂周（最）〔取〕曰：「公不若譽秦王之孝，因以應為太后養地，秦王必喜，是公有秦交。交善，周君必以為公功。交惡，勸周君入秦者必有罪矣。」〔註91〕

而《戰國策・西周策》「周君之秦」記載：

> 周君之秦。謂周最（取）曰：「不如譽秦王之孝也，因以應（原）為太后養地。秦王、太后必喜，是公有秦也。交善，周君必以為公功；交惡，勸周君入秦者，必有罪矣。」〔註92〕

此處《周本紀》與《戰國策・西周策》「周君之秦」的內容、文字雖然看似相同，但卻有歧義。若依《戰國策・西周策》「周君之秦」，「周君之秦」是周君前往秦國之意。「謂周最曰」句，高誘云：「謂，有人謂周最，姓名不見也」〔註93〕，所以此處是省略主詞，為一個不記名的策士向周最進言的意思。而《周本紀》中同樣有「周君之秦」、「謂周最曰」的字眼，卻改為「周君之秦客謂周（最）〔取〕曰」，「周君之秦客」變為一個主詞，或可解釋為周君在秦國的門客，同樣不記名。但是在《周本紀》中，周君前往秦國的意思肯定是沒有

〔註90〕劉向集錄，范祥雍箋證：《戰國策箋證》〔M〕，上海：上海古籍出版社，2006年，第99～100頁。

〔註91〕司馬遷：《史記》〔M〕，北京：中華書局，1959年，第167頁。

〔註92〕劉向集錄，范祥雍箋證：《戰國策箋證》〔M〕，上海：上海古籍出版社，2006年，第97～98頁。

〔註93〕劉向集錄，范祥雍箋證：《戰國策箋證》〔M〕，上海：上海古籍出版社，2006年，第98頁。

了。

　　第二則是敘述秦國打算攻打西周國之事。《周本紀》將《戰國策‧西周策》「秦欲攻周」的記載做了略微的改動：如刪去《戰國策‧西周策》「秦欲攻周」中的「兵弊於周，而合天下於齊」〔註94〕，將「則令不橫行於周矣」〔註95〕改爲「則令不行矣」。

　　周赧王五十八年的記事是《周本紀》中使用戰國策士文獻的最後一則故事。《周本紀》記載道：

> 五十八年，三晉距秦。周令其相國之秦，以秦之輕也，還其行。
>
> 客謂相國曰：「秦之輕重未可知也。秦欲知三國之情。公不如急見秦王曰『請爲王聽東方之變』，秦王必重公。重公，是秦重周，周以取秦也；齊重，則固有周聚以收齊：是周常不失重國之交也。」
>
> 秦信周，發兵攻三晉。〔註96〕

《戰國策‧東周策》「三國隘秦」中有類似的內容：

> 三國隘秦，周令其相之秦，以秦之輕也，留其行。有人謂相國曰：「秦之輕重未可知也。秦欲知三國之情，公不如遂見秦王曰：『請謂王聽東方之處。』秦必重公。是公重周，重周以取秦也；齊重，故有周而已取齊，是周常不失重國之交也。」〔註97〕

《戰國策‧東周策》「三國隘秦」中的「三國隘秦」，在《周本紀》中被改爲「三晉距秦」。若根據《戰國策‧東周策》「三國隘秦」的內容，學者指出應將三國隘秦看作齊、韓、魏擊秦事，繫於赧王十七年。〔註98〕此事應爲齊田文邀集韓、魏，共同伐秦之事，與「齊重，故有周而已取齊」〔註99〕、「是周常不失重國之交也」〔註100〕之句互相呼應。當時齊國強大，自可稱之爲「重國」。

〔註94〕劉向集錄，范祥雍箋證：《戰國策箋證》〔M〕，上海：上海古籍出版社，2006年，第124頁。

〔註95〕劉向集錄，范祥雍箋證：《戰國策箋證》〔M〕，上海：上海古籍出版社，2006年，第124頁。

〔註96〕司馬遷：《史記》〔M〕，北京：中華書局，1959年，第168頁。

〔註97〕劉向集錄，范祥雍箋證：《戰國策箋證》〔M〕，上海：上海古籍出版社，2006年，第73頁。

〔註98〕顧觀光：《編年》〔M〕，臺北：三民書局，1993年，第73頁。

〔註99〕　劉向集錄，范祥雍箋證：《戰國策箋證》〔M〕，上海：上海古籍出版社，2006年，第73頁。

〔註100〕劉向集錄，范祥雍箋證：《戰國策箋證》〔M〕，上海：上海古籍出版社，2006

　　根據以上幾個特徵，《周本紀》若是採用《戰國策・東周策》「三國隘秦」的內容，則應該將此事繫於周赧王十七年，「三晉」應沿用「三國」為佳。但是我們不能簡單地把「三晉」當成是司馬遷筆誤。《周本紀》稱「三晉」，明顯是指韓、趙、魏三國。司馬遷在此表達的是戰國末年秦國遠交近攻的策略：先親韓、魏以威服楚、趙，從而迫使齊國親秦，然後回過頭來再消滅韓、魏。所以司馬遷是有意識地將「三國」改為「三晉」，並且在最後又強調「秦發兵攻三晉」〔註101〕，前後呼應。周赧王五十八年的齊國國力雖然已經大不如昔，但在秦國的策略中仍是必須拉攏的對象之一，稱之為「重國」也無不可。

　　綜觀上文《周本紀》對《戰國策》資料的引用，關於東周分東西周以後的歷史，《史記》與《戰國策》都顯得混亂。結合兩書我們可知當時大致情況：公元前 367 年周王室內亂，京畿之內分出東周、西周二侯國，以伊洛河交匯處為界，以西屬西周國，以東屬東周國。根據《漢書・地理志》：河南、雒陽、谷城、平陰、偃師、鞏、緱氏皆屬於河南郡〔註102〕，呂祖謙《大事記題解》云：「周貞定王二十八年考王封其地揭於河南，是為河南桓公。」〔註103〕《周本紀》記載：「考王封其弟於河南，是為桓公，以續周公之官職。桓公卒，子威公代立。」〔註104〕西周國的始封者為周考王的弟弟桓公揭，其時約在公元前 440 年，為西周桓公，也稱河南桓公。西周國的地域在今洛陽市及其西部地區。西周國自身因勢力單薄，常受大國欺負，與分裂出去的兄弟之邦東周國也矛盾重重，時有爭戰。周赧王五十七年（公元前 256 年），西周國因參與諸侯對強秦的戰爭，得罪秦國，「秦昭王怒，使將軍摎攻西周。西周君犇秦，頓首受罪，盡獻其邑三十六，口三萬。秦受其獻，歸其君於周。周君、王赧卒，周民遂東亡。」〔註105〕秦攻破洛陽，滅西周國，周赧王及西周君被廢為平民，不久寄居在西周國的周赧王卒，掛名天子不復存在，象徵天子權力的「九鼎」寶器也被秦所強取，置於咸陽。

　　西周國居河南，稱王都；東周國居雒陽，而采邑在鞏。東周國始封君為

　　　年，第73頁。
〔註101〕司馬遷：《史記》〔M〕，北京：中華書局，2006年，第168頁。
〔註102〕班固：《漢書》〔M〕，北京：中華書局，2006年，第1555～1556頁。
〔註103〕呂祖謙：《大事記》〔A〕，《文淵閣四庫全書》〔M／CD〕，北京：北京大學圖
　　　書館，2002年。
〔註104〕司馬遷：《史記》〔M〕，北京：中華書局，2006年，第158頁。
〔註105〕司馬遷：《史記》〔M〕，北京：中華書局，2006年，第169頁。

東周惠公，《史記索隱》云：「惠公立，長子曰西周公，又封少子於鞏，仍襲父號，曰東周惠公，於是又東西兩周矣。」〔註106〕《秦本紀》載，秦莊襄公元年（公元前249年）「東周君與諸侯謀秦，秦使相國呂不韋誅之，盡入其國。」〔註107〕《周本紀》記「（王赧卒）後七歲，秦莊襄王滅東周。東西周皆入於秦，周既不祀。」〔註108〕秦軍攻入鞏，消滅東周，俘周惠公，立國八百餘年的姬姓周王朝滅亡。

有鑒於二周國世系較爲混亂，今據各書所載，略表列如下：

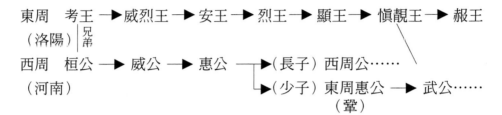

綜上所述，司馬遷對與秦不接壤的二個世家與《周本紀》引用戰國策士文獻的部分，我們可以歸納出幾個問題：《田齊世家》是戰國時期重要的國家，但因其離秦國較遠，資料較不詳細，所以編年錯誤多；《燕世家》地處偏遠，國力較弱，與秦國交往更少，司馬遷甚至直接使用了戰國策士文獻中的紀年，顯示編纂《燕世家》時資料嚴重短缺；《周本紀》從「王赧時東西周分治。王赧徙都西周」〔註109〕以下開始使用戰國策士文獻，除了周赧王八年、四十二年、五十九年，其他皆能從《戰國策》中找到相應篇章。其中值得注意的是，周赧王四十二年「馬犯謂周君」：「周王病甚矣，犯請後可而復之」〔註110〕一句，《史記索隱》注「《戰國策》『甚』作『愈』。」〔註111〕由此可見周赧王四十二年之事，在司馬貞所見的唐代《戰國策》文本中是存在的。其他如周赧王八年「蘇代爲周說楚王曰」一段說辭，亦類似戰國策士文獻的風格，所以《史記》所用的戰國策士文獻只可能比我們現在整理出來的更多。

〔註106〕司馬遷：《史記》〔M〕，北京：中華書局，2006年，第158頁。
〔註107〕司馬遷：《史記》〔M〕，北京：中華書局，2006年，第219頁。
〔註108〕司馬遷：《史記》〔M〕，北京：中華書局，2006年，第169頁。
〔註109〕司馬遷：《史記》〔M〕，北京：中華書局，2006年，第160頁。
〔註110〕司馬遷：《史記》〔M〕，北京：中華書局，2006年，第166頁。
〔註111〕司馬遷：《史記》〔M〕，北京：中華書局，2006年，第167頁。

第四章 司馬遷對戰國策士文獻具體使用情況——戰國人物列傳

　　與戰國世家相比，《史記》戰國列傳中使用戰國策士文獻的數量要少得多，並主要集中在蘇秦與張儀兩篇列傳。其他人物又以秦國人物列傳使用戰國策士文獻較六國人物列傳多，以下我們對此情況作討論與分析。

第一節　秦國人物列傳

　　秦國人物傳記主要是秦孝公之後的人物。如《秦本紀》中的秦孝公、秦昭王，《秦始皇本紀》秦始皇、秦二世，列傳中的《商君列傳》、《張儀列傳》、《樗里子甘茂列傳》、《穰侯列傳》、《白起王翦列傳》、《范雎蔡澤列傳》、《李斯列傳》、《蒙恬列傳》、《呂不韋列傳》。〔註1〕而司馬遷亦是從秦孝公之後開始使用戰國策士文獻。秦國自秦孝公任用商鞅變法之後，國力日漸強盛。秦孝公以下歷五任秦王而至秦始皇，分別是秦惠王、秦武王、秦昭王、秦孝文王、秦莊襄王。其中秦武王早死；秦孝文王「除喪，十月己亥即位，三日辛丑卒」〔註2〕，在位不到一年；秦莊襄王在位三年去世，對秦國政局影響不大，於是《史記》秦國人物列傳便集中在秦惠王與秦昭王時期。值得注意的是秦孝公與秦始皇時期的人物都不使用戰國策士文獻，陳桐生認為《商君列傳》主要是根據《商君書》和《秦記》寫成〔註3〕，而《蒙恬列傳》材料來源不能

〔註1〕 任剛：《史記人物取材研究》〔D〕，陝西師範大學博士學位論文，2007年，第81頁。
〔註2〕 司馬遷：《史記》〔M〕，北京：中華書局，2006年，第219頁。
〔註3〕 陳桐生：《〈史記〉與諸子百家之學》〔M〕，安徽：安徽大學出版社，2006年，

確定〔註4〕，《呂不韋列傳》、《李斯列傳》為秦相，身份特殊，影響範圍大，或有其他更可信的資料來源亦未可知。

一、秦惠王時期：張儀、樗里子、甘茂

秦國在秦惠王是一個大發展時期。對外不僅打通了中原通道，奪取了魏國的河西郡和上郡，攻滅巴蜀，佔領漢中，又使西北部游牧部落義渠稱臣，秦國的領土面積驟然擴大了數倍，並解決了西北、西南邊患的騷擾。巴蜀歷來是易守難攻的地區，《本蜀論》記載惠文王用計滅古蜀：「秦惠王欲伐蜀而不知道，作五石牛，以金置尾下，言能屎金，蜀王負力，令五丁引之，成道。秦使張儀、司馬錯尋路滅蜀，因曰石牛道。」〔註5〕反映了當時攻蜀的困難。然而攻下古蜀國的效果卻是十分卓著的：巴蜀、漢中與秦國的本土關中一樣，皆屬「沃野千里」的良田，為秦國的連年征戰提供了豐富的糧食來源；而當關中、漢中、巴蜀皆屬秦國所有時，秦國對六國就形成了居高臨下的壓迫形勢，佔了戰略有利位置。

對內，秦惠王在繼位之初，便果斷地「誅衛鞅」〔註6〕，將其「車裂以徇秦國」〔註7〕，並分化大良造的權力，將相位獨立出來，張儀即是秦國第一任的相邦。除了來自六國的人才，如張儀、魏章、甘茂等人，秦惠王還重用了自己的異母弟樗里疾。從對商鞅的處置到用人態度，都可以看出秦惠王識人馭人的本領。而司馬遷在列傳中所挑選的張儀、樗里子、甘茂便是秦惠王用人的代表。

1、張儀

《張儀列傳》與《蘇秦列傳》是《史記》中使用戰國策士文獻最多的篇章。《張儀列傳》中主傳張儀，其他還有陳軫、犀首（公孫衍）的簡短附傳。《張儀列傳》中，除了開頭「楚相掠笞張儀」、「蘇秦辱張儀」的故事不見於《戰國策》，其他所用的戰國策士文獻大多在《戰國策》可見。

最初，合縱與連橫變化無常。公孫衍、張儀、蘇秦等人遊說於各個國家，

第 138 頁。
〔註4〕 任剛：《史記人物取材研究》〔D〕，陝西師範大學博士學位論文，2007 年，第 172 頁。
〔註5〕 酈道元：《水經注》〔M〕，重慶：重慶出版社，2008 年，第 256 頁。
〔註6〕 司馬遷：《史記》〔M〕，北京：中華書局，2006 年，第 205 頁。
〔註7〕 司馬遷：《史記》〔M〕，北京：中華書局，2006 年，第 205 頁。

合縱既可以對楚，又可以對秦；連橫既可以聯楚，也可以聯秦，這就是所謂「朝秦暮楚」。等到秦國的勢力不斷強大起來，成爲東方六國的共同威脅之後，合縱成爲專指六國合力抵抗強秦的策略，而連橫則是六國分別與秦國聯盟，以求苟安。秦國的連橫活動，目的是爲了破壞六國間的合縱，以便孤立各國，各個擊破。從戰略角度來看，在連橫的過程中，受損害最大的便是楚國。在《史記》中，司馬遷先說張儀被楚相無故鞭笞，故張儀與楚國結下怨恨。待到張儀入秦受重用之後，他去信楚國云：「始吾從若飲，我不盜而璧，若笞我。若善守汝國，我顧且盜而城。」〔註8〕表現張儀復仇雪恥的決心，解釋了張儀一而再、再而三地出賣楚國的原因。司馬遷準確地掌握了戰國時期各國局勢的前因後果，巧妙地將歷史與故事結合。

又說張儀爲感謝蘇秦的幫助，曰：「爲吾謝蘇君，蘇君之時，儀何敢言。」〔註9〕表明張儀承諾蘇秦在世的時候，不會破壞蘇秦在六國的合縱策略，如此又表現了張儀有恩必報的性格。儘管蘇秦、張儀在《史記》中的記載經後人考證多有錯誤，但在人物塑造方面，張儀個性鮮明的人物形象已經躍然紙上。

張儀入秦之後，《張儀列傳》引用了八則故事，皆出自於戰國策士文獻。第一則是張儀與司馬錯在秦惠王面前辯論之事：

> 司馬錯與張儀爭論於惠王之前，司馬錯欲伐蜀，張儀曰：「不如伐韓。」
>
> 王曰：「請聞其說。」
>
> 儀曰：「親魏善楚，……而王不爭焉，顧爭於戎翟，去王業遠矣。」
>
> 司馬錯曰：「不然。……夫蜀，西僻之國也，而戎翟之長也，有桀紂之亂。以秦攻之，譬如使豺狼逐群羊。得其地足以廣國，取其財足以富民繕兵，不傷眾而彼已服焉。……不如伐蜀完。」
>
> 惠王曰：「善，寡人請聽子。」〔註10〕

在春秋戰國時，巴、蜀是四川盆地境內的兩個大國。蜀王別封弟於漢中，號苴侯，命其邑曰葭萌。苴侯與巴王友好，巴與蜀爲仇，故蜀王怒，伐苴侯。苴侯奔巴，且求救於秦，時當秦惠王后元九年。苴地當秦通巴、蜀的咽喉要道，秦惠王想趁機出兵伐滅巴、蜀，擴大秦國疆域。但秦兵西出，中隔秦嶺，道路險阻，行軍十分困難。當時秦相張儀正大力推行連橫政策，力主伐韓，

〔註8〕 司馬遷：《史記》〔M〕，北京：中華書局，2006年，第2281頁。
〔註9〕 司馬遷：《史記》〔M〕，北京：中華書局，2006年，第2281頁。
〔註10〕 司馬遷：《史記》〔M〕，北京：中華書局，2006年，第2281～2284頁。

使用武力迫使其就範。在先伐韓，還是先滅蜀的問題上，秦惠王拿不定主意，就召集群臣討論。張儀與司馬錯正好立場對立，秦惠王讓他們互相辯難，充分闡述各自的理由。〔註11〕這場論辯，亦見於《戰國策・秦策一》「司馬錯與張儀爭論」，最後秦王同意司馬錯的論點，發兵攻蜀。司馬錯攻蜀給秦國帶來的是實際的富國強兵之道，而張儀攻韓只是紙上談兵，後來事實也證明，司馬錯經營巴蜀，取楚黔中，完成了秦對楚國迂迴的戰略包圍，居高臨下攻楚，比張儀當時提出的攻韓、進而問九鼎「挾天子以令於天下」的策略要高明許多。

　　構成《張儀列傳》最主要部分是張儀爲秦連橫東方六國的說辭。在《戰國策》中分別爲《戰國策・魏策一》「張儀爲秦連橫說魏王」、《戰國策・楚策一》「張儀爲秦破從連橫說楚王」、《戰國策・韓策一》「張儀爲秦連橫說韓王」、《戰國策・齊策一》「張儀爲秦連橫說齊王」、《戰國策・趙策二》「張儀爲秦連橫說趙王」、《戰國策・燕策一》「張儀爲秦破從連橫謂燕王」。張儀的連橫策略對六國中的弱小國家如燕、韓，加以恐嚇威逼；對齊行拉攏政策，或聯齊攻韓、趙、魏，或聯齊、趙、韓、魏攻楚，使得六國關係分崩離析，削弱了六國與秦抗衡的實力。這六段說辭，除了「張儀說楚王」，其他基本與《戰國策》的記載相同。

　　有獨無偶，《張儀列傳》中描述張儀與楚國之事，與《戰國策》的記載都有些許差異。譬如秦楚藍田之戰後，楚懷王拘張儀一事，《張儀列傳》記載道：

　　楚懷王至則囚張儀，將殺之。

　　靳尚謂鄭袖曰：「子亦知子之賤於王乎？」鄭袖曰：「何也？」靳尚曰：「秦王甚愛張儀而不欲出之，今將以上庸之地六縣賂楚，以美人聘楚，以宮中善歌謳者爲媵。楚王重地尊秦，秦女必貴而夫人斥矣。不若爲言而出之。」

　　於是鄭袖日夜言懷王曰：「人臣各爲其主用。今地未入秦，秦使張儀來，至重王。王未有禮而殺張儀，秦必大怒攻楚。妾請子母俱遷江南，毋爲秦所魚肉也。」懷王后悔，赦張儀，厚禮之如故。〔註12〕

《戰國策・楚策二》「楚懷王拘張儀」作：

　　楚懷王拘張儀，將欲殺之。靳尚爲儀謂楚王曰：「拘張儀，秦王必怒。

〔註11〕張大可：《司馬遷評傳》〔M〕，南京：南京大學出版社，2004 年，第 329 頁。
〔註12〕司馬遷：《史記》〔M〕，北京：中華書局，2006 年，第 2289 頁。

天下見楚之無秦也，楚必輕矣。」

又謂王之幸夫人鄭袖曰：「子亦自知且賤於王乎？」鄭袖曰：「何也？」

尚曰：「張儀者，秦王之忠信有功臣也。今楚拘之，秦王欲出之。秦王有愛女而美，又簡擇宮中佳歐麗好歐習音者，以懼從之；資之金玉寶器。奉以上庸六縣為湯沐邑，欲因張儀内之楚王。楚王必愛，秦女依強秦以為重，挾寶地以為資，勢為王妻以臨于楚。王惑於虞樂，必厚尊敬親愛之而忘子．子益賤而日疏矣。」

鄭袖曰：「願委之於公，為之奈何？」曰：「子何不急言王，出張子。張子得出，德子無已時，秦女必不來，而秦必重子。子内擅楚之貴，外結秦之交。畜張子以為用，子之子孫必為楚太子矣，此非布衣之利也。」鄭袖遽說楚王出張子。〔註13〕

在張儀出使楚國之前，《張儀列傳》敘述張儀早就分析「秦彊楚弱，臣善靳尚，尚得事楚夫人鄭袖，袖所言皆從」，對使楚之事有恃無恐。而後接《戰國策·楚策二》「楚懷王拘張儀」的文字，省略「靳尚為儀謂楚王」的說辭，並將靳尚說服鄭袖、鄭袖說服楚懷王的部分作了精簡、潤飾。

隨後蘇秦死，張儀隨即展開他的連橫策略。張儀說楚王一段，較《戰國策·楚策一》「張儀為秦破從連橫說楚王」多出三段文字，分別是：

秦西有巴蜀，大船積粟，起於汶山，浮江已下，至楚三千餘里。舫船載卒，一舫載五十人與三月之食，下水而浮，一日行三百餘里，里數雖多，然而不費牛馬之力，不至十日而距扞關。扞關驚，則從境以東盡城守矣，黔中、巫郡非王之有。秦舉甲出武關，南面而伐，則北地絕。秦兵之攻楚也，危難在三月之內，而楚待諸侯之救，在半歲之外，此其勢不相及也。夫弱國之救，忘彊秦之禍，此臣所以為大王患也。

大王嘗與吳人戰，五戰而三勝，陣卒盡矣；偏守新城，存民苦矣。臣聞功大者易危，而民敝者怨上。夫守易危之功而逆彊秦之心，臣竊為大王危之。〔註14〕

及結尾屈原的進言：

〔註13〕劉向集錄，范祥雍箋證：《戰國策箋證》〔M〕，上海：上海古籍出版社，2006年，第828頁。

〔註14〕司馬遷：《史記》〔M〕，北京：中華書局，2006年，第2290～2291頁。

屈原曰：「前大王見欺於張儀，張儀至，臣以爲大王烹之；今縱弗忍
殺之，又聽其邪説，不可。」懷王曰：「許儀而得黔中，美利也。後
而倍之，不可。」故卒許張儀，與秦親。〔註15〕

楚懷王與秦結爲婚約，《楚世家》中記載：「屈原使從齊來，諫王曰：『何不誅
張儀？』懷王悔，使人追儀，弗及。」〔註16〕便是接在此事之後。

張儀最顯赫的時候，是於秦惠王更元十四年前往楚、韓、齊、趙、燕等
國進行遊説，使得五國連橫事秦。同一年，張儀因功封得五邑，封號爲武信
君。然秦惠王死後，因爲即位的秦武王在當太子的時候就不喜歡張儀，張儀
出逃魏國，並出任魏相，一年後去世。《張儀列傳》記載道：

秦武王元年，群臣日夜惡張儀未已，而齊讓又至。張儀懼誅，乃因
謂秦武王曰：「儀有愚計，原效之。」……秦王以爲然，乃具革車三
十乘，入儀之梁。〔註17〕

《戰國策·齊策二》「張儀事秦惠王」稱：

張儀事秦惠王。惠王死，武王立。左右惡張儀，曰：「儀事先王不忠。」
言未已，齊讓又至。張儀聞之，謂武王曰：「儀有愚計，願效之王。」……
王曰：「善。」乃具革車三十乘，納之梁。〔註18〕

《戰國策·齊策二》「張儀事秦惠王」中「儀事先王不忠」句，「先王」一詞
詞義模糊，故《張儀列傳》刪去不用，僅言：「惡張儀未已」，其他部分大致
相同。張儀入魏一年後病死，張儀部分至此結束。

張儀之後是陳軫、犀首的附傳，共引用了五則戰國故事，其中二則與張
儀相關，分別是《戰國策·秦策一》「張儀又惡陳軫於秦王」與《戰國策·魏
策一》「魏王將相張儀」，與《張儀列傳》文字內容基本相同。

陳軫的部分，在《戰國策·魏策一》「陳軫爲秦使於齊」、《戰國策·秦策
二》「楚絕齊」有類似的敘述，但是在《張儀列傳》中文字部分改動很大，懷
疑司馬遷引用的這兩段故事另有流傳版本。

犀首（公孫衍）的部分，《張儀列傳》中記載道：

義渠君朝於魏。犀首聞張儀復相秦，害之。犀首乃謂義渠君曰：「道

〔註15〕司馬遷：《史記》〔M〕，北京：中華書局，2006年，第2292頁。

〔註16〕司馬遷：《史記》〔M〕，北京：中華書局，2006年，第1725頁。

〔註17〕司馬遷：《史記》〔M〕，北京：中華書局，2006年，第2299頁。

〔註18〕劉向集錄，范祥雍箋證：《戰國策箋證》〔M〕，上海：上海古籍出版社，2006
年，第557頁。

遠不得復過，請謁事情。」曰：「中國無事，秦得燒掇焚杅君之國；有事，秦將輕使重幣事君之國。」其後五國伐秦。

會陳軫謂秦王曰：「義渠君者，蠻夷之賢君也，不如賂之以撫其志。」秦王曰：「善。」乃以文繡千純，婦女百人遺義渠君。義渠君致群臣而謀曰：「此公孫衍所謂邪？」乃起兵襲秦，大敗秦人李伯之下。〔註19〕

《戰國策・秦策二》「義渠君之魏」亦有相關記載：

義渠君之魏，公孫衍謂義渠君曰：「道遠，臣不得復過矣，請謁事情。」義渠君曰：「願聞之。」對曰：「中國無事於秦，則秦且燒炳獲君之國；中國為有事於秦，則秦且輕使重幣，使事君之國也。」義渠君曰．「謹聞令。」

居無幾何，五國伐秦。陳軫謂秦王曰：「義渠君者，蠻夷之賢君，王不如賂之以撫其心。」秦王曰：「善。」因以文繡千匹，好女百人，遺義渠君。義渠君致群臣而謀曰：「此乃公孫衍之所謂也。」因起兵襲秦，大敗秦人於李帛之下。〔註20〕

公孫衍主張合縱，張儀宣揚連橫，張儀再次相秦對公孫衍自是一個很大的威脅，《張儀列傳》加入此句，正是說明這個道理。《張儀列傳》除增加「犀首聞張儀復相秦，害之」一句外，公孫衍勸義渠君偷襲秦國的說辭與《戰國策・秦策二》「義渠君之魏」內容幾乎相同。最後《張儀列傳》記載：「張儀已卒之後，犀首入相秦。嘗佩五國之相印，為約長。」〔註21〕綜上所述，附傳的兩位策士人物，其實是為張儀的事迹作補充說明。而張儀與蘇秦列傳，又互為表裏，正如《張儀列傳》論贊：「要之，此兩人真傾危之士哉！」〔註22〕

2、樗里子

樗里疾，是秦惠王同父異母的弟弟，他的母親是韓國人，因居住在樗里地區所以被稱為樗里子。秦惠王時期，樗里子大破韓、魏、趙聯軍，並先後率兵攻打魏國、趙國、韓國、楚國，皆有重要斬獲，戰功卓著。秦武王時期，

〔註19〕司馬遷：《史記》〔M〕，北京：中華書局，2006年，第2303頁。

〔註20〕劉向集錄，范祥雍箋證：《戰國策箋證》〔M〕，上海：上海古籍出版社，2006年，第246頁。

〔註21〕司馬遷：《史記》〔M〕，北京：中華書局，2006年，第2304頁。

〔註22〕司馬遷：《史記》〔M〕，北京：中華書局，2006年，第2304頁。

秦王逐張儀、魏章，但仍然重用樗里子，與甘茂擔任左右丞相。秦武王死後，昭王即位，「嚴君疾爲相」，樗里子依舊受重視。司馬遷稱他是「以骨肉重」〔註23〕，淩稚隆指出：「夫秦素猜忌而殘忍之國也，非智囊何以周旋其間而結數主之心耶？此太史公意也。」〔註24〕身爲皇親國戚是樗里子的幸運，但其智謀能力也是不可小覷。《樗里子列傳》中有兩則故事，皆引用自戰國策士文獻，一則繫於秦武王時期，一則繫於秦昭王時期。

秦武王時期，在甘茂伐韓的時候，樗里子率兵車百乘入周。西周國王非常恭敬地親率士卒迎接。楚王看到西周國對秦國的使者這麼看重，很是憤怒，責問周王，遊騰替周向楚王解釋周國實際上是把秦國和樗里子看作欺詐的人物在防範才這麼做，以打消楚王的怒氣。《樗里子列傳》記載道：

> 秦使甘茂攻韓，拔宜陽。使樗里子以車百乘入周。周以卒迎之，意甚敬。楚王怒，讓周，以其重秦客。
>
> 游騰爲周說楚王曰：「知伯之伐仇猶，遺之廣車，因隨之以兵，仇猶遂亡。何則？無備故也。齊桓公伐蔡，號曰誅楚，其實襲蔡。今秦，虎狼之國，使樗里子以車百乘入周，周以仇猶、蔡觀焉，故使長戟居前，彊弩在後，名曰衛疾，而實囚之。且夫周豈能無憂其社稷哉？恐一旦亡國以憂大王。」楚王乃悅。〔註25〕

《西周策・秦令樗里疾以車百乘入周》有相同的記載，文字內容幾乎一樣。然而細讀本段故事，其實是西周國與楚國之間的事，與樗里子關係不大。

另一則故事記在秦昭王元年：

> 樗里子將伐蒲。蒲守恐，請胡衍。胡衍爲蒲謂樗里子曰：「公之攻蒲，爲秦乎？爲魏乎？……害秦而利魏，王必罪公。」樗里子曰：「奈何？」
>
> 胡衍曰：「公釋蒲勿攻，臣試爲公入言之，以德衛君。」樗里子曰：「善。」
>
> 胡衍入蒲，謂其守曰：「樗里子知蒲之病矣，其言曰必拔蒲。衍能令釋蒲勿攻。」蒲守恐，因再拜曰：「原以請。」因效金三百斤，曰：「秦兵苟退，請必言子於衛君，使子爲南面。」

〔註23〕 司馬遷：《史記》〔M〕，北京：中華書局，2006年，第2321頁。

〔註24〕 淩稚隆輯校，李光縉增補：《史記評林》〔M〕，天津：天津古籍出版社，1998年，1766頁。

〔註25〕 司馬遷：《史記》〔M〕，北京：中華書局，2006年，第2308頁。

故胡衍受金於蒲以自貴於衛。於是遂解蒲而去。〔註26〕

本段爲策士胡衍向樗里子陳述攻打蒲對秦國的利害關係，巧言勸樗里子退兵的故事，《樗里子列傳》與《戰國策・衛策》「秦攻衛之蒲」內容基本相同。

3、甘茂

秦惠王時期，甘茂經張儀、樗里疾引薦而入朝。惠王十三年，甘茂助左庶長魏章略定漢中地；武王元年，甘茂與司馬錯共同率兵平定蜀亂，開始受到武王的重用。武王使樗里子任右相，甘茂任左相，樗里子、甘茂雖然並顯於秦，而境遇卻大不相同。樗里子是「以骨肉重」見信於歷代秦王，而甘茂則是由楚入秦的「羈旅之臣」，儘管是個「非常之士」，任爲左相後，卻得不到秦王的眞正信任，因而他只能事事小心、提防，最後仍避免不了因受讒而「不得復入秦，卒於魏。」故司馬遷將二人合傳，互爲襯托。篇末並有甘茂之孫甘羅的附傳。

《甘茂列傳》由五則故事組成，其中有四則出自於戰國策士文獻。篇末附傳甘羅事迹，亦是選用了戰國策士文獻。

《甘茂列傳》第一則故事繫於秦武王三年：

秦武王三年，謂甘茂曰……向壽歸，以告王，王迎甘茂於息壤。

甘茂至，王問其故。對曰：「宜陽，大縣也，……行千里攻之，難。①昔曾參之處費，魯人有與曾參同姓名者殺人，人告其母曰『曾參殺人』。……今臣之賢不若曾參，王之信臣又不如曾參之母信曾參也，疑臣者非特三人，臣恐大王之投杼也。②始張儀西并巴蜀之地，北開西河之外，……今臣，羈旅之臣也。樗里子、公孫奭二人者挾韓而議之，王必聽之，是王欺魏王而臣受公仲侈之怨也。」王曰：「寡人不聽也，請與子盟。」卒使丞相甘茂將兵伐宜陽。

五月而不拔，樗里子、公孫奭果爭之。武王召甘茂，欲罷兵。甘茂曰：「息壤在彼。」王曰：「有之。」因大悉起兵，使甘茂擊之。斬首六萬，遂拔宜陽。〔註27〕

《戰國策・秦策二》「秦武王謂甘茂曰」有類似的記載：

秦武王謂甘茂曰……向壽歸以告王，王迎甘茂於息壤。

〔註26〕 司馬遷：《史記》〔M〕，北京：中華書局，2006年，第2309頁。
〔註27〕 司馬遷：《史記》〔M〕，北京：中華書局，2006年，第2311～2312頁。

甘茂至，王問其故。對曰：「宜陽，大縣也，……行千里而攻之，難矣。②臣聞張儀西并巴蜀之地，北取西河之外……今臣羈旅之臣也，樗里疾、公孫衍二人者，挾韓而議，王必聽之，是王欺魏，而臣受公仲侈之怨也。①昔者曾子處費，費人有與曾子同名族者而殺人，人告曾子母曰：『曾參殺人。』……今臣之賢不及曾子，而王之信臣又未若曾子之母也，疑臣者不適三人，臣恐王爲臣之投杼也。」王曰：「寡人不聽也，請與子盟。」於是與之盟於息壤。

果攻宜陽，五月而不能拔也。樗里疾、公孫衍二人在爭之王，王將聽之，召甘茂而告之。甘茂對曰：「息壤在彼。」王曰：「有之。」因悉起兵，復使甘茂攻之，遂拔宜陽。〔註28〕

《甘茂列傳》與《戰國策・秦策二》第二段的內容基本相同，但內容排序不一樣。《戰國策・秦策二》中甘茂由張儀、樂羊之事陳述自己身爲「羈旅之臣」的難處與苦衷（標號②），並引用「曾參殺人」的故事作爲範例（標號①），而後秦王與其在息壤盟誓。《甘茂列傳》中引用的內容完全同《戰國策・秦策二》「秦武王謂甘茂曰」，然排序改爲①、②，但對文意沒有影響。

第二則故事記載甘茂伐韓成功後秦國內部的情況。甘茂雖然幫助了秦武王問鼎周室，但是秦武王卻「至周，而卒於周。」〔註29〕甘茂雖有戰功，對此事卻也難辭其咎，處境微妙。爾後秦昭王元年，楚攻韓，包圍了韓國的雍氏之地。韓國派遣使者向秦國尋求援助，甘茂認爲如果秦國不支持韓國，則韓將與楚結盟，而正與秦國交戰的魏國也會順勢與楚結盟，韓、楚、魏三國同盟，將對秦國不利，所以勸說秦王出兵救韓，並且歸還韓武遂之地。根據《甘茂列傳》記載，韓國不僅派人說服甘茂，也派人說服向壽親韓：

韓公仲使蘇代謂向壽曰：「禽困覆車。……。願公孰慮之也。」向壽曰：「吾合秦楚非以當韓也，子爲壽謁之公仲，曰秦韓之交可合也。」

蘇代對曰：「願有謁於公。……今公言善韓以備楚，是外舉不僻讎也。」

向壽曰：「然，吾甚欲韓合。」對曰：「甘茂許公仲以武遂，反宜陽之民，今公徒收之，甚難。」向壽曰：「然則奈何？武遂終不可得也？」

〔註28〕劉向集錄，范祥雍箋證：《戰國策箋證》〔M〕，上海：上海古籍出版社，2006年，第251～253頁。

〔註29〕司馬遷：《史記》〔M〕，北京：中華書局，2006年，第2313頁。

對曰：「公奚不以秦為韓求潁川於楚？……秦楚爭彊，而公徐過楚以
收韓，此利於秦。」

向壽曰：「奈何？」對曰：「此善事也。……是以公孫奭、甘茂無事
也。」〔註30〕

《戰國策・韓策一》「韓公仲謂向壽曰」亦有此段，通篇沒有出現「蘇代」。
本段說明了甘茂的攻略：「甘茂欲以魏取齊」、「甘茂許公仲以武遂，反宜陽之
民」與向壽、公孫奭不同。因此當秦昭王同意歸還韓武遂時，向壽與公孫奭
都對甘茂懷恨在心，於是向秦王進讒言，造成甘茂「亡秦奔齊」的結果。甘
茂趁著攻打魏蒲阪的機會，逃到齊國，途中遇到蘇代，《甘茂列傳》記載：

甘茂之亡秦奔齊，逢蘇代。代為齊使於秦。甘茂曰：「臣得罪於秦，
懼而遁逃，無所容跡。臣聞貧人女與富人女會績，貧人女曰：『我無
以買燭，而子之燭光幸有餘，子可分我餘光，無損子明而得一斯便
焉。』今臣困而君方使秦而當路矣。茂之妻子在焉，願君以餘光振
之。」蘇代許諾。

遂致使於秦。已，因說秦王曰：「甘茂，非常士也。……彼以齊約韓
魏反以圖秦，非秦之利也。」秦王曰：「然則奈何？」蘇代曰：「王
不若重其贄，……終身勿出。」秦王曰：「善。」即賜之上卿，以相
印迎之於齊。甘茂不往。蘇代謂齊湣王曰：「夫甘茂，賢人也。今秦
賜之上卿，……今王何以禮之？」齊王曰：「善。」即位之上卿而處
之。秦因復甘茂之家以市於齊。〔註31〕

《戰國策・秦策二》「甘茂亡秦且之齊」亦有類似的片段：

甘茂亡秦，且之齊，出關遇蘇子，曰：「君聞夫江上之處女乎？」蘇
子曰：「不聞。」曰：「夫江上之處女，有家貧而無燭者，處女相與
語，欲去之。家貧無燭者將去矣，謂處女曰：『妾以無燭，故常先至，
掃室布席，何愛餘明之照四壁者？幸以賜妾，何妨於處女？妾自以
有益於處女，何為去我？』處女相語以為然而留之。今臣不肖，棄
逐於秦而出關，願為足下掃室布席，幸無我逐也。」蘇子曰：「善。
請重公於齊。」

〔註30〕司馬遷：《史記》〔M〕，北京：中華書局，2006年，第2313～2314頁。
〔註31〕司馬遷：《史記》〔M〕，北京：中華書局，2006年，第2316～2317頁。

乃西說秦王曰：「甘茂，賢人，非恒士也。……彼若以齊約韓、魏，反以謀秦，是非秦之利也。」秦王曰：「然則奈何？」蘇代曰：「不如重其贄，……終身勿出，天下何從圖秦。」秦王曰：「善。」與之上卿，以相迎之齊。甘茂辭不往，蘇秦僞謂王曰：「甘茂，賢人也。今秦與之上卿，……今王何以禮之？王若不留，必不德王。彼以甘茂之賢，得擅用強秦之眾，則難圖也！」齊王曰：「善。」賜之上卿，命而處之。〔註32〕

《列女傳・辨通傳》中有「齊女徐吾」：「齊女徐吾者，齊東海上貧婦人也。與鄰婦李吾之屬會燭，相從夜績。……」〔註33〕《戰國策・秦策二》「甘茂亡秦且之齊」第一段中的「江上處女」，與《列女傳》的情節較近似，但無「夜績」句，不知要燭光何用？而《甘茂列傳》第一段中稱「貧人女與富人女會績」，雖與《戰國策》、《列女傳》差異較大，但是仍可看出是據同一故事所改。第二段內容《甘茂列傳》與《戰國策・秦策二》「甘茂亡秦且之齊」大致相同。前文因蘇代勸說向壽親韓，導致甘茂被讒；而後甘茂又因蘇代的策略而受到齊國的重視，戰國策士的口才謀略，大能扭轉國家局勢，小能改變個人命運，司馬遷特意將《戰國策・韓策一》「韓公仲謂向壽曰」的公仲改爲蘇代，莫非是有意突出此事乎？

　　甘茂在齊國當了十年的上卿，被派出使到楚國。當時楚懷王剛與秦和親，楚、秦關係大好，當秦得知甘茂在楚，便要求楚王將甘茂送回秦國。《甘茂列傳》記載道：

楚王問於范蜎曰：「寡人欲置相於秦，孰可？」對曰：「臣不足以識之。」楚王曰：「寡人欲相甘茂，可乎？」對曰：「不可。……茂誠賢者也，然不可相於秦。夫秦之有賢相，非楚國之利也。……然則王若欲置相於秦，則莫若向壽者可。夫向壽之於秦王，親也，少與之同衣，長與之同車，以聽事。王必相向壽於秦，則楚國之利也。」〔註34〕

《戰國策・楚策一》「楚王問於范環」所載與《甘茂列傳》大致相同。唯《甘

〔註32〕劉向集錄，范祥雍箋證：《戰國策箋證》〔M〕，上海：上海古籍出版社，2006年，第266～267頁。

〔註33〕劉向撰，鄭曉霞、林佳郁輯：《列女傳彙編》〔M〕，北京：北京圖書出版社，2007年，第1016頁。

〔註34〕司馬遷：《史記》〔M〕，北京：中華書局，2006年，第2317～2318頁。

茂列傳》中作向壽者，在《戰國策・楚策一》「楚王問於范環」作公孫郝。《史記》中記載向壽：「向壽者，宣太后外族也，而與昭王少相長，故任用。」〔註35〕與本段所記「親也，少與之同衣，長與之同車，以聽事」相合，故《甘茂列傳》對人名的引用似乎比較正確。

　　《甘茂列傳》中最後一段故事是甘茂的孫子甘羅的列傳。司馬光云：「甘羅以稚子名顯於世，非有他奇略，正以勢攻張唐耳。」〔註 36〕年僅十二歲的甘羅掌握了威逼利誘、拉攏分化的政治權術和遊說技巧，口才與謀略比起老練的謀士與說客來，絲毫不遜色。《甘羅列傳》記載甘羅初登秦政治舞臺，是其毛遂自薦於文信侯：

> 秦始皇帝使剛成君蔡澤於燕，三年而燕王喜使太子丹入質於秦。秦使張唐往相燕，欲與燕共伐趙以廣河閒之地。……甘羅曰：「大項橐生七歲為孔子師。今臣生十二歲於茲矣，君其試臣，何遽叱乎？」
>
> 於是甘羅見張卿曰：……張唐曰：「請因孺子行。」令裝治行。行有日，甘羅謂文信侯曰：「借臣車五乘，請為張唐先報趙。」
>
> 文信侯乃入言之於始皇曰：「昔甘茂之孫甘羅，年少耳，然名家之子孫，諸侯皆聞之。今者張唐欲稱疾不肯行，甘羅說而行之。今願先報趙，請許遣之。」始皇召見，使甘羅於趙。
>
> 趙襄王郊迎甘羅。甘羅說趙王曰：……趙王立自割五城以廣河閒。秦歸燕太子。趙攻燕，得上谷三十城，令秦有十一。〔註37〕

《戰國策・秦策五》「文信侯欲攻趙」記載則較為簡略：

> 文信侯欲攻趙，以廣河間，使剛成君蔡澤事燕，三年而燕太子質於秦。文信侯因請張唐相燕，欲與燕共伐趙，以廣河間之地。……甘羅曰：「夫項橐生七歲為而為孔子師，今臣生十二歲於茲矣！君其試臣，奚以遽言叱也？」
>
> 甘羅見張唐曰：……唐曰：「請因孺子而行！」令庫具車，廄具馬，府具幣，行有日矣。甘羅謂文信侯曰：「借臣車五乘，請為張唐先報趙。」

〔註35〕司馬遷：《史記》〔M〕，北京：中華書局，2006 年，第 2313 頁。

〔註36〕司馬光：《資治通鑒》〔M〕，北京：中華書局，2005 年，第 321 頁。

〔註37〕司馬遷：《史記》〔M〕，北京：中華書局，2006 年，第 2319～2320 頁。

見趙王，趙王郊迎。謂趙王曰：……趙王立割五城以廣河間，歸燕
太子。趙攻燕，得上谷三十六縣，與秦什一。〔註38〕

《甘羅列傳》多了一段呂不韋向秦始皇稟報甘羅之事，並經由秦始皇派遣甘
羅前往趙國。如此甘羅便是秦國正式的使者，因而獲得趙王的重視，顯得順
理成章。司馬遷對戰國策士文獻的引用方法是多樣化的，除了修正明顯的錯
誤，潤色文字，也會對故事情節進行補充，使故事脈絡更合理。

二、秦昭王時期：魏冉、白起、范雎、蔡澤

秦昭王是秦武王的異母弟，武王去世後，在趙武靈王的幫助下，由燕國
回到秦國繼位。秦昭王在位五十六年，可分為前後兩階段：前期繼位時因為
年幼，所以「宣太后自治，任魏冉為政」〔註39〕，由其母宣太后當權，樗里
子為相。昭王十五年，樗里子去世，由宣太后的弟弟魏冉為相。秦昭王時期大
部分時間朝政由宣太后、魏冉執掌，魏冉與樗里子的情況類似，既是骨肉之親，
亦是戰功顯赫的名將。

魏冉說服宣太后，舉白起取代向壽為將，培養白起成為戰國末年秦國最重
要的將領之一。在被封為穰侯之後，又數次領兵伐魏取魏河內、敗魏將芒卯、
圍大梁；攻三晉，取華陽、卷、蔡陽、長社、觀津等地；攻楚得楚黔中、都
郢；與趙國結盟攻齊，迫使齊王求和。秦國佔領和蠶食東方六國大片國土，
使楚國國土縮小一半、魏國韓國國土縮小 2／3、趙國縮小 1／3，幾乎都在魏
冉執政時期完成，司馬遷稱「秦所以東益地，弱諸侯，嘗稱帝於天下，天下皆
西鄉稽首者，穰侯之功也」〔註40〕，肯定了魏冉的功勞。後期從昭王四十一
年開始，秦昭王拜范雎為相，收回魏冉的政權，改行遠交近攻策略，在長平大
勝趙軍。昭王五十九年滅東周國，此後七年秦莊襄王又滅掉了西周國，東周
全都歸屬於秦，周朝的祭祀從此斷絕。為秦始皇奠定了統一六國的基礎。

《史記》列傳中在秦昭王時期的人物，也分為主要活躍於昭王前期的魏
冉、白起，與昭王后期的兩位丞相范雎、蔡澤。從職能來看，魏冉、白起是名
將，范雎、蔡澤是著名的策士，戰國末年秦國強將謀臣雲集，難怪最終統一
六國的是秦國。

〔註38〕 劉向集錄，范祥雍箋證：《戰國策箋證》〔M〕，上海：上海古籍出版社，2006
年，第 458～460 頁。
〔註39〕 司馬遷：《史記》〔M〕，北京：中華書局，2006 年，第 2323 頁。
〔註40〕 司馬遷：《史記》〔M〕，北京：中華書局，2006 年，第 2330 頁。

1、魏冄

　　《穰侯列傳》是秦國穰侯魏冄的專傳，魏冄憑著他與昭王的特殊關係與卓越的才能在秦國獨攬大權，被封爲穰侯，四次爲相。清吳見思對本傳曾作過如下評論：「穰侯事大都備於《范雎傳》，此只用點次法，以須賈說詞及蘇代書詞，兩篇出色，前後以簡略相配，以成章法。」〔註41〕

　　《穰侯列傳》中有三段故事，分別繫於秦昭王七年、三十二年、三十四年，皆出於戰國策士文獻。其中不惜篇幅引用了兩大段說詞和書詞，旨在說明處於飛黃騰達時期的穰侯已經露出了衰敗的徵兆。須賈看到穰侯一味經營陶邑的用心，所以勸穰侯不可圍攻大梁，否則「陶邑必亡，則前功必棄。」蘇代的說詞則正是後來范雎「　大開說」的注腳。因此，這兩段說詞和書詞在傳文中居重要地位，是表達主旨不可或缺的部分。

　　秦昭王七年，《穰侯列傳》記載：

　　　趙人樓緩來相秦，趙不利，乃使仇液之秦，請以魏冄爲秦相。

　　　仇液將行，其客宋公謂液曰：「秦不聽公，樓緩必怨公。公不若謂樓緩曰『請爲公毋急秦。』秦王見趙請相魏冄之不急，且不聽公。公言而事不成，以德樓子；事成，魏冄故德公矣。」於是仇液從之。而秦果免樓緩而魏冄相秦。〔註42〕

《戰國策·趙策三》「趙使机郝之秦」作：

　　　趙使机（仇）郝之秦，請相魏冄。宋突謂機（仇）郝曰：「秦不聽，樓緩必怨公。公不若陰辭樓子曰：『請無急秦王。』秦王見趙之相魏冄之不急也，且不聽公言也。是事而不成，魏冄固德公矣。」〔註43〕

《穰侯列傳》與《戰國策·趙策三》「趙使机郝之秦」的內容大致相同，人名略有差異，經考證爲相同的人物。

　　秦昭王三十二年，魏冄再次爲相。率兵攻打魏國：

　　　將兵攻魏，走芒卯，入北宅，遂圍大梁。

　　　梁大夫須賈說穰侯曰：「臣聞魏之長吏謂魏王曰：『昔梁惠王伐趙，戰勝三梁，拔邯鄲；趙氏不割，而邯鄲復歸。……願王之必無講也。

〔註41〕吳見思：《史記論文》〔M〕，上海：上海古籍出版社，2005 年，第 76 頁。

〔註42〕司馬遷：《史記》〔M〕，北京：中華書局，2006 年，第 2324 頁。

〔註43〕劉向集錄，范祥雍箋證：《戰國策箋證》〔M〕，上海：上海古籍出版社，2006 年，第 1093～1094 頁。

王若欲講，少割而有質；不然，必見欺。』此臣之所聞於魏也，願君之以是慮事也。」

周書曰『惟命不于常』，此言幸之不可數也。夫戰勝暴子，割八縣，⋯⋯智者不然。

臣聞魏氏悉其百縣勝甲以上戍大梁，臣以為不下三十萬。以三十萬之眾守梁七仞之城，臣以為湯、武復生，不易攻也。⋯⋯秦兵不攻，而魏必效絳、安邑。又為陶開兩道，幾盡故宋，衛必效單父。秦兵可全，而君制之，何索而不得，何為而不成！願君熟慮之而無行危。

穰侯曰：「善。」乃罷梁圍。〔註44〕

《穰侯列傳》本段文字與《戰國策・魏策三》「秦敗魏於華走芒卯」、《戰國縱橫家書》15 章內容大抵相同，為須賈為魏國去說服魏丹退兵大梁之事。本事在《秦本紀》中記載：「（昭王）三十三年，客卿胡傷攻魏卷、蔡陽、長社，取之。擊芒卯華陽，破之，斬首十五萬。魏入南陽以和。」〔註45〕可見「梁罷之圍，因獻南陽，何曾是須賈說穰侯而罷乎？」〔註46〕此處《戰國策》所記策士之說，不可盡信。另，《戰國縱橫家書》15 章篇末標注五百七十（字），《穰侯列傳》與《戰國策・魏策三》「秦敗魏於華走芒卯」大約為七百字，顯然是《史記》與《戰國策》的版本較為類似。

秦昭王三十四年，魏丹率領胡陽等人攻打三晉，《穰侯列傳》記載：

明年，穰侯與白起客卿胡陽復攻趙、韓、魏，破芒卯於華陽下，斬首十萬，取魏之卷、蔡陽、長社，趙氏觀津。且與趙觀津，益趙以兵，伐齊。

齊襄王懼，使蘇代為齊陰遺穰侯書曰：「臣聞往來者言曰『秦將益趙甲四萬以伐齊』，臣竊必之敝邑之王曰『秦王明而熟於計，穰侯智而習於事，必不益趙甲四萬以伐齊。』是何也？⋯⋯秦有安邑，韓氏必無上黨矣。取天下之腸胃，與出兵而懼其不反也，孰利？臣故曰秦王明而熟於計，穰侯智而習於事，必不益趙甲四萬以伐齊矣。」

於是穰侯不行，引兵而歸。〔註47〕

〔註44〕 司馬遷：《史記》〔M〕，北京：中華書局，2006 年，第 2325～2326 頁。
〔註45〕 司馬遷：《史記》〔M〕，北京：中華書局，2006 年，第 213 頁。
〔註46〕 梁玉繩：《史記志疑》〔M〕，北京：中華書局，1981 年，第 903 頁。
〔註47〕 司馬遷：《史記》〔M〕，北京：中華書局，2006 年，第 2328～2329 頁。

《戰國策・秦策二》「陘山之事」記載：

> 陘山之事，趙且與秦伐齊。齊懼，令田章以陽武合於趙，而以順子爲質。趙王喜，乃案兵告於秦曰：「齊以陽武賜弊邑而納順子，欲以解伐。敢告下吏。」秦王使公子他之趙，謂趙王曰：「齊與大國救魏而倍約，不可信恃，大國不義，以告弊邑，而賜之二社之地，以奉祭祀。今又案兵，且欲合齊而受其地，非使臣之所知也。請益甲四萬，大國裁之。」

> 蘇代爲齊獻書穰侯曰：「臣聞往來之者言曰：『秦且益趙甲四萬人以伐齊。』臣竊必之弊邑之王曰：『秦王明而熟於計，穰侯智而習於事，必不益趙甲四萬人以伐齊。』是何也？……秦得安邑，善齊以安之，亦必無患矣。秦有安邑，則韓、魏必無上黨哉。夫取三晉之腸胃與出兵而懼其不反也，孰利？故臣竊必之弊邑之王曰：『秦王明而熟於計，穰侯智而習於事，必不益趙甲四萬以伐齊矣。』」〔註48〕

《戰國策・秦策二》「陘山之事」分爲兩部分，第一部分敘述陘山之役以後，趙、秦合攻齊，齊割陽武並派人質到趙國以求和。而秦國亦給趙國增兵四萬，希望能維持原協議共同伐齊；第二部分爲蘇代爲齊上書穰侯，以五點分析秦攻齊之弊。而《穰侯列傳》則分爲三部分：第一部分省略齊、趙兩國之間事，寫秦歸還趙國觀津地，並增兵趙國，欲以共伐齊；第二部分爲蘇代爲齊上書穰侯，內容與《戰國策・魏策三》「秦敗魏於華走芒卯」同；第三部分是交代此事結果：穰侯接受蘇代的建議，引兵而歸。

《戰國策・秦策二》「陘山之事」與《戰國策・魏策三》「秦敗魏於華走芒卯」爲同一個事件，記的是秦敗三晉於華陽，鍾鳳年云：「華陽近於陘山，故此章舉地逐異。」〔註49〕白起擊魏華陽君，《秦表》、《穰侯列傳》都繫於秦昭王三十四年，六國魏表中「與秦南陽以和」亦記在此年，而《秦本紀》卻將此戰役繫於秦昭王三十三年。本段文字《穰侯列傳》與《戰國策・秦策二》「陘山之事」編排略有差異，但蘇代爲齊給魏冄上書的內容大致相同。

〔註48〕劉向集錄，范祥雍箋證：《戰國策箋證》〔M〕，上海：上海古籍出版社，2006年，第274～275頁。

〔註49〕劉向集錄，范祥雍箋證：《戰國策箋證》〔M〕，上海：上海古籍出版社，2006年，第1367頁。

2、白起

據《白起列傳》記載，白起率領秦兵對六國作戰，在伊闕之戰斬殺韓魏聯軍二十四萬；攻楚三次，先後拔鄢、鄧等五座城池，次年攻陷楚國的都城郢，於鄢決水灌城淹死數十萬，攻破楚都，燒其祖廟，共殲滅楚軍三十五萬；攻魏於華陽斬首十三萬；與趙將賈偃作戰沉卒二萬；攻韓於陘城斬首五萬；長平之戰殺人四十五萬，粗略計算白起殺六國兵共一百餘萬人。據梁啓超考證，整個戰國期間共戰死兩百萬人，白起據二分之一。〔註50〕司馬遷稱：「南拔鄢郢，北摧長平，遂圍邯鄲，武安爲率」〔註51〕，又說「越韓、魏而攻彊趙，北阬馬服，誅屠四十餘萬之衆，盡之于長平之下，流血成川，沸聲若靁，遂入圍邯鄲，使秦有帝業」〔註52〕、「楚、趙天下之彊國而秦之仇敵也，自是之後，楚、趙皆懾伏不敢攻秦者，白起之勢也」〔註53〕，白起無疑是戰國時期戰功最爲顯赫的大將。

《白起列傳》可分成兩個部分：第一部分是從秦昭王十三年到四十四年，以大事記的方式記載白起與六國作戰的情況；第二部分由四則故事組成，分別是秦昭王四十七年長平之戰、四十八年被迫退兵、四十九年稱病不行、五十年被逼自殺。其中四十八年事與《戰國策·秦策三》相同。

《白起列傳》於秦昭王四十八年十月記載道：

> 秦復定上黨郡。秦分軍爲二：王齕攻皮牢，拔之；司馬梗定太原。
>
> 韓、趙恐，使蘇代厚幣說秦相應侯曰：「武安君禽馬服子乎？」曰：「然。」又曰：「即圍邯鄲乎？」曰：「然。」
>
> 「趙亡則秦王王矣，武安君爲三公。武安君所爲秦戰勝攻取者七十餘城……故不如因而割之，無以爲武安君功也。」於是應侯言於秦王曰：「秦兵勞，請許韓、趙之割地以和，且休士卒。」王聽之，割韓垣雍、趙六城以和。正月，皆罷兵。武安君聞之，由是與應侯有隙。〔註54〕

《戰國策·秦策三》「謂應侯曰君禽」開頭是：「謂應侯曰：『君禽馬服乎？』曰：『然。』『又即圍邯鄲乎？』曰：『然。』」〔註55〕以下文字與《白起列傳》

〔註50〕梁啓超：《先秦政治思想史》〔M〕，北京：中華書局，1941年，第25頁。

〔註51〕司馬遷：《史記》〔M〕，北京：中華書局，2006年，第3313頁。

〔註52〕司馬遷：《史記》〔M〕，北京：中華書局，2006年，第2423頁。

〔註53〕司馬遷：《史記》〔M〕，北京：中華書局，2006年，第2423頁。

〔註54〕司馬遷：《史記》〔M〕，北京：中華書局，2006年，第2335～2336頁。

〔註55〕劉向集錄，范祥雍箋證：《戰國策箋證》〔M〕，上海：上海古籍出版社，2006年，第346頁。

引用的部分相同。《戰國策・秦策三》「謂應侯曰君禽」不記策士名，而《白起列傳》作蘇代。

　　本段故事發生在秦昭王四十八年十月，秦軍再次平定上黨郡的時候。隨後秦軍兵分兩路：王齕攻下皮牢，司馬梗平定太原。韓、趙兩國十分害怕，就派蘇代到秦國，獻上豐厚的禮物勸說秦相范雎。蘇代抓住范雎的嫉妒心理，巧言打動范雎讓秦退兵，也埋下了白起自殺的種子。范雎嫉賢妒能，害怕白起的功勞超過自己，於是花言巧語說服秦昭王收兵。白起獲知范雎暗中作梗後，便與之結怨。後來在范雎的挑撥下，秦昭王先將白起貶為士卒，隨後又令其自殺，白起「死而非其罪」。〔註56〕這也就是《白起列傳》論贊所謂：「白起料敵合變，出奇無窮，聲震天下，然不能救患於應侯。」〔註57〕

3、范雎、蔡澤

　　司馬遷將范雎、蔡澤合傳，作《范雎蔡澤列傳》。范雎和蔡澤同是辯士出身，在任秦相之前都曾走過一段坎坷的道路。范雎任相後在外交上提出遠交近攻的策略，在國內打擊外戚勢力加強王室集權，為秦國統一六國奠定了基礎，秦國丞相李斯在《諫逐客書》中曾高度評價范雎對秦國的建樹和貢獻：「昭王得范雎，廢穰侯，逐華陽，強公室，杜私門，蠶食諸侯，使秦成帝業。」〔註58〕但他的致命弱點是「一飯之德必償，睚眥之怨必報」〔註59〕，感情用事，因小失大，因妒忌害死白起，又任人不善，最終造成惡果。長平之戰是范雎策士生涯的顛峰之作，然長平之戰不久，幫助范雎逃到秦國的鄭安平在戰爭中投降敵國，根據秦國的法律，作為推薦人，「應侯罪當收三族」。雖然秦昭王嚴令國內不許張揚此事，但是范雎仍然覺得自己朝不保夕。不久，范雎聽從蔡澤的建議稱病辭官，回歸故里。

　　《范雎列傳》的部分故事十分精彩，一開始敘述范雎受魏齊羞辱，因鄭安平之助，易名張祿。後隨王稽入秦，途中與穰侯魏冉相遇，范雎躲藏車中，因穰侯「專秦權，惡內諸侯客，此恐辱我」〔註60〕。待穰侯過去之後，范雎又判斷「穰侯智士也，其見事遲，鄉者疑車中有人，忘索之」〔註61〕、「此必

〔註56〕司馬遷：《史記》〔M〕，北京：中華書局，2006年，第2337頁。
〔註57〕司馬遷：《史記》〔M〕，北京：中華書局，2006年，第2342頁。
〔註58〕司馬遷：《史記》〔M〕，北京：中華書局，2006年，第2542頁。
〔註59〕司馬遷：《史記》〔M〕，北京：中華書局，2006年，第2415頁。
〔註60〕司馬遷：《史記》〔M〕，北京：中華書局，2006年，第2403頁。
〔註61〕司馬遷：《史記》〔M〕，北京：中華書局，2006年，第2343頁。

悔之」〔註62〕，遂下車步行，果然穰侯又派人回來搜車。經過這一段波折，「王稽遂與范雎入咸陽。」〔註63〕《說苑·善說》篇載：「張祿掌門，見孟嘗君，……因為之書寄之秦王，往而大遇」〔註64〕，而《范雎列傳》則記載張祿（范雎）潛隨秦使王稽入秦，途中用計騙過穰侯魏冉，盡顯范雎過人的智慧。但本事不見於《戰國策》，也與《說苑》記載不同，估計是流傳於戰國時期的另外一個「范雎入秦」故事版本，被司馬遷所用。

范雎入秦之後，看清朝廷內外的情勢，便上書秦王：

臣聞明主立政，有功者不得不賞，有能者不得不官，……雖以臣為賤人而輕辱，獨不重任臣者之無反復於王邪？

且臣聞周有砥砨，……然則聖王之所弃者，獨不足以厚國家乎？

臣聞善厚家者取之於國，善厚國者取之於諸侯。天下有明主則諸侯不得擅厚者，……意者臣愚而不概於王心邪？亡其言臣者賤而不可用乎？自非然者，臣願得少賜游觀之間，望見顏色。一語無效，請伏斧質。

於是秦昭王大說，乃謝王稽，使以傳車召范雎。〔註65〕

《戰國策·秦策三》「范子因王稽入秦」內容與《范雎列傳》本段相同。本段故事的背景，《范雎列傳》繫於秦昭王三十六年，秦國當時國內的情況是：「厭天下辯士，無所信」、穰侯兄弟「以太后故，私家富重於王室」，身在王位的秦昭王並沒有處理軍國大事的實權。范雎欲為秦昭王獻策，又不敢於書信中明說，便提出「天下有明主則諸侯不得擅厚者」的關鍵問題來引起秦昭王的注意。《范雎列傳》又比《戰國策·秦策三》「范子因王稽入秦」多了一句：「一語無效，請伏斧質」，起到了畫龍點睛的效果，展現范雎強勁的進言氣勢。於是秦昭王很快就接見了范雎：

於是范雎乃得見於離宮，詳為不知永巷而入其中。王來而宦者怒，逐之，曰：「王至！」范雎繆為曰：「秦安得王？秦獨有太后、穰侯耳。」欲以感怒昭王。

昭王至，聞其與宦者爭言，遂延迎，謝曰：「寡人宜以身受命久矣，……

〔註62〕 司馬遷：《史記》〔M〕，北京：中華書局，2006年，第2403頁。
〔註63〕 司馬遷：《史記》〔M〕，北京：中華書局，2006年，第2403頁。
〔註64〕 劉向：《說苑·新序》〔M〕，上海：上海古籍出版社，1990年，第132頁。
〔註65〕 司馬遷：《史記》〔M〕，北京：中華書局，2006年，第2404～2405頁。

敬執賓主之禮。」范雎辭讓。

是日觀范雎之見者，群臣莫不洒然變色易容者。秦王屏左右，宮中虛無人。秦王跽而請曰：「先生何以幸教寡人？」范雎曰：「唯唯。」有閒，秦王復跽而請曰：「先生何以幸教寡人？」范雎曰：「唯唯。」若是者三。秦王跽曰：「先生卒不幸教寡人邪？」

范雎曰：「非敢然也。臣聞昔者呂尚之遇文王也，身爲漁父而釣於渭濱耳。若是者，交疏也。……若夫窮辱之事，死亡之患，臣不敢畏也。臣死而秦治，是臣死賢於生。」

秦王跽曰：「先生是何言也！……事無小大，上及太后，下至大臣，原先生悉以教寡人，無疑寡人也。」范雎拜，秦王亦再拜。

范雎曰：「大王之國，四塞以爲固，北有甘泉、谷口，南帶涇、渭，右隴、蜀，左關、阪，奮擊百萬，戰車千乘，利則出攻，不利則入守，此王者之地也。民怯於私鬥而勇於公戰，此王者之民也。王并此二者而有之。夫以秦卒之勇，車騎之眾，以治諸侯，譬若施韓盧而搏蹇兔也，霸王之業可致也，而群臣莫當其位。至今閉關十五年，不敢窺兵於山東者，是穰侯爲秦謀不忠，而大王之計有所失也。」

秦王跽曰：「寡人願聞失計。」

然左右多竊聽者，范雎恐，未敢言內，先言外事，以觀秦王之俯仰。

因進曰：「夫穰侯越韓、魏而攻齊綱、壽，非計也。少出師則不足以傷齊，多出師則害於秦。……王不如遠交而近攻，得寸則王之寸也，得尺亦王之尺也。今釋此而遠攻，不亦繆乎！……楚彊則附趙，趙彊則附楚，楚、趙皆附，齊必懼矣。齊懼，必卑辭重幣以事秦。齊附而韓、魏因可虜也。」

昭王曰：「吾欲親魏久矣，而魏多變之國也，寡人不能親。請問親魏奈何？」對曰：「王卑詞重幣以事之；不可，則割地而賂之；不可，因舉兵而伐之。」王曰：「寡人敬聞命矣。」乃拜范雎爲客卿，謀兵事。卒聽范雎謀，使五大夫綰伐魏，拔懷。後二歲，拔邢丘。

客卿范雎復說昭王曰：「秦韓之地形，相錯如繡。……王不如收韓。」昭王曰：「吾固欲收韓，韓不聽，爲之奈何？」對曰：「韓安得無聽乎？王下兵而攻滎陽，……夫韓見必亡，安得不聽乎？若韓聽，而

霸事因可慮矣。」王曰：「善。」且欲發使於韓。〔註66〕

《戰國策‧秦策三》「范雎至」則記載：

> 范雎至，秦王庭迎，謂范雎曰：「寡人宜以身受令久矣。……敬執賓主之禮。」

> 是日見范雎，見者無不變色易容者。秦王屏左右，宮中虛無人，秦王跪而請曰：「先生何以幸教寡人？」范雎曰：「唯唯。」有間，秦王復請，范雎曰：「唯唯。」若是者三。秦王跽曰：「先生不幸教寡人乎？」

> 范雎謝曰：「非敢然也。臣聞始時呂尚之遇文王也，身為漁父而釣於渭陽之濱耳。若是者，交疏也。……若夫窮辱之事，死亡之患，臣弗敢畏也。臣死而秦者，賢於生也。」

> 秦王跽曰：「先生是何言也！……事無大小，上及太后，下至大臣，願先生悉以教寡人。無疑寡人也。」范雎再拜，秦王亦再拜。

> 范雎曰：「大王之國，北有甘泉、谷口，南帶涇、渭，右隴、蜀，左關、阪；戰車千乘，奮擊百萬。以秦卒之勇，車騎之多，以當諸侯，譬若馳韓盧而逐蹇兔也，霸王之業可致。今反閉而不敢窺兵於山東者，是穰侯為國謀不忠，而大王之計有所失也。」王曰：「願聞所失計。」

> 雎曰：「大王越韓、魏而攻強齊，非計也。少出師則不足以傷齊；多之則害於秦。……王不如遠交而近攻，得寸則王之寸也，得尺亦王之尺也。今舍此而遠攻，不亦繆乎？……趙彊則楚附，楚彊則趙附。楚、趙附則齊必懼，懼必卑辭重幣以事秦，齊附而韓、魏可虛也。」

> 王曰：「寡人欲親魏，魏多變之國也，寡人不能親。請問親魏奈何？」范雎曰：「卑辭重幣以事之。不可，削地而賂之。不可，舉兵而伐之。」於是舉兵而攻邢丘，邢丘拔而魏請附。

> 曰：「秦、韓之地形，相錯如繡。……王不如收韓。」王曰：「寡人欲收韓，不聽，為之奈何？」范雎曰：「舉兵而攻滎陽，……魏、韓見必亡，焉得不聽？韓聽而霸事可成也。」王曰：「善。」〔註67〕

〔註66〕司馬遷：《史記》〔M〕，北京：中華書局，2006 年，第 2406～2410 頁。
〔註67〕劉向集錄，范祥雍箋證：《戰國策箋證》〔M〕，上海：上海古籍出版社，2006

將兩文比較，《范雎列傳》敘述較爲詳盡，文字也多經過潤色。例如寫范雎故意說：「秦安得王？秦獨有太后、穰侯耳」〔註68〕，使秦王與宣太后、穰侯之間的矛盾更加尖銳，也加強了秦王向他請教的決心。而秦昭王向范雎求教時，用了五次「跽」，顯示秦昭王求計心切。其他地方《范雎列傳》與《戰國策·秦策三》「范雎至」基本相同，可分爲兩個部分：一爲范雎提醒秦昭王應該收回政權；二則是范雎有名的「遠交近攻」策略。范雎首先向秦昭王分析了秦國有成就霸業的優勢，並提出穰侯爲擴大自己的領地而攻齊，對秦國不利。范雎「遠交近攻」的理論，大大地震動了秦昭王，一向胸懷大志的秦昭王意識到了范雎的雄才大略，並把范雎作爲重要謀臣來對待，即《范雎列傳》所謂的「范雎日益親」、「封范雎以應，號爲應侯」、「范雎既相秦」，《戰國策》中所言「昭王謂范雎曰：『昔者齊公得管仲時，以爲仲父。今吾得子，亦以爲父。』」〔註69〕，范雎開始了在秦國飛黃騰達的日子。《范雎列傳》的轉折在「與武安君白起有隙，言而殺之。任鄭安平，使擊趙。鄭安平爲趙所圍，急，以兵二萬人降趙」〔註70〕，范雎用計造成白起自殺，任用自己的恩人鄭安平伐趙，而鄭安平卻兵敗投降，牽連了范雎。即使秦昭王有意維護，下令宣稱：「有敢言鄭安平事者，以其罪罪之」〔註71〕，范雎仍然是「懼，不知所出」，這時「蔡澤聞之，往入秦也」〔註72〕，以下接《蔡澤列傳》。

　　《蔡澤列傳》的部分將近一萬字，其中大部分是范雎與蔡澤的對話：第一段說「若夫秦之商君，楚之吳起，越之大夫種，其卒然亦可願與？」〔註73〕第二段說「比干忠而不能存殷，子胥智而不能完吳，申生孝而晉國亂。是皆有忠臣孝子，而國家滅亂者，何也？」〔註74〕第三段說「夫商君……可願孰與閔夭、周公哉？」〔註75〕以三個問句開頭，引得范雎與之辯論，並運用眾多事例反覆向顯赫一時的范雎講明「日中則移，月滿則虧」的道理，趁著范

　　　　年，第311～314頁。
〔註68〕司馬遷：《史記》〔M〕，北京：中華書局，2006年，第2406頁。
〔註69〕劉向集錄，范祥雍箋證：《戰國策箋證》〔M〕，上海：上海古籍出版社，2006年，第315頁。
〔註70〕司馬遷：《史記》〔M〕，北京：中華書局，2006年，第2417頁。
〔註71〕司馬遷：《史記》〔M〕，北京：中華書局，2006年，第2417頁。
〔註72〕司馬遷：《史記》〔M〕，北京：中華書局，2006年，第2418頁。
〔註73〕司馬遷：《史記》〔M〕，北京：中華書局，2006年，第2420頁。
〔註74〕司馬遷：《史記》〔M〕，北京：中華書局，2006年，第2421頁。
〔註75〕司馬遷：《史記》〔M〕，北京：中華書局，2006年，第2421頁。

睢心裏忐忑不安時說服范睢讓位。後蔡澤被命爲秦相，應了他自己所說「燕客蔡澤，天下雄俊弘辯智士也。彼一見秦王，秦王必困君而奪君之位。」〔註76〕《蔡澤列傳》文字與《戰國策・秦策三》「蔡澤見逐於趙」的結構相同，但是每段的內容變動較大，《蔡澤列傳》的說辭內容遠多於《戰國策・秦策三》「蔡澤見逐於趙」，司馬遷對這段說辭應是別有所據。

蔡澤在秦國十幾年，先後奉事昭王、孝文王、莊襄王、秦始皇，在任相位期間幫助秦昭王滅掉東周國，秦始皇時出使燕國促使燕國太子丹到秦國作人質，是繼范睢之後秦國的重要謀臣，亦是戰國時期成功策士的典型人物。

第二節　六國人物列傳

與秦國人物事迹翔實相比，六國人物列傳以戰國晚期人物爲主，取用自戰國策士文獻的部分顯得零碎，不具備人物塑造的功能。六國人物列傳大致情況爲下表：

國　名	六國人物列傳	戰國策士文獻（《戰國策》）	引用篇數
齊	孟嘗君列傳	✓	4
	田單列傳		
	魯仲連鄒陽列傳（魯仲連）	✓	2
趙	平原君虞卿列傳	✓	2
	廉頗藺相如列傳（李牧）	✓	1
	孟子荀卿列傳		
楚	春申君列傳	✓	3
	屈原賈生列傳（屈原）		
魏	魏公子列傳	✓	1
燕	蘇秦列傳	✓	13
	刺客列傳（豫讓、聶政、荊軻）	✓	3
	樂毅列傳	✓	1
韓	韓非老子列傳（韓非）		

〔註76〕司馬遷：《史記》〔M〕，北京：中華書局，2006 年，第 2419 頁。

　　其中《樂毅列傳》與《田單列傳》是爲樂毅破齊，田單復齊，一事兩面，可歸爲一類〔註 77〕；孟子、荀子、韓非的列傳沒有使用戰國策士文獻，通篇主要也不在人物描寫，而是經過篇目的安排反映司馬遷的學術觀點〔註 78〕；《屈原列傳》既沒有使用戰國策士文獻，屈原本人的材料也不見於先秦任何古籍〔註79〕，《屈原列傳》主要是屈原的作品與司馬遷抒情議論結合的一篇列傳，在《史記》中是較爲特別的。其他六國人物列傳使用戰國策士文獻的部分，不如秦國人物列傳多而詳細，對人物的發展影響不大，故筆者將其依材料的不同分爲三類。其中《蘇秦列傳》、《刺客列傳》幾乎是由戰國策士文獻組成，不在此討論範圍，列於其它一類。

一、書信類

　　六國人物列傳中，引用了不少戰國策士文獻中的書信材料。

　　《孟嘗君列傳》中，引用了一則孟嘗君給秦相穰侯的信件，見於《戰國策‧秦策三》「薛公爲魏謂魏冉」：

> 薛公爲魏謂魏冉曰：「文聞秦王欲以呂禮收齊，以濟天下，君必輕矣。……是君破齊以爲功，操晉以爲重也。破齊定封，而秦、晉皆重君；若齊不破，呂禮復用，子必大窮矣。」〔註 80〕

事在秦昭王二十九年，時孟嘗君爲魏相，故《戰國策》曰：「爲魏」謂魏冉。《孟嘗君列傳》中刪去「爲魏」二字，彷彿孟嘗君在齊國而勸秦攻齊，易生疑義，略顯矛盾。孟嘗君遺魏冉書，《孟嘗君列傳》與《戰國策‧秦策三》「薛公爲魏謂魏冉」內容文字大致相同，唯《孟嘗君列傳》中增加了前因後果的敘述。孟嘗君免相後慫恿秦國伐齊，聯合諸侯攻破齊國。從中不難看出，孟嘗君爲了維護自己的尊嚴和權勢，可以不擇手段，對與自己同宗的齊國也毫不手軟。

　　《魯仲連列傳》中，有「射書救聊城」的著名書信引用。公元前 249 年，

〔註77〕任剛：《史記人物取材研究》〔D〕，陝西師範大學博士學位論文，2007 年，第 86 頁。

〔註78〕陳桐生：《〈史記〉與諸子百家之學》〔M〕，安徽：安徽大學出版社，2006 年，第 32 頁。

〔註79〕韓兆琦：《史記通論》〔M〕，廣西：廣西師範大學出版社，1996 年，第 467 頁。

〔註80〕劉向集錄，范祥雍箋證：《戰國策箋證》〔M〕，上海：上海古籍出版社，2006 年，第 282 頁。

齊國派軍收復被燕佔據的聊城，年餘不下，百姓災難沉重，他以親筆書信勸
說燕將撤守，齊復得聊城。此信可見於《戰國策·齊策六》「燕攻齊取七十餘
城」，書信全文將近一千字被司馬遷完全引用。《戰國策·齊策六》「燕攻齊取
七十餘城」記載燕將讀完信之後：

> 燕將曰：「敬聞命矣！」因罷兵，到讀而去。故解齊國之圍，救百姓
> 之死，仲連之說也。〔註81〕

《魯仲連列傳》中作：

> 燕將見魯連書，泣三日，猶豫不能自決。欲歸燕，已有隙，恐誅；
> 欲降齊，所殺虜於齊甚眾，恐已降而後見辱。喟然歎曰：「與人刃我，
> 寧自刃。」乃自殺。聊城亂，田單遂屠聊城。歸而言魯連，欲爵之。
> 魯連逃隱於海上，曰：「吾與富貴而詘於人，寧貧賤而輕世肆志焉。」
>
> 〔註82〕

司馬遷為了塑造人物，將劇情擴展，加入了燕將看信後自殺的過程，又寫田
單欲封爵魯仲連，魯仲連逃走隱居的事。以上兩段都不見於戰國策士文獻，
但卻使魯仲連的高士形象更加深刻，後世左思以「吾慕魯仲連，談笑卻秦
軍」、「功成不受賞，高節卓不群」、李白以「談笑三軍卻，交遊士貴疏」、「卻
秦振英聲，後世仰末照」等詩句來讚美魯仲連，都是受了司馬遷人物塑造的
影響。

《春申君列傳》中收錄春申君黃歇上書秦昭王的信件，引用自《戰國策·
秦策四》「頃襄王二十年」：

> 楚人有黃歇者，游學博聞，襄王以為辯，故使於秦。說昭王曰：「天
> 下莫強於秦、楚，今聞大王欲伐楚，此猶兩虎相鬥而駑犬受其弊，
> 不如善楚。……是王之地一任兩海，要絕天下也。是燕、趙無齊、
> 楚，無燕、趙也。然後危動燕、趙，持齊、楚，此四國者，不待痛
> 而服矣。」〔註83〕

說昭王一段有千餘字，被《春申君列傳》全部收錄。春申君為秦國分析利害
關係，強調秦國和楚國是最強大的兩個國家，如果秦國欲攻打楚國，必然會

〔註81〕劉向集錄，范祥雍箋證：《戰國策箋證》〔M〕，上海：上海古籍出版社，2006
年，第712頁。

〔註82〕司馬遷：《史記》〔M〕，北京：中華書局，2006年，第2469頁。

〔註83〕劉向集錄，范祥雍箋證：《戰國策箋證》〔M〕，上海：上海古籍出版社，2006
年，第400～403頁。

導致兩敗俱傷，並使韓、趙、魏、齊等國家得漁翁之利。不如讓秦國和楚國結盟，然後聯合起來一起對付其它國家。雖然一時收到了退百萬兵的效果，但從長遠的觀點看，他等於是獻給秦王滅楚的大計，得不償失。

　　在六國人物列傳書信的引用中，最重要的莫過於《樂毅列傳》中的「樂毅報遺燕惠王書」。戰國時期，燕國經常無端遭到強齊的侵凌而無力反抗。直至燕昭王即位（公元前 311 年），燕昭王「弔死問孤，與百姓同甘苦」〔註 84〕，又以樂毅爲亞卿主持國政，勵精圖治，原本弱小的燕國在戰國後期成爲一時之強。公元前 284 年，昭王拜樂毅爲上將軍，率傾國之兵聯合趙、楚、韓、魏五國伐齊，連下齊國七十餘城，殺死齊閔王。齊地只剩除莒和即墨二城。此戰役不僅爲戰國時期的大事，更是樂毅名留青史的關鍵，故《人史公自序》說：「率行其謀，連五國兵，爲弱燕報強齊之仇，雪其先君之恥，作樂毅列傳第二十。」〔註 85〕公元前 278 年，昭王死，太子惠王即位。齊國即墨守將田單施反間計，燕惠王中計以騎劫代替樂毅，樂毅被迫逃往趙國。

　　《樂毅列傳》記載：

> 燕惠王后悔使騎劫代樂毅，以故破軍亡將失齊；又怨樂毅之降趙，恐趙用樂毅而乘燕之弊以伐燕。

> 燕惠王乃使人讓樂毅，且謝之曰：「先王舉國而委將軍，將軍爲燕破齊，報先王之讎，天下莫不震動，寡人豈敢一日而忘將軍之功哉！會先王弃群臣，寡人新即位，左右誤寡人。寡人之使騎劫代將軍，爲將軍久暴露於外，故召將軍且休，計事。將軍過聽，以與寡人有隙，遂捐燕歸趙。將軍自爲計則可矣，而亦何以報先王之所以遇將軍之意乎？」

樂毅報遺燕惠王書曰：

> 「臣不佞，……故敢以書對。臣聞賢聖之君，……故受令而不辭。先王命之曰……臣竊不自知，自以爲奉命承教，可幸無罪，是以受命不辭。臣聞賢聖之君，……皆可以教後世。臣聞之，善作者……臨不測之罪，以幸爲利，義之所不敢出也。臣聞古之君子……故敢獻書以聞，唯君王之留意焉。」

> 於是燕王復以樂毅子樂間爲昌國君；而樂毅往來復通燕，燕、趙以

〔註 84〕司馬遷：《史記》〔M〕，北京：中華書局，2006 年，第 1558 頁。
〔註 85〕司馬遷：《史記》〔M〕，北京：中華書局，2006 年，第 3314 頁。

為客卿。樂毅卒於趙。〔註86〕

「樂毅報遺燕惠王書」引用自《戰國策・燕策二》「昌國君樂毅為燕昭王」中「望諸君乃使人獻書報燕王曰」以下約八百五十字。《樂毅列傳》有一個顯著特點：樂毅生平事迹只做概略介紹，而詳錄樂毅回信的全文。《樂毅列傳》論贊曰：「始齊之蒯通及主父偃讀樂毅之報燕王書，未嘗不廢書而泣也。」〔註87〕顯示此篇書信至漢初依然是流傳很廣的策士文獻。對司馬遷而言，「樂毅報遺燕惠王書」不僅是一篇文情並茂的文學作品，更是對樂毅人格精神風範的展現，今學者雖已考證「《報燕惠王書》出於戰國末年遊士所偽託」〔註88〕，但仍不減其文學的魅力。

二、敘事類

《孟嘗君列傳》中引用了三則敘事類的戰國策士文獻，是六國人物列傳之冠。第一則是敘述孟嘗君第一次入秦前的事：

> 孟嘗君將入秦，賓客莫欲其行，諫，不聽。
>
> 蘇代謂曰：「今旦代從外來，見木禺人與土禺人相與語。木禺人曰：『天雨，子將敗矣。』土禺人曰：『我生於土，敗則歸土。今天雨，流子而行，未知所止息也。』今秦，虎狼之國也，而君欲往，如有不得還，君得無為土禺人所笑乎？」孟嘗君乃止。〔註89〕

《戰國策・齊策三》「孟嘗君將入秦」有類似的記載：

> 孟嘗君將入秦，止者千數而弗聽。蘇秦欲止之，孟嘗曰：「人事者，吾已盡知之矣；吾所未聞者，獨鬼事耳。」蘇秦曰：「臣之來也，固不敢言人事也，固且以鬼事見君。」
>
> 孟嘗君見之。謂孟嘗君曰：「今者臣來，過於淄上，有土偶人與桃梗相與語。桃梗謂土偶人曰：『子，西岸之土也，挺子以為人，至歲八月，降雨下，淄水至，則汝殘矣。』土偶曰：『不然。吾西岸之土也，土則復西岸耳。今子，東國之桃梗也，刻削子以為人，降雨下，淄水至，流子而去，則子漂漂者將何如耳。』今秦四塞之國，譬若虎

〔註86〕 司馬遷：《史記》〔M〕，北京：中華書局，2006 年，第 2430～2434 頁。
〔註87〕 司馬遷：《史記》〔M〕，北京：中華書局，2006 年，第 2436 頁。
〔註88〕 楊寬：《戰國史料編年輯證》〔M〕，上海：上海人民出版社，2001 年，第 31 頁。
〔註89〕 司馬遷：《史記》〔M〕，北京：中華書局，2006 年，第 2354 頁。

口，而君入之，則臣不知君所出矣。」孟嘗君乃止。〔註90〕

本段《戰國策・齊策三》「孟嘗君將入秦」作蘇秦，《孟嘗君列傳》作蘇代，記載此事的戰國策士文獻或作「秦」或作「代」，無從考證。但內容大致相同，皆是以木偶人、土偶人對話的「鬼事」來勸說孟嘗君不要入秦，結果是孟嘗君聽從了勸告。但《孟嘗君列傳》中文句較簡短，不若《戰國策・齊策三》「孟嘗君將入秦」的言語生動。

　　第二則是孟嘗君任齊相後，企圖挾韓、魏對秦進行報復：

> 孟嘗君怨秦，將以齊爲韓、魏攻楚，因與韓、魏攻秦，而借兵食於西周。

> 蘇代爲西周謂曰：「君以齊爲韓、魏攻楚九年，取宛、葉以北以彊韓、魏，今復攻秦以益之。韓、魏南無楚憂，西無秦患，則齊危矣。韓、魏必輕齊畏秦，臣爲君危之。君不如令敝邑深合於秦，而君無攻，又無借兵食。君臨函谷而無攻，令敝邑以君之情謂秦昭王曰：『薛公必不破秦以彊韓、魏。其攻秦也，欲王之令楚王割東國以與齊，而秦出楚懷王以爲和。』君令敝邑以此惠秦，秦得無破而以東國自免也，秦必欲之。楚王得出，必德齊。齊得東國益彊，而薛世世無患矣。秦不大弱，而處三晉之西，三晉必重齊。」

> 薛公曰：「善。」因令韓、魏賀秦，使三國無攻，而不借兵食於西周矣。〔註91〕

本事《六國年表》記赧王十七年，齊、韓、魏「共擊秦於函谷，河，渭絕一日。」時當秦昭王九年，齊湣王二十六年，韓襄王十四年，魏哀王二十一年，內容除《西周策》作韓慶者在《孟嘗君列傳》中作蘇代，文字部分略有異，其他與《戰國策・西周策》「薛公爲齊爲韓魏」大致相同。

　　第三則是蘇代爲求自救，說服孟嘗君讓齊王疏遠呂禮、祝弗：

> 其後，秦亡將呂禮相齊，欲困蘇代。代乃謂孟嘗君曰：「周最於齊，至厚也，而齊王逐之，而聽親弗相呂禮者，欲取秦也。齊、秦合，則親弗與呂禮重矣。有用，齊、秦必輕君。君不如急北兵，趨趙以和秦、魏，收周最以厚行，且反齊王之信，又禁天下之變。齊無秦，

〔註90〕劉向集錄，范祥雍箋證：《戰國策箋證》〔M〕，上海：上海古籍出版社，2006年，第588～589頁。

〔註91〕司馬遷：《史記》〔M〕，北京：中華書局，2006年，第2356頁。

則天下集齊，親弗必走，則齊王孰與爲其國也！」

於是孟嘗君從其計，而呂禮嫉害於孟嘗君。〔註92〕

本段與《戰國策·東周策》「謂薛公曰」內容大致相同，但《東周策》中不記人物名，而《孟嘗君列傳》記爲蘇代。此事因呂禮欲困蘇代而起，但《戰國策》中不見相關記錄，司馬遷當有其他依據。

《春申君列傳》中所收錄的敘事故事是十分精彩的，此事發生在楚考烈王后期：

楚考烈王無子，春申君患之，求婦人宜子者進之，甚眾，卒無子。

趙人李園，持其女弟，欲進之楚王，聞其不宜子，恐久毋寵。……而李園女弟，初幸春申君有身，而入之王所生子者遂立，是爲楚幽王。

是歲也，秦始皇帝立九年矣。嫪毐亦爲亂於秦，覺，夷其三族，而呂不韋廢。〔註93〕

《春申君列傳》此段內容與《戰國策·楚策四》「楚考烈王無子」基本相同，寫的是春申君設計讓自己的私生子當上楚國君王，以求富貴，最後倒反被李園所殺，不得善終。凌稚隆說：「按此傳前敘春申君以智慧安楚，而就封於吳，後敘春申君以奸謀盜楚，而身死棘門，爲天下笑。模寫情事，春申君殆兩截人。」〔註94〕與此雷同的情節在《呂不韋列傳》中亦曾出現：

呂不韋取邯鄲諸姬絕好善舞者與居，知有身。子楚從不韋飲，見而說之，因起爲壽，請之。呂不韋怒，念業已破家爲子楚，欲以釣奇，乃遂獻其姬。姬自匿有身，至大期時，生子政。子楚遂立姬爲夫人。

〔註95〕

本段結尾，《春申君列傳》與《戰國策·楚策四》「楚考烈王無子」皆附論呂不韋，足見兩書使用的是同一個版本的戰國策士文獻。

三、長平之戰與邯鄲之圍

從長平之戰到秦的統一，是戰國七雄兼併戰爭的最後階段。從這裏可以

〔註92〕司馬遷：《史記》〔M〕，北京：中華書局，2006 年，第 2357 頁。
〔註93〕司馬遷：《史記》〔M〕，北京：中華書局，2006 年，第 2396～2398 頁。
〔註94〕凌稚隆輯校，李光縉增補：《史記評林》〔M〕，天津：天津古籍出版社，1998 年，第 756 頁。
〔註95〕司馬遷：《史記》〔M〕，北京：中華書局，2006 年，第 2508 頁。

看到六國如何在救亡圖存的戰爭中作最後的拼搏，而秦國又如何運用謀略攻滅六國而統一中國。〔註96〕長平之戰是戰國末期最重要、規模最大的戰役，邯鄲之圍是六國再一次合縱抗秦成功的例子，戰爭期間合縱、連橫策士陸續上場，戰國養士公子也紛紛出動，無論是對國家還是對民間都是一件大事。對司馬遷而言，長平之戰前後是一個資料較為齊全的時期。

　　長平之戰的起因，記載於《平原君虞卿列傳》中虞卿的部分。根據《虞卿列傳》的記載：

　　　　秦趙戰於長平，趙不勝，亡一都尉。趙王召樓昌與虞卿曰：「軍戰不勝，尉復死，寡人使束甲而趨之，何如？」……

　　　　趙王不聽，與平陽君為媾，發鄭朱入秦。秦內之。趙王召虞卿曰：「寡人使平陽君為媾於秦，秦已內鄭朱矣，卿以為奚如？」虞卿對曰：「王不得媾，軍必破矣。天下賀戰勝者皆在秦矣。鄭朱，貴人也，入秦，秦王與應侯必顯重以示天下。楚、魏以趙為媾，必不救王。秦知天下不救王，則媾不可得成也。」

　　　　應侯果顯鄭朱以示天下賀戰勝者，終不肯媾。長平大敗，遂圍邯鄲，為天下笑。〔註97〕

《戰國策・趙策三》「秦趙戰於長平」記載：

　　　　秦、趙戰於長平，趙不勝，亡一都尉。趙王召樓昌與虞卿曰：「軍戰不勝，尉復死，寡人使卷甲而趨之，何如？」……

　　　　趙王不聽，與平陽君為媾，發鄭朱入秦，秦內之。趙王召虞卿曰：「寡人使平陽君媾秦，秦已內鄭朱矣，子以為奚如？」虞卿曰：「王必不得媾，軍必破矣，天下之賀戰勝者皆在秦矣。鄭朱，趙之貴人也，而入於秦，秦王與應侯必顯重以示天下。楚、魏以趙為媾，必不救王。秦知天下不救王，則媾不可得成也。」

　　　　趙卒不得媾，軍果大敗。王入秦，秦留趙王，而后許之媾。〔註98〕

本段為虞卿對趙王說合縱，而樓昌說趙王以連橫的對話記錄。事發在長平之

〔註96〕　李學勤：《戰國史與戰國文明》〔M〕，上海：上海科學技術文獻出版社，2007年，第148頁。

〔註97〕　司馬遷：《史記》〔M〕，北京：中華書局，2006年，第2371頁。

〔註98〕　劉向集錄，范祥雍箋證：《戰國策箋證》〔M〕，上海：上海古籍出版社，2006年，第1452頁。

戰初，趙國僅亡一都尉，若與楚、魏合縱，則尚有可為。然趙孝成王卻聽信
樓昌之言，媾和於秦，最後諸侯不救，導致長平之戰大敗、秦圍邯鄲之禍。《新
序·善謀篇》亦有此文，與《虞卿列傳》所載文字完全相同，應是後人取《史
記》文補入。

秦國於公元前 259 年長平之戰大敗趙國之後開始進兵圍邯鄲，直至公元
前 257 年仍未攻下，《史記》在這段時間裏引用了兩則戰國策士文獻。其一引
用自《戰國策·魏策四》「信陵君殺晉鄙救邯鄲」：

> 信陵君殺晉鄙，救邯鄲，破秦人，存趙國，趙王自郊迎。

> 唐且謂信陵君曰：「臣聞之曰，事有不可知者，有不可不知者；有不
> 可忘者，有不可不忘者。」信陵君曰：「何謂也？」對曰：「人之憎
> 我也，不可不知也；吾憎人也，不可得而知也。人之有德於我也，
> 不可忘也；吾有德於人也，不可不忘也。今君殺晉鄙，救邯鄲，破
> 秦人，存趙國，此大德也。今趙王自郊迎，卒然見趙王，臣願君之
> 忘之也。」信陵君曰：「無忌謹受教。」〔註99〕

《魏公子列傳》中作：

> 魏王怒公子之盜其兵符，矯殺晉鄙，公子亦自知也。已卻秦存趙，
> 使將將其軍歸魏，而公子獨與客留趙。趙孝成王德公子之矯奪晉鄙
> 兵而存趙，乃與平原君計，以五城封公子。公子聞之，意驕矜而有
> 自功之色。

> 客有說公子曰：「物有不可忘，或有不可不忘。夫人有德於公子，公
> 子不可忘也；公子有德於人，願公子忘之也。且矯魏王令，奪晉鄙
> 兵以救趙，於趙則有功矣，於魏則未為忠臣也。公子乃自驕而功之，
> 竊為公子不取也。」

> 於是公子立自責，似若無所容者。〔註100〕

「卻秦救趙」是《魏公子列傳》中最精彩的一個故事，但本段是描述魏公子
救邯鄲之圍後的後續事件。《魏公子列傳》與《戰國策·魏策四》「信陵君殺
晉鄙救邯鄲」所言內容相同，文字略有異：《魏策》中客作唐且，即為唐雎，
魏公子救邯鄲為魏安釐王二十年事，估算唐且已過百歲，司馬遷在《魏公子

〔註99〕劉向集錄，范祥雍箋證：《戰國策箋證》〔M〕，上海：上海古籍出版社，2006
年，第 1452 頁。

〔註100〕司馬遷：《史記》〔M〕，北京：中華書局，2006 年，第 2382 頁。

列傳》中省略人物名，僅曰「客」，想來是經過推敲考慮的。唐且謂信陵君：
「臣聞之曰，事有不可知者，有不可不知者；有不可忘者，有不可不忘者」
在《魏公子列傳》中改為：「物有不可忘，或有不可不忘」，吳師道云：「語尤
簡潔」，並且使語意更加清晰。而《魏公子列傳》中最後一句「公子立自責，
似若無所容者」，將一個知錯能改的賢公子的形象表現的躍然紙上，比《戰國
策·魏策四》「信陵君殺晉鄙救邯鄲」中的「謹受教」的力度要大的多。而《戰
國策》文中稱信陵君之處，《史記》皆稱公子，這自是因為「信陵君是太史公
胸中得意人」〔註101〕之故。

　　另一則是引用自《戰國策·趙策三》「秦圍趙之邯鄲」，與《魯仲連列傳》
中的敘述內容大致相同。魯仲連以利害勸阻趙、魏大臣尊秦為帝。趙、魏兩
國接受他的建議，聯合燕、齊、楚等國共同抗秦，邯鄲解圍，即是有名的魯
仲連「義不帝秦」的故事，不僅在當時流傳甚廣，到了唐代李白在《古風十
九首之十》中也極力推崇魯仲連「卻秦振英聲」的壯舉。

　　在經過楚魏聯軍以及趙軍的反擊，秦軍三面受敵，全線崩潰，被趙軍重
重圍困的兩萬秦軍被迫投降。三國聯軍乘勢收復河東六百里土地，秦兵死傷
大半，丟失了六年以來所侵佔的全部領土。邯鄲被圍解除之後，《平原君列傳》
記載：

> 虞卿欲以信陵君之存邯鄲為平原君請封。
>
> 公孫龍聞之，夜駕見平原君曰：「龍聞虞卿欲以信陵君之存邯鄲為君
> 請封，有之乎？」平原君曰：「然。」
>
> 龍曰：「此甚不可。且王舉君而相趙者，非以君之智能為趙國無有也。
> 割東武城而封君者，非以君為有功也，而以國人無勳，乃以君為親
> 戚故也。君受相印不辭無能，割地不言無功者，亦自以為親戚故也。
> 今信陵君存邯鄲而請封，是親戚受城而國人計功也。此甚不可。且
> 虞卿操其兩權，事成，操右券以責；事不成，以虛名德君。君必勿
> 聽也。」平原君遂不聽虞卿。〔註102〕

《戰國策·趙策三》「秦攻趙平原君使人請救」有類似的敘述：

> 秦攻趙，平原君使人請救於魏。信陵君發兵至邯鄲城下，秦兵罷。

〔註101〕茅坤：《青霞先生文集》〔M〕，臺灣：水牛出版社，1996 年，第 72 頁。
〔註102〕司馬遷：《史記》〔M〕，北京：中華書局，2006 年，第 2369～2370 頁。

> 虞卿爲平原君請益地，謂趙王曰：「夫不鬥一卒，不頓一戰，而解二
> 國患者，平原君之力也。用人之力，而忘人之功，不可。」趙王曰：
> 「善。」將益之地。
>
> 公孫龍聞之，見平原君曰：「君無覆軍殺將之功，而封以東武城。趙
> 國豪傑之士，多在君之右，而君爲相國者以親故。夫君封以東武城
> 不讓無功，佩趙國相印不辭無能，一解國患，欲求益地，是親戚受
> 封，而國人計功也。爲君計者，不如勿受便。」平原君曰：「謹受命。」
> 乃不受封。〔註 103〕

長平戰後，虞卿欲爲平原君請封地，而公孫龍以親戚無功受封，而國人計攻
受賞，輕重不倫的道理說服平原君勿受封地。本段內容《平原君列傳》與《戰
國策·趙策三》「秦攻趙平原君使人請救」有所不同。《戰國策·趙策三》裏
虞卿已經向趙王提出請求，而趙王同意此事，但在《平原君列傳》中沒有虞
卿請封一段。而《平原君列傳》中公孫龍最後說虞卿「操其兩權，事成，操
右券以責；事不成，以虛名德君」〔註 104〕，而後「平原君遂不聽虞卿」〔註 105〕，
與《趙策三》「乃不受封」的取事視角不同。

　　司馬遷對趙國歷史的敘述詳細程度僅次於秦國，原因本文他章另有詳
述。除了對長平之戰、邯鄲之圍的關注外，《廉頗藺相如列傳》中李牧的部分，
記載了趙國之滅亡：

> 趙王遷七年，秦使王翦攻趙，趙使李牧、司馬尚禦之。秦多與趙王
> 寵臣郭開金，爲反間，言李牧、司馬尚欲反。趙王乃使趙蔥及齊將
> 顏聚代李牧。李牧不受命，趙使人微捕得李牧，斬之。廢司馬尚。
>
> 後三月，王翦因急擊趙，大破殺趙蔥，虜趙王遷及其將顏聚，遂滅
> 趙。〔註 106〕

《戰國策·趙策四》「秦使王翦攻趙」有類似的記載：

> 秦使王翦攻趙，趙使李牧、司馬尚禦之。李牧數破走秦軍，殺秦將
> 桓齮。王翦惡之，乃多與趙王寵臣郭開等金，使爲反間曰：「李牧、

〔註 103〕劉向集錄，范祥雍箋證：《戰國策箋證》〔M〕，上海：上海古籍出版社，2006
　　　　年，第 1124 頁。
〔註 104〕司馬遷：《史記》〔M〕，北京：中華書局，2006 年，第 2369～2370 頁。
〔註 105〕司馬遷：《史記》〔M〕，北京：中華書局，2006 年，第 2370 頁。
〔註 106〕司馬遷：《史記》〔M〕，北京：中華書局，2006 年，第 2451 頁。

司馬尚欲與秦反趙，以多取封於秦。」趙王疑之，使趙蔥及顏聚代
將，斬李牧，廢司馬尚。

後三月，王翦因急擊，大破趙，殺趙軍，虜趙王遷及其將顏聚，遂
滅趙。〔註107〕

李牧是戰國末期東方六國中唯一能與秦軍抗衡的將領，趙王遷七年（公元前
229 年），秦國大將王翦大舉攻趙國，率上黨兵卒直下井陘，楊端和率河內兵
卒進圍趙都邯鄲。當時趙國由於連年戰爭，再加趙王遷五年北部代地地震，
大面積饑荒，國力已相當衰弱。但趙將李牧、司馬尚傾全軍抵禦，一直與秦
兵相持到第二年。

本段敘事《李牧列傳》與《戰國策·趙策四》「秦使王翦攻趙」大致相同，
唯《李牧列傳》中省略《戰國策·趙策四》「秦使王翦攻趙」第一段王翦使人
反間的句子，兩文都記載李牧是因不受命而被斬殺，三個月後趙國滅亡。然
《戰國策·秦策五》「文信侯出走」中卻記載「武安君（李牧）死，五月亡趙」
〔註108〕，時間有異。呂祖謙在《大事記題解·卷六》中認為：「李牧傳曰李牧
不受命趙使人因補得，斬之。非也。使不受命，韓倉安得而斂之？豈非以廉
頗不受代事而勿載乎？」〔註109〕

四、其他：《蘇秦列傳》與《刺客列傳》

1、《蘇秦列傳》

《蘇秦列傳》基本全由戰國策士文獻所組成，與《戰國策》相關篇章的
相似度高，改動甚少，甚至連錯誤的地方都相同，顯示出使用了同一個戰國
策士文獻版本的痕迹。

例如秦惠王嫁女之事，《蘇秦列傳》記載：

秦惠王以其女為燕太子婦。是歲，文侯卒，太子立，是為燕易王。

易王初立，齊宣王因燕喪伐燕，取十城。

〔註107〕劉向集錄，范祥雍箋證：《戰國策箋證》〔M〕，上海：上海古籍出版社，2006
　　　　年，第 1239～1240 頁。
〔註108〕劉向集錄，范祥雍箋證：《戰國策箋證》〔M〕，上海：上海古籍出版社，2006
　　　　年，第 467 頁。
〔註109〕呂祖謙：《大事記》〔A〕，《文淵閣四庫全書》〔M／CD〕，北京：北京大學圖
　　　　書館，2002 年。

易王謂蘇秦曰：「往日先生至燕，而先王資先生見趙，遂約六國從。今齊先伐趙，次至燕，以先生之故爲天下笑，先生能爲燕得侵地乎？」蘇秦大慙，曰：「請爲王取之。」

蘇秦見齊王，再拜，俯而慶，仰而弔。齊王曰：「是何慶弔相隨之速也？」蘇秦曰：「臣聞飢人所以飢而不食烏喙者……此霸王之業也。」

王曰：「善。」於是乃歸燕之十城。〔註110〕

《戰國策·燕策一》「燕文公時」記載：

燕文公時，秦惠王以其女爲燕太子婦。文公卒，易王立。齊宣王因燕喪攻之，取十城。

武安君蘇秦爲燕說齊王，再拜而賀，因仰而弔。齊王按戈而卻曰：「此一何慶弔相隨之速也？」對曰：「人之飢所以不食烏喙者，……此霸王之業矣。所謂轉禍爲福，因敗成功者也。」

齊王大說，乃歸燕城。以金千斤謝其後，頓首塗中，願爲兄弟而請罪於秦。〔註111〕

據考證，燕文公卒年爲秦惠王五年，《秦本紀》記載「惠文君三年，王冠」，冠年爲二十二歲，故不可能在二年後即有女兒嫁給易王。若依此判斷，《蘇秦列傳》與《戰國策·燕策一》「燕文公時」皆有誤，兩者錯誤之處相同，可知應是引用同一個戰國故事版本。而《蘇秦列傳》多出「易王謂蘇秦曰」一段敘述，既然說「遂約六國從」，則此事當發生於趙肅侯十六年（公元前 334 年）以後，倒是合於燕易王「初立」的年份（公元前 332 年）。筆者疑司馬遷曾考證過本段引文但沒有更合理的解釋，故加上另一段「易王謂蘇秦曰」的戰國策士文獻用以釐清年份順序。

又如蘇秦弟蘇代的事迹中也有類似的情況。《蘇秦列傳》的部分記載：

而蘇厲因燕質子而求見齊王。……已遂委質爲齊臣。

燕相子之與蘇代婚，而欲得燕權，乃使蘇代侍質子於齊。齊使代報燕，燕王噲問曰：「齊王其霸乎？」曰：「不能。」曰：「何也？」曰：「不信其臣。」於是燕王專任子之……而蘇代、蘇厲遂不敢入燕，

〔註110〕司馬遷：《史記》〔M〕，北京：中華書局，2006 年，第 2263～2264 頁。
〔註111〕劉向集錄，范祥雍箋證：《戰國策箋證》〔M〕，上海：上海古籍出版社，2006年，第 1652～1653 頁。

　　　　皆終歸齊，齊善待之。

　　　　蘇代過魏，魏爲燕執代。……於是出蘇代。代之宋，宋善待之。〔註112〕

與《戰國策‧燕策一》「初蘇秦弟厲因燕質子」內容相同。值得注意的是蘇代
與燕王噲的對話，在《戰國策‧燕策一》「燕王噲既立」中也有記載：「燕王
問之曰：『齊宣王何如？』對曰：『必不霸。』燕王曰：『何也？』對曰：『不
信其臣。』蘇代欲以激燕王以厚任子之也。於是燕王大信子之。」〔註113〕由
此可知戰國策士故事版本較多，詳略不同，亦很難考證其版本的正確性。

　　再者，如《蘇秦列傳》中「人有毀蘇秦者」一段，司馬遷引用《戰國策‧
燕策一》「人有惡蘇秦於燕王者」的文字，但在《戰國策‧燕策一》「蘇代謂
燕昭王」也有大致相同的故事，蘇代也舉曾參、尾生、伯夷爲例，說明「今
臣爲進取者也……仁義者，自完之道也，非進取之術也。」故事內容流傳了，
但是人名卻流失或變換了，內容也會存在差異或互有增減，司馬遷稱：「世言
蘇秦多異，異時事有類之者皆附之蘇秦」〔註114〕指的就是戰國策士文獻這個
特性。

2、《刺客列傳》

　　《刺客列傳》戰國時期部分記敘了三位刺客：豫讓、聶政、荊軻的事迹，
都出自於戰國策士文獻，內容改動較少。

　　豫讓的部分，《刺客列傳》記載：

　　　　豫讓者，晉人也，故嘗事范氏及中行氏，而無所知名。去而事智伯，
　　　　智伯甚尊寵之。……遂伏劍自殺。死之日，趙國志士聞之，皆爲涕
　　　　泣。〔註115〕

《戰國策‧趙策一》「晉畢陽之孫豫讓」記載：

　　　　晉畢陽之孫豫讓，始事范中行氏而不說，去而就知伯，知伯寵之。……
　　　　遂伏劍而死。死之日，趙國之士聞之，皆爲涕泣。〔註116〕

內容基本相同，但《戰國策‧趙策一》「晉畢陽之孫豫讓」中「畢陽之孫」不

〔註112〕司馬遷：《史記》〔M〕，北京：中華書局，2006年，第2267～2268頁。

〔註113〕劉向集錄，范祥雍箋證：《戰國策箋證》〔M〕，上海：上海古籍出版社，2006
　　　　年，第1675頁。

〔註114〕司馬遷：《史記》〔M〕，北京：中華書局，2006年，第2277頁。

〔註115〕司馬遷：《史記》〔M〕，北京：中華書局，2006年，第2519頁。

〔註116〕劉向集錄，范祥雍箋證：《戰國策箋證》〔M〕，上海：上海古籍出版社，2006
　　　　年，第955～956頁。

知何據，所以被司馬遷刪去。

聶政的部分，主要引用自《戰國策・韓策二》「韓傀相韓」，描述刺殺的過程基本相同，差別在於開頭與結尾的部分。開頭的部分，《戰國策・韓策二》「韓傀相韓」作：

> 韓傀相韓，嚴遂重於君，二人相害也。嚴遂政議直指，舉韓傀之過。韓傀以之叱之於朝。嚴遂拔劍趨之，以救解。於是嚴遂懼誅，亡去游，求人可以報韓傀者。〔註117〕

《刺客列傳》作：

> 聶政者，軹深井里人也。殺人避仇，與母、姊如齊，以屠為事。久之，濮陽嚴仲子事韓哀侯，與韓相俠累有郤。嚴仲子恐誅，亡去，游求人可以報俠累者。〔註118〕

結尾的部分，《戰國策・韓策二》「韓傀相韓」作：

> 政姊聞之，曰：「弟至賢，不可愛妾之軀，滅吾弟之名，非弟意也。」乃之韓。視之曰：「勇哉！氣矜之隆。是其軼賁、育而高成荊矣。今死而無名，父母既歿矣，兄弟無有，此為我故也。夫愛身不揚弟之名，吾不忍也。」乃抱屍而哭之曰：「此吾弟軹深井里聶政也。」亦自殺於屍下。

> 晉、楚、齊、衛聞之曰：「非獨政之能，乃其姊者，亦列女也。」聶政之所以名施於後世者，其姊不避菹醢之誅，以揚其名也。〔註119〕

《刺客列傳》作：

> 政姊榮聞人有刺殺韓相者，賊不得，國不知其名姓，暴其尸而縣之千金，乃於邑曰：「其是吾弟與？嗟乎，嚴仲子知吾弟！」立起，如韓，之市，而死者果政也，伏尸哭極哀，曰：「是軹深井里所謂聶政者也。」市行者諸眾人皆曰：「此人暴虐吾國相，王縣購其名姓千金，夫人不聞與？何敢來識之也？」榮應之曰：「聞之。然政所以蒙污辱自棄於市販之間者，為老母幸無恙，妾未嫁也。親既以天年下世，妾已嫁夫，嚴仲子乃察舉吾弟困污之中而交之，澤厚矣，可奈何！

〔註117〕劉向集錄，范祥雍箋證：《戰國策箋證》〔M〕，上海：上海古籍出版社，2006年，第1575頁。

〔註118〕司馬遷：《史記》〔M〕，北京：中華書局，2006年，第2522頁。

〔註119〕劉向集錄，范祥雍箋證：《戰國策箋證》〔M〕，上海：上海古籍出版社，2006年，第1577頁。

士固爲知己者死，今乃以妾尚在之故，重自刑以絕從，妾其奈何畏
歿身之誅，終滅賢弟之名！」大驚韓市人。乃大呼天者三，卒於邑
悲哀而死政之旁。

晉、楚、齊、衛聞之，皆曰：「非獨政能也，乃其姊亦烈女也。鄉使
政誠知其姊無濡忍之志，不重暴骸之難，必絕險千里以列其名，姊
弟俱僇於韓市者，亦未必敢以身許嚴仲子也。嚴仲子亦可謂知人能
得士矣！」〔註120〕

《戰國策・韓策一》「韓傀相韓」開頭部分主要在敘述韓傀與嚴遂（嚴仲子）
發生衝突的過程，而《刺客列傳》省略此過程；結尾段是聶政姊認屍的過程，
《刺客列傳》加入了「嚴仲子知吾弟」、「士爲知己者死」的想法，而聶政姊
與眾人的對話亦增添了劇情性；《戰國策・韓策一》「韓傀相韓」的重點在於
「聶政之所以名施於後世者，其姊不避菹醢之誅」，讚揚聶政姊亦爲一烈女，
而《刺客列傳》的重點不僅在讚揚聶政姊，更在於「嚴仲子亦可謂知人能得
士矣」。

　　荊軻的部分，引用自《戰國策・燕策三》「燕太子丹質於秦」，內容人名
一致，情節編排也完全一樣，可以認定爲同一版本的戰國故事。司馬遷在《戰
國策・燕策三》「燕太子丹質於秦」的基礎上，加入了對荊軻身世的簡介以及
三段入燕前的記事：與蓋聶論劍、與魯句踐對弈、與燕之狗屠及高漸離交往，
勾勒了荊軻的性情神韻。在荊軻刺秦失敗後，司馬遷用魯句踐之語，說明荊
軻失敗是因爲「惜哉其不講於刺劍之術也」〔註121〕，爲其歎息。

　　除了荊軻，司馬遷也擴展了高漸離刺秦一事。在《戰國策・燕策三》「燕
太子丹質於秦」最後一段記載：「其後荊軻客高漸離以擊築見秦皇帝，而以擊
築擊秦皇帝爲燕報仇，不中而死。」〔註122〕在《刺客列傳》則擴展爲高漸離
「變名姓，爲人庸保，匿作於宋子」〔註123〕，後因善擊築被秦王召入宮「矐
其目，使擊築」〔註124〕，有了刺殺秦王的機會。《戰國策・燕策三》「燕太子
丹質於秦」只寫刺殺失敗，《刺客列傳》將此事的影響擴大爲「（秦王）終身

〔註120〕司馬遷：《史記》〔M〕，北京：中華書局，2006 年，第 2525 頁。
〔註121〕司馬遷：《史記》〔M〕，北京：中華書局，2006 年，第 2538 頁。
〔註122〕劉向集錄，范祥雍箋證：《戰國策箋證》〔M〕，上海：上海古籍出版社，2006
　　　　年，第 1792 頁。
〔註123〕司馬遷：《史記》〔M〕，北京：中華書局，2006 年，第 2536～2537 頁。
〔註124〕司馬遷：《史記》〔M〕，北京：中華書局，2006 年，第 2537 頁。

不復近諸侯之人」〔註125〕，足以顯示諸侯刺客們前仆後繼的刺殺事件帶給秦王巨大的心理陰影。

《刺客列傳》論贊曰：「世言荊軻，其稱太子丹之命，『天雨粟，馬生角』也，太過。又言荊軻傷秦王，皆非也。始公孫季功、董生與夏無且游，具知其事，爲余道之如是。」〔註126〕據此敘述，對於荊軻事，取材應該是來自民間故老口述。尤其是「荊軻刺秦王事」一段，《刺客列傳》與《戰國策·燕策三》「燕太子丹質於秦」的內容大致相同，值得注意的是，戰國策士文獻中也很少這種大篇幅、又不以策士說辭、書信爲主要內容的戰國故事，雖然司馬遷對這個故事的眞實性也存疑，但無疑「荊軻刺秦王」是戰國時期流傳較廣、較受重視的故事。

綜上所述，戰國策士文獻在《史記》戰國人物列傳中的重要性不如戰國世家。在戰國世家中，戰國策士文獻是僅次於各國編年記事的重要史料；在戰國人物列傳中，秦國人物列傳的脈絡較爲清晰，是以秦國編年次序加入與人物相關的戰國策士文獻，而六國人物列傳中的戰國策士文獻就顯得較爲零碎。值得注意的是，除了「楚考烈王無子」、「魯仲連射書救聊城」、「樂毅報遺燕惠王書」之外，其他仍然是與秦國相關的事件。關於六國人物的創作，司馬遷還可能運用了當地流傳的故事。從《史記》的敘述中，如「吾嘗過薛，其俗閭里率多暴桀子弟，與鄒、魯殊。問其故，曰：『孟嘗君招致天下任俠，姦人入薛中蓋六萬餘家矣』」〔註127〕、「吾過大梁之墟，求問其所謂夷門。夷門者，城之東門也」〔註128〕、「吾適楚，觀春申君故城，宮室盛矣哉」〔註129〕等語，可知司馬遷到過這些六國人物的故地，並且與當地居民進行交流。又如《孟嘗君列傳》中記載：「趙人聞孟嘗君賢，出觀之，皆笑曰：『始以薛公爲魁然也，今視之，乃眇小丈夫耳。』孟嘗君聞之，怒。客與俱者下，斫擊殺數百人，遂滅一縣以去。」〔註130〕這類的記載，自然也是出自於民間傳聞，司馬遷認爲有助於人物形象塑造，便將其收錄。所以我們可以說，戰國時期六國人物列傳是由較少的戰國策士文獻加上司馬遷在當地所搜集的民間故事所組成。

〔註125〕司馬遷：《史記》〔M〕，北京：中華書局，2006年，第2537頁。
〔註126〕司馬遷：《史記》〔M〕，北京：中華書局，2006年，第2538頁。
〔註127〕司馬遷：《史記》〔M〕，北京：中華書局，2006年，第2363頁。
〔註128〕司馬遷：《史記》〔M〕，北京：中華書局，2006年，第2385頁。
〔註129〕司馬遷：《史記》〔M〕，北京：中華書局，2006年，第2399頁。
〔註130〕司馬遷：《史記》〔M〕，北京：中華書局，2006年，第2355頁。

第五章　司馬遷對戰國文獻的態度

第一節　司馬遷對其他戰國文獻的選擇

一、編年文獻

1、秦記

　　司馬遷自謂：「紬史記石室金匱之書」〔註1〕，又說「太史公讀秦記」〔註2〕，司馬遷見過秦記，是無可爭議的事。但是比較奇怪的是，除了司馬遷之外，與其同時期及其時間相距不遠的學者皆無提及。

　　距離司馬遷年代最近、同樣能「紬史記石室金匱之書」的學者是西漢末年的劉向、劉歆父子。漢成帝時，起用劉向等人整理國家藏於秘府的堆積如山的先秦古籍圖書。劉向通過艱辛的勞動，前後歷時十九年，對這些繁雜的古文獻資料進行整理。他整理檢校的方法十分獨特，他廣泛收集對同一事件的記敘、說明、議論不同的本子，比較其中的異同，互爲補充，並按一定的順序排定目次，訂正其中錯訛的地方，再另定書名，寫定正本，然後撰寫敘錄，最後他再「別集眾錄」編成《別錄》二十卷，可惜已經散佚。《別錄》這一文獻學上的重大成果是世界上第一部書目解題式的圖書總目。而其後劉向

〔註1〕 司馬遷：《史記》〔M〕，北京：中華書局，2006年，第3296頁。
〔註2〕 司馬遷：《史記》〔M〕，北京：中華書局，2006年，第687頁。

的兒子劉歆承繼了父親在文獻學上的成就，以《別錄》爲基礎，撰成《七略》，此書可以稱作是中國古代最早的目錄學著作。范文瀾先生曾經這樣評價劉向、劉歆父子：「西漢後期，繼司馬遷而起的大博學家劉向、劉歆父子，做了一個對古代文化事業有巨大貢獻的事業」〔註3〕、「西漢有《史記》、《七略》兩大著作，在文學史上是最輝煌的成就。」〔註4〕經過劉向父子這麼細緻的整理，對秦記的存在隻字不提。唯一的可能，就是他們沒有見到秦記。由《史記》完書的征和年間到劉向校書的漢成帝河平二年，存在於國家圖書館的秦記在半世紀多的時間內全部散佚，實在令人驚訝，這也反應出司馬遷當年所見部分數量不多並且殘破不堪。

到了東漢班固，他提及司馬遷作《史記》，「春秋之後，七國並爭，秦兼諸侯，有《戰國策》。漢興伐秦定天下，有《楚漢春秋》。故司馬遷據《左氏》、《國語》，采《世本》、《戰國策》，述《楚漢春秋》，接其後事，訖于天漢。其言秦、漢，詳矣。」〔註5〕亦沒有提及諸侯史書以及秦記，認爲支持《史記》戰國史部分的文獻是《戰國策》（當然此處指的是戰國策士文獻），並且《漢書・藝文志》也沒有收錄。任剛與部分學者認爲這是班固的疏忽〔註6〕，但筆者認爲班固沒有記錄，僅能代表班固的確沒有看過秦記，這是再一次表明秦記在司馬遷之後已經散佚的例證。

由於秦記散佚的早，沒有更多的資料，所以歷來學者對秦記的信任度不高。日本學者武內義雄認爲，《六國年表》的可信性由司馬遷利用的秦記的價值而定。〔註7〕司馬遷自己說的很清楚，六國年表是「因秦記」而作的，經過前文第二章、第三章的比對，可以得知《史記》戰國世家的部分實際是由《六國年表》加上戰國策士文獻組合而成，所以秦記不僅影響《六國年表》，更影

〔註3〕范文瀾：《中國通史簡編》〔M〕，北京：人民出版社，1965年，第135頁。

〔註4〕范文瀾：《中國通史簡編》〔M〕，北京：人民出版社，1965年，第142頁。

〔註5〕班固：《漢書》〔M〕，北京：中華書局，2006年，第2737頁。

〔註6〕任剛以班固評子嬰「吾讀『秦記』，至於子嬰車裂趙高，未嘗不健其決，憐其志」一句認爲班固看過『秦記』。中華書局版《史記》及韓兆琦《史記箋證》皆作「秦紀」，解釋爲「秦始皇本紀」，筆者認爲後者爲是。又《史記集解》曰：「班固典引曰『永平十七年，詔問臣固，太史遷讚語中寧有非邪？』臣對，賈誼言子嬰得中佐，秦末絕也。此言非是，臣素知之耳。」證明班固讀的是《秦始皇本紀》中「太史公曰」所引用的賈誼《過秦論》的部分，「秦記」與「秦紀」不可相混。

〔註7〕武內義雄：《六國年表訂誤》〔A〕，《諸子概說》〔M〕，日本：弘文堂，1935年。

響到了《史記》戰國史的真實性。

　　根據《秦本紀》記載：「（秦文公）十三年，初有史以記事，民多化者。」據此可知秦國正式設立史官記事，是在秦文公十三年（公元前 753 年），時為周平王十八年，魯惠公十六年，與六國史書相比，秦記記事的時間較晚。《六國年表序》又記載：

> 太史公讀秦記，至犬戎敗幽王，周東徙洛邑，秦襄公始封為諸侯，作西畤用事上帝，僭端見矣。……秦既得意，燒天下詩書，諸侯史記尤甚，為其有所刺譏也。詩書所以復見者，多藏人家，而史記獨藏周室，以故滅。惜哉，惜哉！獨有秦記，又不載日月，其文略不具。然戰國之權變亦有可頗采者，何必上古。……余於是因秦記，踵春秋之後，起周元王，表六國時事，訖二世，凡二百七十年，著諸所聞興壞之端。後有君子，以覽觀焉。〔註8〕

原本我們只能猜測秦記是只記年而不記日月的形式，隨著新的考古文獻資料出土，本文第一章引出一九七六年湖北雲夢睡虎地秦墓出土的《編年記》與《六國年表》比較，我們發現《編年記》只記特別重大的事，一年只記一事，堪稱為「年度大事」；標有月的記載，是與墓主相關的私人事件。《編年記》與司馬遷所述的秦記特徵相似，亦與《六國年表》的記載基本相符。筆者大膽假設《編年記》是墓主在秦記的基礎上加上自己的家譜，雖然這需要更多的出土文獻才能證明，但司馬遷運用秦記的痕迹卻是很清晰了。

2、趙國史料

　　根據趙生群對《史記》文獻學的研究，他運用三個方法：（一）將《史記》與《竹書紀年》等書行文語氣的比較；（二）《史記》與《秦記》的內容形式之特點比較；（三）《史記》中多存異說〔註9〕，來證明司馬遷的《史記》創作肯定利用過諸侯史記。關於第一點，行文語氣指的是《史記》記事中帶有「我」、「今王」、「來」這類的主方字眼，這當然可以視作為史官為本國撰史的語氣詞，但是語氣是可以被模仿的。我們以《六國年表》中幾個各國皆有記事的年份為例：

〔註 8〕司馬遷：《史記》〔M〕，北京：中華書局，2006 年，第 685 頁。
〔註 9〕趙生群：《〈史記〉文獻學叢稿》〔M〕，江蘇：江蘇古籍出版社，2001 年，第 136～142 頁。

	《六國年表》公元前 301 年
周	
秦	蜀反，司馬錯往誅蜀守煇，定蜀。日蝕，晝晦。伐楚。
魏	與秦擊楚。
韓	秦取我穰。與秦擊楚。
趙	趙攻中山。惠後卒。
楚	秦、韓、魏、齊敗我將軍唐眛於重丘。
燕	
齊	與秦擊楚，使公子將，大有功。
	《六國年表》公元前 284 年
周	
秦	尉斯離與韓、魏、燕、趙共擊。
魏	與秦擊齊濟西。與秦王會。
韓	與秦擊齊濟西。與秦王會。
趙	取齊昔陽。
楚	取齊淮北。
燕	與秦、三晉擊齊，燕獨入至臨淄，取其寶器。
齊	五國共擊湣王，王走莒。

我們可以發現《六國年表》中除了秦表有單獨記事，東方國家年表的記事內容幾乎都是與秦相關的事件，很可能是拿秦國的記事資料，用各國主方語氣來陳述。這種例子在《六國年表》中多不勝數，又如公元前 313 年，六國秦表記：「樗里子擊藺陽，虜趙將。」同年六國趙表記：「秦拔我藺，虜將趙莊。」公元前 312 年，六國秦表記：「庶長章擊楚，斬首八萬。」同年六國楚表記：「秦敗我將屈匄。」公元前 307 年，六國秦表記：「拔宜陽城，斬首六萬。」同年六國韓表記：「秦拔我宜陽，斬首六萬」等皆屬同理。這是司馬遷有意爲之，所以《史記》正文中出現主方語氣詞的部分同樣不能作爲司馬遷取材於諸侯史記的力證。

雖然《六國年表》不能證明司馬遷用過諸侯史記，但是在《趙世家》中卻露出了使用諸侯史書的痕迹。在本文第二章的比較中我們發現進入戰國時

期後的趙國編年記事十分詳細，根據藤田勝久先生統計：在《趙世家》中，秦國的記事只有 42 例，只占總數的百分之二十四左右而已。〔註10〕《趙世家》中的信息量已經遠多於與之相對應的六國趙表，堪與《秦本紀》相比。但是我們注意到，司馬遷並沒有將這份趙國史料的編年記事加入《六國年表》，甚至司馬遷本人也從未提過存在趙國史料，大概趙國史料的狀態比秦記還殘破，或是來源不可靠，總之，司馬遷可能認爲其可信度比不上官府收藏的秦記，所以《六國年表》的製作還是以秦記爲準，趙國史料就用來補充《趙世家》的內容。

3、司馬遷沒有見到的編年文獻

　　司馬遷沒有見到的編年文獻，最著名的當屬晉代出土的《竹書紀年》。

　　《竹書紀年》有十三篇，用夏正，按年記載夏、商、西周和春秋至戰國初期的歷史，周平王東遷後用晉國紀年，三家分晉後用魏國紀年，至「今王」二十年（公元前 299 年）爲止，所以一直被認爲是魏國史書。自晉代出土以來，學者常以此校正《史記》的戰國年代。《竹書紀年》原簡可能在永嘉之亂時亡佚，但初釋本和考正本仍繼續傳抄流行，直到唐代《史記索隱》、《史記正義》等書中尚引有與《史記》不同的《竹書紀年》的文字。

　　到了宋代，《崇文總目》、《郡齋讀書志》、《直齋書錄解題》已不加著錄，可能在安史之亂到唐末五代，傳抄本也逐漸散佚。元末明初和明朝中期出現的《竹書紀年》刻本，春秋戰國部分均以東周紀年記事，稱爲今本《竹書紀年》，而已散佚的就稱爲古本《竹書紀年》。清錢大昕等指「今本竹書紀年」爲明人僞書，姚振宗《隋書經籍志考證》更推斷其爲明嘉靖間天一閣主人范欽僞作。南宋初羅泌《路史・國名紀》戊注曾引《紀年》桓王十二年事，不用晉國紀年，文本除多一字外，與今本全同，故推斷今本《竹書紀年》最遲在南宋初即已出現。因爲古本《竹書紀年》散佚的早，我們至今只能通過《史記》三家注、《水經注》等書的引文來以管窺天，對於它的原貌還不是很清楚。

　　隨著睡虎地秦簡《編年記》、阜陽雙古堆漢簡《年表》的出土，及對中國各地墓葬出土書籍情況的分析，我們發現年表作爲高等官員或王公貴族的隨葬品，在戰國、秦漢墓是一個普遍的情況。司馬遷作《史記》時最缺乏的紀年資料，卻在陪葬品中頻頻出現，不禁讓筆者對戰國秦漢時期紀年資料流傳

〔註10〕藤田勝久：《〈史記〉戰國史料研究》〔M〕，上海：上海古籍出版社，2008 年，第 280 頁。

的特性產生假想：戰國秦漢時期的紀年資料與史書是分而行之，也就是說史記是保存於國家朝廷，而紀年資料的流傳則較爲寬鬆，雖不至於在民間廣泛流傳，但應該是某些官職——如丞相、御史大夫、廷尉等，可以掌握或學習的資料。若是如此，這些珍貴紀年資料既不存於國家金匱石室，又不藏於民間私人，在司馬遷搜集資料的時候就形成了一個死角。

二、諸子文獻

　　《太史公自序》中司馬遷稱《史記》是：「整齊百家雜語。」可見司馬遷對戰國諸子百家作品亦涉獵很深。陳桐生在《〈史記〉與諸子百家之學》一書中將諸子對司馬遷學術上、思想上的影響闡釋的十分清楚，本文僅就諸子作品與《史記》文字方面做比較，討論司馬遷對諸子文獻的使用。

1、人物描寫

　　司馬遷描寫孔子引用了《論語》、《孟子》、《莊子》等諸子文獻，而對孔子弟子形象的描述則主要取材自《論語》。對其他諸子如孟子、荀子、莊子、老子、韓非子等人，皆不用其文獻來作爲人物塑造的材料。所以說《論語》作爲描寫孔門師徒的主要材料是諸子文獻中的一個特例。

　　《仲尼弟子列傳》對孔門弟子的分類：「德行：顏淵，閔子騫，冉伯牛，仲弓。政事：冉有，季路。言語：宰我，子貢。文學：子游，子夏。師也辟，參也魯，柴也愚，由也喭，回也屢空。賜不受命而貨殖焉，億則屢中。」〔註11〕即是引用自《論語・先進》：「德行：顏淵、閔子騫、冉伯牛、仲弓。言語：宰我、子貢。政事：冉有、季路。文學：子游、子夏。」〔註12〕但順序有所不同，梁玉繩稱：「《史》殊錯雜，唯『德行』四賢無改耳。」〔註13〕

　　顏淵的部分取自《論語・顏淵》、《論語・雍也》、《論語・爲政》、《論語・述而》；閔子騫的部分取自《論語・先進》、《論語・雍也》；冉求的部分取自《論語・公冶長》、《論語・先進》；宰予的部分出自於《論語・陽貨》、《論語・公冶長》；公冶長的部分出自於《論語・公冶長》、《論語・憲問》；子夏的部分取自於《論語・八佾》、《論語・雍也》；子張的部分取自《論語・爲政》、《論語・衛靈公》；孔子感慨冉耕事取自《論語・雍也》；孔子答冉

〔註11〕司馬遷：《史記》〔M〕，北京：中華書局，2006 年，第 2185 頁。
〔註12〕楊伯峻譯注：《論語譯注》〔M〕，北京：中華書局，2006 年，第 123 頁。
〔註13〕梁玉繩：《史記志疑》〔M〕，北京：中華書局，1981 年，第 367 頁。

雍問政取自《論語・顏淵》，稱讚冉雍取自《論語・雍也》。子路在《論語》中的記錄較多，但《仲尼弟子列傳》只採用子路問政、問勇數章〔註 14〕，出自《論語・子路》、《論語・陽貨》、《論語・公冶長》、《論語・顏淵》、《論語・先進》、《論語・子罕》、《論語・微子》；《論語》中記載最多的是子貢，子貢在《仲尼弟子列傳》中的敘述最精彩，尤其是「存魯、亂齊、破吳、強晉而霸越」的故事，但對《論語》的引用僅有《論語・公冶長》、《論語・學而》、《論語・堯曰》等篇。其他如子牛的部分出自於《論語・顏淵》；子遲的部分出自於《論語・子路》；有若的部分出自於《論語・學而》；公西赤的部分出自於《論語・雍也》；巫馬施的部分出自於《論語・述而》；子憲、子周的部分出自於《論語・憲問》；子賤、漆雕的部分出自於《論語・公冶長》；子游、曾點、顏路、子羔的部分出自於《論語・先進》等，尚有「四十有二人，無年及不見書傳者」〔註 15〕，還有公晳哀、商瞿二人只見於《史記》而不見於《論語》。

　　《孔子世家》的部分引用自：《論語・八佾》、《論語・顏淵》、《論語・微子》、《論語・學而》、《論語・陽貨》、《論語・雍也》、《論語・述而》、《論語・憲問》、《論語・里仁》、《論語・子路》、《論語・泰伯》、《論語・子罕》、《論語・鄉黨》等篇，陳桐生對其總結：《史記・孔子世家》凡是取材於《論語》的地方都能忠實於當年真孔子的原貌，而那些神秘、美化、誇大失實之處大都來自於其他古籍。〔註 16〕

　　經過對《孔門弟子列傳》與《孔子世家》的梳理，可見司馬遷對《論語》的引用量之大，難怪韓兆琦稱「《論語》是被史記按原文取用最多的先秦著作，它總共一萬來字，差不多都被司馬遷引用盡了。」〔註 17〕

2、上古史料補充

　　上古史料的缺乏，是司馬遷創作《史記》前四本紀：《五帝本紀》、《夏本紀》、《殷本紀》、《周本紀》時所面臨的最大問題。黃帝、堯、舜等都是我國古代著名傳說人物，堯、舜被儒家稱為「聖人」，見之於儒家著作的說法較多。

〔註 14〕陳桐生：《〈史記〉與諸子百家之學》〔Ｍ〕，安徽：安徽大學出版社，2006 年，第 20 頁。
〔註 15〕司馬遷：《史記》〔Ｍ〕，北京：中華書局，2006 年，第 2220 頁。
〔註 16〕陳桐生：《〈史記〉與諸子百家之學》〔Ｍ〕，安徽，安徽大學出版社，2006 年，第 22 頁。
〔註 17〕韓兆琦：《史記通論》〔Ｍ〕，廣西，廣西師範大學出版社，1996 年，第 250 頁。

〔註 18〕而孟子祖述唐虞三代之德，因此在遊說、講學、辯論的過程中多有涉及。〔註 19〕所以司馬遷引用了《孟子》中的一些材料，用以補充上古歷史的空白。

如《五帝本紀》記載「舜讓辟丹朱於南河之南，諸侯朝覲者不之丹朱而之舜，獄訟者不之丹朱而之舜，謳歌者不謳歌丹朱而謳歌舜。舜曰『天也』，夫而後之中國踐天子位焉，是爲帝舜」〔註 20〕、象與其父母瓜分舜的財產、瞽叟與象反覆謀害舜事，皆取材於《孟子・萬章上》；又如《夏本紀》：大禹治水「過家門不敢入」〔註 21〕的情節，改編自《孟子・滕文公上》、《孟子・離婁下》；《周本紀》中敘述古公亶父遷都的事，本於《孟子・梁惠王下》，用語大體相同。

然而，戰國時期並不是沒有別的諸子敘述上古傳說。例如《五帝本紀》中記載：「封弟象爲諸侯。」〔註 22〕《孟子・萬章上》萬章曰：「象至不仁，封之有庳。」〔註 23〕《莊子・盜跖》裏記載「舜流其弟」〔註 24〕，《韓非子・忠孝》稱「象爲舜弟而舜殺之。」〔註 25〕司馬遷不取《莊子》、《韓非子》語，而用了《孟子》，顯示司馬遷認同孟子對古聖賢王的描述。

另外還有關於伯夷事迹的補充。孔子曾經稱讚伯夷，但《論語》中卻沒有伯夷相關訊息。《孟子》中有兩個關於伯夷的敘述：《孟子・告子下》稱伯夷「居下位，不以賢事不肖者，伯夷也」〔註 26〕、《孟子・離婁上》記載「伯夷辟紂，居北海之濱，聞文王作，興曰：『盍歸乎來！吾聞西伯善養老者』」〔註 27〕，可說是司馬遷作《伯夷列傳》的珍貴材料來源之一。

〔註 18〕韓兆琦：《史記箋證》〔M〕，江西，江西人民出版社，2004 年，第 64 頁。
〔註 19〕陳桐生：《史記》與諸子百家之學〔M〕，安徽，安徽大學出版社，2006 年，第 37 頁。
〔註 20〕司馬遷：《史記》〔M〕，北京：中華書局，2006 年，第 30 頁。
〔註 21〕司馬遷：《史記》〔M〕，北京：中華書局，2006 年，第 51 頁。
〔註 22〕司馬遷：《史記》〔M〕，北京：中華書局，2006 年，第 44 頁。
〔註 23〕李學勤主編：《孟子注疏》〔A〕，《十三經注疏》〔C〕，北京：北京大學出版社，1999 年，第 17 頁。
〔註 24〕陳鼓應譯注：《莊子今注今譯》〔M〕，北京：中華書局，1983 年，第 110 頁。
〔註 25〕張覺點校：《商君書・韓非子》〔M〕，湖南：嶽麓書社，2006 年，第 85 頁。
〔註 26〕李學勤主編：《孟子注疏》〔A〕，《十三經注疏》〔C〕，北京：北京大學出版社，1999 年，第 32 頁。
〔註 27〕李學勤主編：《孟子注疏》〔A〕，《十三經注疏》〔C〕，北京：北京大學出版社，1999 年，第 131 頁。

3、引用及化用

《史記》中對諸子文獻引用及化用的部分很多，除了《論語》、《孟子》用來塑造人物或補充史料之外，不標明出處之外，司馬遷也經常引用其他諸子文獻的句子，用來作爲結語或是議論。

如《六國年表》序中：「傳曰『法後王』」〔註28〕；《游俠列傳》中：「比如順風而呼，聲非加疾，其勢激也。」〔註29〕；《貨殖列傳》中：「此皆誠壹之所致」〔註30〕等句子，皆是引用或化用自《荀子》。

除了《荀子》，司馬遷對《老子》的引用更多。直接引用自《老子》的部分如：《伯夷列傳》：「或曰，天道無親，常與善人。」〔註31〕直接取自《老子》79章；《貨殖列傳》：「老子曰：『治之極，鄰國相望，雞狗之聲相聞，民各甘其食，美其服，安其俗，樂其業，至老死不相往來。』」〔註32〕引用自《老子》80章；《酷吏列傳》：「老氏稱：『上德不德，是以有德；下德不失德，是以無德。法令滋章，盜賊多有。』」〔註33〕引用自《老子》38章。

化用自《老子》的部分如：《管晏列傳》：「故曰：『知與之爲取，政之寶也。』」〔註34〕化用自《老子》36章「將欲取之，必固與之」〔註35〕、「其爲政也，善因禍而爲福，轉敗而爲功」〔註36〕化用自《老子》58章：「其政悶悶，其民淳淳。其政察察，其民缺缺。禍尚福之所倚。福尚禍之所伏」〔註37〕；《田單列傳》：「兵以正合，以奇勝」〔註38〕化用自《老子》57章：「以正治國，以奇用兵」〔註39〕；《太史公自序》：「三十輻共一轂。」〔註40〕化用自《老子》11章：「三十輻共一轂，當其無，有車無用。」〔註41〕

〔註28〕王先謙：《荀子集解》〔M〕，北京：中華書局，1988年，第102頁。
〔註29〕王先謙：《荀子集解》〔M〕，北京：中華書局，1988年，第48頁。
〔註30〕王先謙：《荀子集解》〔M〕，北京：中華書局，1988年，第198頁。
〔註31〕司馬遷：《史記》〔M〕，北京：中華書局，2006年，第2124頁。
〔註32〕司馬遷：《史記》〔M〕，北京：中華書局，2006年，第3253頁。
〔註33〕司馬遷：《史記》〔M〕，北京：中華書局，2006年，第3131頁。
〔註34〕司馬遷：《史記》〔M〕，北京：中華書局，2006年，第2133頁。
〔註35〕老子撰，饒尚寬校注：《老子》〔M〕，北京：中華書局，2006年，第22頁。
〔註36〕司馬遷：《史記》〔M〕，北京：中華書局，2006年，第2133頁。
〔註37〕老子撰，饒尚寬校注：《老子》〔M〕，北京：中華書局，2006年，第89頁。
〔註38〕司馬遷：《史記》〔M〕，北京：中華書局，2006年，第2456頁。
〔註39〕老子撰，饒尚寬校注：《老子》〔M〕，北京：中華書局，2006年，第86頁。
〔註40〕司馬遷：《史記》〔M〕，北京：中華書局，2006年，第3319頁。
〔註41〕老子撰，饒尚寬校注：《老子》〔M〕，北京：中華書局，2006年，第8頁。

以上資料顯示司馬遷對《荀子》、《老子》等書十分熟悉，信手拈來即爲自用，陳桐生稱司馬遷爲「他那個時代讀書最多的人」〔註42〕，筆者認爲應該再加上一句：亦是讀書最認眞的人。

三、其他文獻

1、官府資料

除了戰國策士文獻、編年文獻、諸子作品，據《史記·蕭相國世家》記載：「何獨先入收秦丞相御史律令圖書藏之。……漢王所以具知天下阨塞，戶口多少，彊弱之處，民所疾苦者，以何具得秦圖書也。」〔註43〕司馬遷手上應該還有一批比較詳細的官府資料。

然而戰國時期的官府資料，包括朝廷政令、詔令或法律公文等等，在《史記》中是少見的。比較清楚的政令頒佈，記錄在《史記·商君列傳》，商鞅在秦孝公的支持下，第一次變法內容爲：

> 令民爲什伍，而相牧司連坐。不告姦者腰斬，告姦者與斬敵首同賞，匿姦者與降敵同罰。民有二男以上不分異者，倍其賦。有軍功者，各以率受上爵；爲私鬥者，各以輕重被刑大小。僇力本業，耕織致粟帛多者復其身。事末利及怠而貧者，舉以爲收孥。宗室非有軍功論，不得爲屬籍。明尊卑爵秩等級，各以差次名田宅，臣妾衣服以家次。有功者顯榮，無功者雖富無所芬華。〔註44〕

第二次變法在秦國遷都到咸陽之時，商鞅頒佈法令：

> 令民父子兄弟同室內息者爲禁。而集小（都）鄉邑聚爲縣，置令、丞，凡三十一縣。爲田開阡陌封疆，而賦稅平。平斗桶權衡丈尺。
> 行之四年，公子虔復犯約，劓之。〔註45〕

除此之外，在《史記》戰國時期的部分，幾乎不見當時行政公文資料的運用。

秦滅亡後，司馬遷對朝廷政令、詔令或法律公文這類資料卻突然在意了起來。《高祖本紀》中記載劉邦入秦之後，與秦父老「約法三章」，這可說是漢代最早的法律記載，雖然當時劉邦尚未稱帝，但是此約代表了漢初「除秦

〔註42〕陳桐生：《史記》與諸子百家之學〔M〕，安徽，安徽大學出版社，2006 年，第 242 頁。

〔註43〕司馬遷：《史記》〔M〕，北京：中華書局，1959 年，第 2014 頁。

〔註44〕司馬遷：《史記》〔M〕，北京：中華書局，1959 年，第 2230 頁。

〔註45〕司馬遷：《史記》〔M〕，北京：中華書局，1959 年，第 2232 頁。

苛法」的一貫方針，也可算是劉邦的「詔曰」了。《孝文本紀》中也大量收錄漢文帝的詔令，例如：

> 上曰：「法者，治之正也，所以禁暴而率善人也。今犯法已論，而使毋罪之父母妻子同產坐之，及爲收帑，朕甚不取。其議之。」〔註46〕

> 上曰：「農，天下之本，其開籍田，朕親率耕，以給宗廟粢盛。」〔註47〕

> 下詔曰：「蓋聞有虞氏之時，畫衣冠異章服以爲僇，而民不犯。何則？至治也。今法有肉刑三，而姦不止，其咎安在？……其除肉刑。」
> 〔註48〕

> 乃下詔曰：「有異物之神見于成紀，無害於民，歲以有年。朕親郊祀上帝諸神。禮官議，毋諱以勞朕。」〔註49〕

《史記》中記載漢文帝的詔令有「上曰」、「詔曰」兩種形式，兼以大事記方式按年排列，漢文帝在位二十三的時間，司馬遷記載了「上曰」十七次，「詔曰」五次，李景星《史記評議》中說：「且所行政事，又足以副之，非託諸空言者比也。」〔註50〕如此大量記錄詔令的情況在戰國時期的歷史記載中是沒有的。

又根據新近出土秦簡、漢簡可以發現戰國晚期秦國的法律材料是非常豐富的，漢朝建立之後，更是「漢承秦制」，秦律法在漢代應該是流傳很廣，司馬遷不應該沒看過。但是《史記》對其收錄的部分很少，顯示這是有意被司馬遷忽略的部分。

2、當代盛行的作品

除了官府資料，還有一種被司馬遷刻意忽略的文獻，即是司馬遷當代還盛行的戰國時期諸子書、兵書、術數書、方技書等資料，司馬遷經常對其省略不用，僅記述其人的「行事」。如《史記·孫子吳起列傳》中所說：「世俗所稱師旅，皆道《孫子》十三篇。《吳起兵法》，世多有，故弗論，論其行事所施設者」〔註51〕；《史記·司馬穰苴列傳》：「世既多司馬兵法，以故不論，

〔註46〕司馬遷：《史記》〔M〕，北京：中華書局，1959年，第418頁。
〔註47〕司馬遷：《史記》〔M〕，北京：中華書局，1959年，第423頁。
〔註48〕司馬遷：《史記》〔M〕，北京：中華書局，1959年，第427頁。
〔註49〕司馬遷：《史記》〔M〕，北京：中華書局，1959年，第430頁。
〔註50〕李景星：《史記評議》〔M〕，上海：上海古籍出版社，2008年，第66頁。
〔註51〕司馬遷：《史記》〔M〕，北京：中華書局，1959年，第2168頁。

著穰苴之列傳焉。」〔註52〕這種例子還見於《管晏列傳》、《老子韓非列傳》、《商君列傳》、《蘇秦列傳》、《張儀列傳》、《孟子荀卿列傳》等《史記》的戰國人物列傳。

3、非文字材料

《史記》作爲一部文學性很高的史書，歷來研究認爲那些文學色彩的敘述取自於故事與傳說，可能是司馬遷在青年時代旅行時採集而得的。很多學者認爲司馬遷旅行的目的是爲了《史記》的創作做準備，是在其父的鼓勵下所進行的。這些見聞記錄被集中出現在「太史公曰」的部分，而在《史記》正文本文描述極少。根據藤田勝久分析，就《史記》戰國史料而言，以長安爲中心的西方地域（秦、趙、魏等）之信息多，而其周邊地域（巴蜀、楚、吳、越、齊、燕等）少〔註53〕，《太史公自序》中記載：

> 二十而南游江、淮，上會稽，探禹穴，闚九疑，浮於沅、湘；北涉
> 汶、泗，講業齊、魯之都，觀孔子之遺風，鄉射鄒、嶧；戹困鄱、
> 薛、彭城，過梁、楚以歸。於是遷仕爲郎中，奉使西征巴、蜀以南，
> 南略邛、筰、昆明，還報命。〔註54〕

雖然司馬遷自稱旅行過這些地方，但是收集到的信息基本不在《史記》正文中使用，這表示司馬遷在材料的處理上，有自己的安排。也就是說「撰寫《史記》的素材和司馬遷通過旅行得到的資料是不相同的。」〔註55〕

另外，我們還發現司馬遷對於傳說故事經常是原封不動地利用。早先學界一度懷疑《孫子列傳》中孫子人物的真偽，甚至認爲是司馬遷所杜撰。臨沂銀雀山竹簡出土後，發現了《孫子兵法》十三篇、《孫臏兵法》十六篇，釋解了千百年來關於兩書有無和真偽問題，而《史記·孫子列傳》中對孫子的記載則是引用《孫子兵法》中關於孫子傳說的文字，證明了孫子不是司馬遷憑空捏造的人物。

又如《太史公自序》中對司馬家族祖先的記載：「昔在顓頊，命南正重以司天，北正黎以司地。唐虞之際，紹重黎之後，使復典之，至于夏商，故重

〔註52〕 司馬遷：《史記》〔M〕，北京：中華書局，1959 年，第 2160 頁。

〔註53〕 藤田勝久：《〈史記〉戰國史料研究》〔M〕，上海：上海古籍出版社，2008 年，第 2 頁。

〔註54〕 司馬遷：《史記》〔M〕，北京：中華書局，1959 年，第 3293 頁。

〔註55〕 藤田勝久：《〈史記〉戰國史料研究》〔M〕，上海：上海古籍出版社，2008 年，第 2 頁。

黎氏世序天地。其在周，程伯休甫其後也」〔註56〕，是直接引用了《國語‧楚語》中對遠古傳說的記載。

　　縱觀上文，我們會發現戰國時期最具可信性的官府資料是司馬遷刻意忽略的部分，而帶有文學性質的文獻反倒為司馬遷所用。以往在關注《史記》文學性的時候，多認為《史記》的文學性即是司馬遷創作的部分。但是如今我們可以發現《史記》的第二種文學性：即是司馬遷所運用的戰國時期資料中，其實已經蘊含了豐富的文學性描述，而司馬遷本人似乎對這類的文獻更加偏愛。於是他將這些先期文學作品進行重新編排整理，也就是所謂「罔羅天下放失舊聞」〔註57〕、「述故事，整齊其世傳，非所謂作也」〔註58〕的工作，司馬遷並沒有對這些材料做太多的改動，而僅是將其搜集、整理、排列。我們應該說，司馬遷對《史記》的創作，是體現在司馬遷用他的歷史觀來對材料進行選擇與運用，期望達到對帝王興起的事迹溯源探終，既表現它的興盛，也要表現到它的衰亡，並且研討考察各代所行之事，這就是司馬遷試圖闡明的盛衰和興亡的原理。

第二節　司馬遷的虛實原則與撰文技巧

　　韓兆琦說：「寫歷史不是為了寫古人、寫『實錄』，而是為了後人，為了今天。」又說：「從理論上說，絕對的『實錄』，也是根本不存在的。歷史人物、歷史事件作為一種現象，早已成為過去，後人寫作的『歷史』，只能是歷史家的歷史⋯⋯再冷靜、再客觀的歷史家，也難以擺脫他的主觀性。」〔註59〕更何況是被李長之先生稱為「情感極其濃烈的」〔註60〕、「自然主義浪漫派」〔註61〕的司馬遷？但是《漢書‧司馬遷傳》論贊又稱：「自劉向、揚雄博極群書，皆稱遷有良史之材，服其善序事理，辨而不華，質而不俚，其文直，其事核，不虛美，不隱惡，故謂之實錄。」〔註62〕在澎湃的情感與冷靜的史實

〔註56〕司馬遷：《史記》〔M〕，北京：中華書局，1959年，第3285頁。

〔註57〕司馬遷：《史記》〔M〕，北京：中華書局，1959年，第3319頁。

〔註58〕司馬遷：《史記》〔M〕，北京：中華書局，1959年，第3299～3330頁。

〔註59〕韓兆琦：《史記通論》〔M〕，廣西：廣西師範大學出版社，1996年，第46頁。

〔註60〕李長之：《司馬遷的人格與風格》〔M〕，天津：天津人民出版社，2007年，第70頁。

〔註61〕李長之：《司馬遷的人格與風格》〔M〕，天津：天津人民出版社，2007年，第14頁。

〔註62〕班固：《漢書》〔M〕，北京：中華書局，2006年，第2738頁。

之間，司馬遷究竟是如何在《史記》中達到平衡？我們可以對司馬遷引用戰國策士文獻的原則與技巧來進行分析。

一、司馬遷爲何選用戰國策士文獻

本章第一節我們分析了現今我們能看到的、除了戰國策士文獻以外的戰國時期其他文獻。若以諸子文獻的角度來看，戰國策士也就是後來的縱橫家，僅是百家中的一家，司馬遷對其他諸子文獻的關注明顯在於思想與文學方面而非史實，爲什麼司馬遷會有這樣的取捨？這裏面包含了司馬遷對眞實的看法。

縱觀司馬遷時期的戰國資料，諸侯史記已經散佚，或至少是殘缺嚴重，唯一可依靠史料的只有秦記。諸子文獻是各家宗師的言論及思想集錄，不能算是史書。這時期唯一接近「史」的資料，反倒是戰國策士文獻了。前文提及，策士文獻有一部分是來自於御史記錄策士與君王、貴族的對話，《滑稽列傳》記載齊威王與淳于髡喝酒有：「執法在傍，御史在後」〔註63〕，又《孟嘗君列傳》記載：「孟嘗君侍客坐語，而屏風後常有侍史，主記君所與客語，問親戚居處。」〔註64〕其他如蘇秦、張儀遊說於各國君王前，若非是「諸侯國史官們，在策士向君王進言、與君王論爭、或應對君王垂問時，將策士們的言辭記錄下來」〔註65〕，這些隨機應對的「面陳說詞」〔註66〕是不可能以書面形式保存下來的。《漢書・藝文志》將劉向的《戰國策》歸於「春秋類」，表示班固認爲《戰國策》符合「古之王者世有史官，君舉必書，所以愼言行，昭法式也。左史記言，右史記事，事爲春秋」〔註67〕的標準。《隋書・經籍志》是唐初的官修目錄，是繼《漢書・藝文志》以後的一部重要史志目錄，首設「雜史類」。其將《戰國策》置於「雜史」，稱此類是：「其屬辭比事，皆不與《春秋》、《史記》、《漢書》相似，蓋率爾而作，非史策之正也。」〔註68〕將《戰國策》的特徵把握的十分準確。《宋三朝志》亦曰：「雜史者，正史、編年之外，別爲一家。體制不純，事多異聞，言或過實。然籍以質正疑謬，補緝闕遺，後之爲史者，有以取資，如司馬遷採《戰國策》、《楚漢春秋》，不爲無益也。」對司馬遷引用戰國策士文獻做了正面

〔註63〕 司馬遷：《史記》〔M〕，北京：中華書局，2006 年，第 3199 頁。
〔註64〕 司馬遷：《史記》〔M〕，北京：中華書局，2006 年，第 2354 頁。
〔註65〕 鄭傑文：《戰國策文新論》〔M〕，山東：山東人民出版社，1998 年，第 89 頁。
〔註66〕 鄭傑文：《戰國策文新論》〔M〕，山東：山東人民出版社，1998 年，第 87 頁。
〔註67〕 班固：《漢書》〔M〕，北京：中華書局，2006 年，2737 頁、第 1715 頁。
〔註68〕 魏徵等：《隋書》〔M〕，北京：中華書局，2002 年，第 902 頁。

的評價。《四庫全書》亦將《戰國策》列入「雜史類」，述其著錄標準為：「大抵取其事繫廟堂，語關軍國，或但具一事之始末，非一代之全編；或但述一時之見聞，祗一家之私記。」〔註69〕雖然《戰國策》自南宋晁公武《郡齋讀書志》將其編入子部縱橫家類後，開始有歸子部或史部之爭，但無論怎麼分部，《戰國策》中的史料價值是不能被忽略的。

　　司馬遷對於戰國策士文獻有很清楚的認識。《六國年表》序說：「戰國之權變亦有可頗采者。」〔註70〕「頗采」，稍微、略微可採用的意思，也就是說「戰國權變」並不能全部引用，是需要經過挑選的。原因有三：（一）是「世言蘇秦多異，異時事有類之者皆附之蘇秦」〔註71〕，流傳的版本很多，託言依附難以分辨；（二）是過於重視「奇策異智」〔註72〕，將策士說辭的重要性誇張渲染；（三）是策士資料沒有時序。從史書的角度而言，以上都是不可彌補的缺點，所以司馬遷必須對其進行考正、修改，使之成為較為合理真實的史料。我們可以從本文第二、三、四章的文本比較結果來討論司馬遷對戰國策士文獻的使用方法。

二、《史記》戰國世家的撰文方式

　　秦國於秦王政「二十六年初并天下為三十六郡」〔註73〕，秦國歷史遂被列入本紀，不同於戰國世家。值得我們注意的是，《秦本紀》的時間段處於戰國時期，卻完全不用戰國策士文獻。《秦策》在《戰國策》三十三卷496章當中佔了五卷64章，雖然不是佔有最多篇幅的國家，但也不至於沒有一則材料可取。《秦始皇本紀》的編排亦是如此，秦王政時期也沒有使用戰國策士文獻的迹象。由此可見司馬遷在編纂《秦本紀》與《秦始皇本紀》的時候根本沒有考慮選擇戰國策士文獻，而這兩篇本紀戰國時期的編年記事資料是十分豐富的，尤其在秦孝公之後，幾乎每年都有記事，這自是因為司馬遷握有一批可信度更高的包括秦記在內的秦國官府資料，即如方苞曰：「秦記多誇語，其世系事迹詳於列國，而於他書無徵，蓋史之舊也。」〔註74〕這也側面證明了

〔註69〕文淵閣《四庫全書》電子版〔M／CD〕，北京：北京大學，2002年
〔註70〕司馬遷：《史記》〔M〕，北京：中華書局，2006年，第686頁。
〔註71〕司馬遷：《史記》〔M〕，北京：中華書局，2006年，第2277頁。
〔註72〕劉向集錄，范祥雍箋證：《戰國策箋證》〔M〕，上海：上海古籍出版社，2006年，劉向書錄第3頁。
〔註73〕司馬遷：《史記》〔M〕，北京：中華書局，2006年，第220頁。
〔註74〕司馬遷撰，韓兆琦編著：《史記箋證》〔M〕，江西：江西人民出版社，2004年，第406頁。

司馬遷採取戰國策士文獻來編纂六國世家，實是史料短缺的無奈之舉。

筆者將司馬遷對六國世家所引用的戰國策士文獻的編年試表列如下：

六國世家	君王紀年	六國年表相應記錄	是否與秦相關
《趙世家》	趙武靈王十九年	有	否
	趙惠文王十六年	無	是
	趙孝成王元年	有	是
	趙孝成王四年	趙表無，秦表有	是
	悼襄王二年	有	是
《魏世家》	魏惠王三十年	有	否
	魏哀王九年	有	是
	魏安釐王四年	有	是
	魏釐王十一年至二十年之間的三則故事	無	是
《韓世家》	韓宣惠王十六年	有	是
	韓襄王十二年	無	是
	韓襄王十二年到十四年之間二則故事	韓表記於十三年	是
	韓釐王二十三年	韓表無，秦表有	是
《楚世家》	楚威王七年	有	否
	楚懷王六年	有	是
	楚懷王十六年	有	是
	楚懷王十八年	無	是
《田敬仲完世家》	齊威王二十六年	有	否
	齊威王三十五年	無	否
	齊宣王二年	有	否
	齊愍王三十六年	有	是
	齊愍王三十八年	有	是
	齊愍王四十年	有	是
	齊王建六年	無	是
《燕世家》	燕王噲三年	無	否
	燕昭王二十八年	有	有

由上表我們可以得知：

1、與秦接壤的《趙世家》、《魏世家》、《韓世家》、《楚世家》所引用的戰國策士文獻，大多是包含秦國在內的事件。少數例外如《趙世家》趙武靈王十九年推行胡服騎射；《魏世家》魏惠王三十年馬陵之戰雖然與秦國無關，但皆是戰國時期的重要戰役，屬於比較容易確認的史料。另外包括《田敬仲完世家》的齊威王二十六年桂陵之戰與齊宣王二年馬陵之戰也屬此類。

2、與秦不接壤的《田齊世家》、《燕世家》情況相對比較複雜。第三章中提到：《田齊世家》是《史記》引用戰國策士文獻最混亂的六國世家，甚至編年也被考證出有重大失誤。由上表可看出《田齊世家》引用七則戰國策士文獻，就有三則與秦國無關；而與秦國相關的資料中，齊王建六年正是秦圍邯鄲之時，各國年表皆無記事，齊王建時期年表只有二十八年「入秦，置酒」〔註75〕、四十四年「秦虜王建，秦滅齊」〔註76〕二條記錄，顯示戰國後期秦國在「遠交近攻」的策略中，與齊國的互動較少，缺乏對齊國事件的記載。《燕世家》使用戰國策士文獻的情況就更為特殊了，引用了兩個來自於戰國策士文獻編年，這在《史記》中是絕無僅有的，顯示燕國居北方邊陲，與秦相距遙遠，與秦的互動更少，秦對燕國事件的記載就更缺乏了。

3、司馬遷利用秦記做了六國年表這個編年系統，再依這個編年加入相應的戰國策士文獻。秦記是司馬遷手中唯一可信的戰國史料，司馬遷編纂六國世家便以秦記為中心，加入與秦國有關的歷史事件，盡可能使六國世家所引用的戰國策士文獻與他認為可靠的秦國資料產生聯繫。盡可能追求準確，這便是司馬遷對歷史負責的態度，即揚雄所謂：「太史遷，曰實錄」的精神。

三、《史記》戰國人物列傳的撰文方式

根據本文第四章的比較，除了《蘇秦列傳》、《張儀列傳》、《刺客列傳》之外，其它人物列傳中戰國策士文獻不占主要地位，也不具備人物塑造的功用。若扣除主要以戰國策士文獻組成的《蘇秦列傳》、《張儀列傳》、《刺客列傳》，秦國五篇人物列傳用了十四篇戰國策士文獻，六國八篇人物列傳中也用了十四篇戰國策士文獻。由此顯示司馬遷對秦國人物的活動脈絡掌握較清

〔註75〕司馬遷：《史記》〔M〕，北京：中華書局，2006年，第753頁。
〔註76〕司馬遷：《史記》〔M〕，北京：中華書局，2006年，第757頁。

楚，大概也是得力於秦記的記載。換言之，戰國策士文獻在司馬遷對人物列傳的編纂上並沒有起到很大的作用，這顯示司馬遷對戰國世家與戰國人物列傳有不同的撰文方式。

司馬遷對列傳人物的創作手法，是經由材料的選擇與堆砌，創造出人物的命運。沒有命運就沒有人物。但司馬遷所面對的資料，無論是秦記、官府資料，都是不帶命運的；而戰國策士文獻中雖有少數描寫了策士的命運，但不是為了塑造人物，而是為了反應策士計謀成功與失敗的差別。司馬遷在面對這些材料的時候，必須經過選擇、歸納、編排才能體現人物的命運，這也就是《史記》紀傳體形成的發端。

若說司馬遷在世家中展現的是對史實的關注，在列傳便是展現了對人物命運的強調。而人物命運與天命是相反的兩個觀念。我國早期史官的原生形態是巫史合一的，如《國語・晉語二》：「虢公夢在廟，……召史嚚占之」〔註77〕；《左傳・昭公三十一年：「……日有食之，趙簡子且占諸史墨。」又如《左傳・桓公六年》：「……祝史正辭，信也」；《左傳・襄公二十七年》：「……其祝史陳信於鬼神無愧辭。」史官的原初職能是溝通天人的。巫史合一現象從遠古一直持續到殷商西周，只不過隨著歷史的發展尤其是到了殷末周初，史官加快了從巫中分化的速度，巫的意義愈來愈狹窄，地位愈來愈低下，最後只淪為以歌舞求雨、被災弭禍和在一些神事活動中從事配角任務。而史官則漸漸覆蓋了原來統稱做「巫」的祝、宗、卜、史等的職能。〔註78〕然而到了不講道德而崇尚利益的戰國時期，天命觀念受到了嚴峻的挑戰。戰國策士們以一己之力改變君王的想法，改變國際局勢，或力挽狂瀾，或翻雲覆雨，整個戰國時期的歷史演進不是由虛無縹緲的天命控制，而是由人作為主體進行推動。司馬遷無疑受到戰國時期「人本思潮」的影響，抓住了這個歷史進步的關鍵，將天命的必然性弱化，轉而對人物的命運極端強調。

與人物命運息息相關的元素是人物性格。所以精心地描繪人物細節和精神狀態，就成為《史記》列傳的特點。姚苧田說：「古文摹寫人處，往往大處不寫，寫一二小事，轉覺神情欲活，此頰上三毫法也，不必謂實有是事。」〔註

〔註77〕李維琦點校：《國語・戰國策》〔M〕，湖南：嶽麓書社，2006年，第65頁。
〔註78〕劉麗文：《論〈左傳〉「天德合一」的天命觀──〈左傳〉言的本質》〔J〕，求是學刊，2000年第5期。
〔註79〕姚祖恩：《史記菁華錄》〔M〕，汕頭：汕頭大學出版社，2008年，第201頁。

79〕王葆心也指出：「古人作傳志往往舉一二瑣事，極意摹寫，淋漓盡致，令讀者動色。」細節描寫是表現人物差異的方法，《史記》著意刻畫的人物都是由其典型細節堆砌而成。然而我們必須注意到，《史記》對細節的描寫，是來自於史料的缺乏與司馬遷本人對人物性格影響命運的關注。自《史記》以後，「就細節描寫而言，無論是有材料還是沒材料，後代的史傳作者都是不屑去寫的，因為他們感到沒有那個必要。這種輕視細節描寫的觀點，對史傳文學的發展，是有副作用的。」〔註80〕造成的結果就是人物傳記可讀性越來越低，這是後代史傳作者在史、文結合上無法克服的難題，更加突顯《史記》「史家之絕唱，無韻之離騷」無可動搖的地位。

第三節　《史記》紀傳體的形成

紀傳體是以人物為綱、時間為緯相輔相成而形成一個有機體，用以反映歷史事件的一種史書編纂體例。金毓黻說：「吾國古史之體多為編年，如《春秋》及《竹書紀年》皆是。司馬遷始改為紀傳體，為班固以下所祖，此固創而非因也。……《史記》之各體雖有所因，非由自創而遷能整齊條理，上結前代史官之局，下開私家作史之風，其功侔於左氏，而幾於孔子爭烈矣。」〔註81〕《史記》紀傳體體例是司馬遷首創，但卻不是憑空而來，很大程度與司馬遷所據的材料——尤其是戰國文獻——有著千絲萬縷的聯繫。本節從《史記》紀傳體形成的過程、特徵等方面進行討論，並指出《史記》紀傳體對後世的啓發。

一、《史記》紀傳體形成的過程

《史記》紀傳體形成的過程是複雜的，但從本質上講，它還是源自於敘事為本的史官傳統。

唐代劉知幾《史通》特設《敘事》篇，探討史書的編纂方法，認為「國史之美者，以敘事為工。」〔註82〕「工」在甲骨文字中是象工具形。「工」、「巨（矩）」古同字，所以「工」有「規矩」之意，《說文》曰：「工，巧飾也，象

〔註80〕俞樟華：《論傳記文學的藝術加工》〔J〕，浙江師範大學學報（社會科學版），
　　　　2007 年第 5 期，第 24 頁。
〔註81〕金毓黻：《中國史學史》〔M〕，石家莊：河北教育出版社，2003 年，第 56 頁。
〔註82〕劉知幾：《史通》〔M〕，臺灣：臺灣古籍出版社，1993 年，第 321 頁。

人有規矱也。」所謂「敘事爲工」，指的便是史官對於所記敘的事實的整理潤色功夫。著名作家納博科夫說：「赤裸裸的事實不是以自然的狀態而存在。它們從來都不是眞正的赤裸裸。」〔註83〕眞實恰恰是經由解釋才成爲赤裸裸的，而眞實的解釋則必須面對記憶與時間對於「事實」的過濾與變形作用。〔註84〕歷史事件正是經由史官解釋過的眞實。然而我國早期史官對於解釋歷史並沒有過多的要求，他們對歷史事件採取一種如實記錄的態度。《漢書‧藝文志》說：「古之王者世有史官，君舉必書，所以愼言行，昭法式也。左史記言，右史記事，事爲《春秋》，言爲《尙書》，帝王靡不同之。」〔註85〕這段話與《禮記‧玉藻》所謂「動則左史書之，言則右史書之」相出入，但其強調記言、記事爲我國早期史官敘事的主要方法，則是一致的。

　　無論是從司馬遷的時代或是今日的觀點，《左傳》無疑是先秦敘事最完善的史學作品。劉知幾說：「左氏之書，敘事之最。」（《史通‧模擬》）劉熙載也說：「左氏敘事，紛者整之，孤者輔之，板者活之，直者婉之，枯者腴之，剪裁運化之方，斯爲大備。」（《藝概》）人物敘述是《左傳》敘事重要的一環。《左傳》記錄和描寫了多達一千餘位各式各樣的人物，以鄭子產爲例，在《左傳》中有《子產告范宣子輕幣》、《子產壞晉館垣》、《子產論尹何爲邑》、《子產卻楚逆女以兵》、《子產論政寬猛》等篇，《左傳》對子產進行了細緻生動的描述，然而子產的事迹在《春秋》中幾乎不著一字。值得注意的是，子產的形象在《左傳》中雖然栩栩如生，但作者的原意是通過子產這一歷史人物去體現春秋中期鄭國與諸侯國的歷史，子產不是單獨個體，而是賢臣的象徵，這就如王靖宇所說：「在中國敘事作品尤其是《左傳》中，我們會遇到許多靜止的人物，這是一個引人注目的特點。靜止人物在整個故事中其性格都保持不變。在《左傳》中，似乎只要人物一旦被固定在某個模子裏，通常他就保持不變，而且極少能有所突破。根據他們的社會地位和道德品質，我們在《左傳》中找到下面的類型：善良而能幹的統治者；惡劣而愚蠢的統治者；明智而忠誠的大臣；有權有勢有野心而且還邪惡的大臣；爲執著理念的表面正義所害的可憐蟲；『大公無私和有遠見卓識的婦女；禍國殃民的女子；樂於犧牲

〔註83〕趙白生：《傳記文學理論》〔M〕，北京：北京大學出版社，2003年，第26頁。
〔註84〕趙山奎，《論精神分析對傳記眞實性的影響》〔J〕，《國外文學》，2006年第03期，第4頁。
〔註85〕班固：《漢書》〔M〕，北京：中華書局，2006年，第1715頁。

自己生命去保護壞而無用的主人。」〔註86〕

　　而《左傳》編年體的形式，「它對人物敘述是具有流動性的。《左傳》的敘述者因事寫人，把人物融合在事件中，從記事中寫人物，隨不同時間內所發生的許多不同事件。」〔註87〕針對《左傳》的特性，孫綠怡將《左傳》人物形象分爲兩種模式──「累積型」和「閃現型」。許多大國國君和卿士大夫都屬於「累積型」，因爲他們的事迹分散在《左傳》各年的敘事中，只有將若干年中的有關內容聯繫起來，才能形成一個完整的人物形象。絕大多數人物只是通過一件事來表現性格，筆法極爲靈活，一時一事，一人一事，或一人數事，文字簡練而鮮明。這些人物形象的出現雖然轉瞬即逝，一閃而過，卻留下非常鮮明的印象。〔註88〕《左傳》在敘事的過程中，在一定程度上寫出了人物的形象與性格。但《左傳》的人物是靜止的、定型的、附庸在事件裏的，或者說，《左傳》的人物是爲了承載歷史事件而存在的。

　　若說《左傳》是先秦史書中記事的代表，那麼被稱爲《春秋外傳》的《國語》則是記言的代表。《國語》是現存最有代表性的「語」類文獻，早已得到多數學者的認同，某種意義上講，《國語》是對《尙書》記言的發展和完善，它們都重在記言，沒有時間的概念，不能以歷史的時空坐標來確定。〔註89〕縱觀《國語》全書，單章結構大致是首尾敘事，中間記言；敘事簡練，記言詳細。這顯示了《國語》以敘事爲框架，以記言爲主體的編纂模式。也就是說，《國語》以事件作爲基本的結構單元，重心在記言，目的是在人物說辭中反映史實，這可能與我國早期瞽史文化有關。〔註90〕

　　《國語》中記言與敘事結合的最精彩的部分是《吳語》和《越語》上下。《吳語》寫吳越之爭和吳齊、吳晉之爭，記言主要在吳王夫差和伍子胥身上，

〔註86〕王靖宇：《中國早期敘事文研究》〔M〕，上海：上海古籍出版社，1999年，第106頁。

〔註87〕閆玉潔：《〈左傳〉敘事中的人物形象刻畫》〔J〕，《廣東技術師範學院學報》，2002年第3期，第31頁。

〔註88〕孫綠怡：《〈左傳〉與中國古典小說》〔M〕，北京：北京大學出版社，1992年，第83頁。

〔註89〕張居三：《〈國語〉研究》〔D〕，東北師範大學博士學位論文，2008年，第37頁。

〔註90〕徐中舒先生認爲即使在春秋之時，仍是太史和瞽矇兩種史官並存，無文字時，當以瞽史的口述爲主。有文字後，瞽史地位下降而太史的地位佔據主導，但瞽史的影響依舊存在。

末章以大量篇幅敘述越王句踐的戰前準備，可看作是對《越語》的補充。《越語上》以越王句踐爲主體，記句踐號令三軍、說於國人曰、誓之日等說辭，敘述越王句踐滅吳復仇的故事。《越語下》以大夫越范蠡爲主體，記范蠡與句踐之間的對話，描述范蠡的才幹與活動。即使是《國語》人物描述最成功的三篇，其收錄說辭的目的還是在體現吳越爭霸這個事件的過程與結果，而非用於塑造人物。就如韓兆琦所說：直到經過《史記》吸收、使用《國語》材料，才突出了越王句踐忍辱發憤的思想行動、范蠡「功成身退」、逃避矛盾的思想與句踐誅殺功臣的罪惡行徑。〔註91〕

到了戰國時期，六國史書的原貌我們已無法得知，只能推測六國史書是編年性質，但記事或記言的情況就無從判斷。但是我們在諸子文獻與戰國策士文獻中，發現了戰國時期對於記言的關注。

諸子文獻，如《論語》、《孟子》是直接以語錄體的方式呈現，「而時代在孟子之前的《墨子》，和《孟子》同時代的《莊子》，則顯示出由語錄體向專論體過渡的迹象。」〔註92〕語錄體的出現是源於諸子出於講學的需要，弟子如實記錄宗師言論，彙編成教材，用以隨身攜帶或宣傳宗師思想。所以在記錄的過程，猶如「君舉必書」一樣，是既神聖又愼重的。仔細之處連宗師說話的語氣都記錄下來，譬如《論語》記孔子言論：「賢哉！回也。」、「八佾舞於庭，是可忍也，孰不可忍也？」、「甚矣吾衰也！久矣吾不復夢見周公」、「吾與點也！」等這些語氣的記錄意外地表達了孔子的喜怒哀樂，將孔子的形象呈現了出來。於是我們發現語言是描寫人物的關鍵。與諸子文獻相比，戰國策士文獻中的策士說辭已經不是單純的語錄體。它不僅僅是記錄，而是爲了誇張及強調策士的奇謀與效果，不自覺地加入了一些藝術技巧，如「藉重細節描寫，生動再現人物形象；藉重典型環境，渲染烘托人物形象；欲揚而先抑，製造波瀾昇華人物；展示矛盾衝突，凸顯性格立人物；對比映襯，設置「底色」彰顯人物」〔註93〕、「運用氛圍渲染烘托人物；運用個性化語言刻畫人物：運用矛盾衝突表現人物等等」〔註94〕，正如付強所言，「《戰

〔註91〕 韓兆琦：《史記通論》〔M〕，廣西：廣西師範大學出版社，1996 年，第 237 頁。
〔註92〕 李炳海：《中國文學史》〔M〕，北京：高等教育出版社，2005 年，第 218 頁。
〔註93〕 劉文良：《從人物刻畫看〈戰國策〉的小說基因》〔J〕，江淮論壇 2004 年第 3 期，第 30 頁。
〔註94〕 付強、王穎：《〈戰國策〉人物形象塑造探究》〔J〕，牡丹江師範學院學報（哲學社會科學版），2005 第 1 期，第 42 頁。

國策》塑造人物形象的手法運用未必是自覺的，也很拙樸，但已具備了人物形象塑造手法的初型，具有一定的感染力，《戰國策》中是記敘的人物都給讀者留下了深刻的印象。」〔註95〕而其審美目的在於表現其注重人本身的意識以及由這種關注帶來的審美愉悅上。所表現的人物由國君、將相，擴充到士，乃至百姓，始終對人本身津津樂道，帶有濃厚的表現興趣。〔註96〕另外，戰國策士文獻雖然鬆散，但是卻開始有了記錄某個人物一生事迹的雛形。例如蘇秦的事迹從「始將連橫說秦惠王」開始，一直到蘇秦死於齊國；張儀的事迹從侍奉秦惠王開始直至死於魏國；范雎從「因王稽入秦」到被蔡澤說服辭去相位等，若是將這些散亂在各篇章的事迹結合起來，就能成為一個完整的人物傳記，而司馬遷也正是使用這個手法，寫成了蘇秦、張儀、范雎等人的列傳。

　　司馬遷作為史官家族的孩子，對於史官記言、記事的傳統十分瞭解。在運用戰國策士文獻的過程中，他似乎也發現了語言對於人物塑造的重要性。再加上司馬遷對「人」的關注與熱情，《史記》的紀傳體例就逐漸成形了。

二、《史記》紀傳體的特徵

　　紀傳體作為司馬遷的首創，它的文學特徵是明顯的。司馬遷經由對材料的選擇，創造了人物命運，強調人物性格與環境之間的聯繫；司馬遷受編年體史書的影響，用時間意識來編排人物事迹，最終展現了傳主完整的人生。這些都是在《史記》紀傳體產生之前未曾有過的文學表現。

1、人物傳記因素

　　沒有情節就沒有人物命運。英國小說家福斯特在《小說面面觀》中解釋情節要素時用了一個著名的例子：「國王死了，王后也死了」是故事，而「國王死了，王后因悲傷而死」則是情節。前文我們提到，我國早期史官對歷史採取如實記錄的態度，可以說是敘述故事；而司馬遷關注歷史事件發生的因果與發展，按照一定的時間和邏輯順序將以排列，這就有了組織情節的過程。值得注意的是，任何的順序是由人們的因果關係經驗產生出來的，也就是說，

〔註95〕付強、王穎：《〈戰國策〉人物形象塑造探究》〔J〕，牡丹江師範學院學報（哲學社會科學版），2005 第 1 期，第 56 頁。
〔註96〕常昭：《從對象主體看〈戰國策〉的人物表現》〔J〕，廣西師大學報（研究生專輯），1997 年增刊，第 37 頁。

情節隱含著司馬遷對生活的體驗、對歷史演變過程的理解，而這些全部經由《史記》中的人物來體現。

如何將故事變成情節，司馬遷透過對人物事迹的挑選，及對人物細節的描寫來達到。例如選取蘇秦、張儀前期事迹，不見於戰國策士文獻，但是卻是塑造蘇秦、張儀人物性格的主要部分。《蘇秦列傳》記載：

> 蘇秦笑謂其嫂曰：「何前倨而後恭也？」嫂委蛇蒲服，以面掩地而謝曰：「見季子位高金多也。」蘇秦喟然歎曰：「此一人之身，富貴則親戚畏懼之，貧賤則輕易之，況眾人乎！且使我有雒陽負郭田二頃，吾豈能佩六國相印乎！」〔註97〕

《張儀列傳》記載：

> 共執張儀，掠笞數百，不服，醳之。其妻曰：「嘻！子毋讀書游說，安得此辱乎？」張儀謂其妻曰：「視吾舌尚在不？」其妻笑曰：「舌在也。」儀曰：「足矣。」……張儀既相秦，爲文檄告楚相曰：「始吾從若飲，我不盜而璧，若笞我。若善守汝國，我顧且盜而城！」〔註98〕

與《左傳》、《國語》、《論語》等書中簡單的某人「曰」相比，司馬遷使用「笑」、「喟然」等動詞來表現人物說話時的情緒和神態，加深人物形象。而對話內容也顯示出人物性格的差異：蘇秦、張儀同爲說客，但蘇秦的話躊躇滿志，張儀的話則賊滑中含有復仇之刺。〔註99〕

再看《蘇秦列傳》與《張儀列傳》選錄的大段策士說辭的情況。根據楊寬考證，《蘇秦列傳》所輯錄的幾乎全是後人杜撰的長篇遊說辭，司馬遷誤信這些遊說辭爲眞。〔註100〕蘇秦的信息既然是錯誤的，那與之對應的張儀的信息自然也是錯的。但正如韓兆琦所說：「《蘇秦列傳》已不能再做（戰國史）原始的依據，但《蘇秦列傳》又的確是司馬遷精心結撰的一篇很重要的文章。」〔註101〕《張儀列傳》亦然。司馬遷不見得認爲策士說辭是眞，但是經過司馬

〔註97〕司馬遷：《史記》〔M〕，北京：中華書局，2006年，第2262頁。

〔註98〕司馬遷：《史記》〔M〕，北京：中華書局，2006年，第2279～2280頁。

〔註99〕張秀英，趙國璽：《談〈史記〉的寫人藝術》〔J〕，大連教育學院學報，2004年第二期，第50頁。

〔註100〕楊寬：《戰國史料編年輯證》〔M〕，上海：上海人民出版社，2001年，第2頁。

〔註101〕司馬遷撰，韓兆琦編著：《史記箋證》〔M〕，江西：江西人民出版社，2004年，第4034頁。

遷所選取幾段大氣磅薄的策士說辭，的確展示了蘇秦、張儀一代策士的風采，也表現兩位人物在歷史中的重要性。

　　而《刺客列傳》與上述兩篇列傳的情況正相反，司馬遷直接引用戰國策士文獻來記錄豫讓、聶政、荊軻三位刺客。戰國策士文獻中對豫讓、聶政、荊軻的記載，是故事性很強的敘述，與其他策士說辭的風格相距較大，很可能是戰國時期民間流傳的故事，而因為刺客身上具備了策士喜愛的性格特徵，所以被收錄為策士教學的材料。其刻畫人物之精彩，方苞甚至提出：「《荊軻傳》乃史公所自作，編《國策》者取焉而刪其首尾，蓋以軻居巷里，事不可入《國策》；高漸離撲秦皇，在秦併六國後故也。」從司馬遷選用這些故事的角度來看，這些故事對人物描寫的技巧與方法與《史記》紀傳手法是相同的，而司馬遷將其完整收錄，更顯示他本人對這些人物故事的熱衷。就如李長之先生所說：「司馬遷愛一切奇，而尤愛人中之奇！」〔註102〕

　　細節描寫是表現人物差異的方法。《史記》中著意刻畫的人物都是由其典型細節堆砌而成，例如《項羽本紀》中用了幾個場景寫項羽的勇猛，明人凌稚隆在《史記評林》裏說：「羽叱樓煩，樓煩目不能視，手不能發；羽叱楊喜，楊喜人馬俱驚，辟易數里。羽之威猛，可想像於千百世之下。」《張丞相列傳》中形容周昌口吃：「臣口不能言，然臣期期知其不可。陛下雖欲廢太子，臣期期不奉詔」，盡顯忠心老臣的形象；《魏公子列傳》中寫信陵君為晉鄙而哭，曰：「晉鄙嚄唶宿將，往恐不聽，必當殺之，是以泣耳」，用以描寫信陵君的仁愛；又如《李斯列傳》開頭寫李斯羨慕倉中老鼠那種優裕自在生活的細節，表現了李斯貪圖利祿的心理；《陳丞相世家》開頭寫陳平為鄉黨平均分割社肉的細節，表現了陳平善於理事的傑出才幹，對這兩個可以以小見大的細節描寫，清代史學家章學誠曾予以高度評價，他說：「陳平佐漢，志見社肉；李斯亡秦，兆端廁鼠。推微知著，固相士之玄機；搜間傳神，亦文家之妙用也。」（《文史通義・古文十弊》）諸如此類透過語言或行事的細節描寫來塑造人物形象的例子很多，俞樟華曾感慨：自《史記》以後，「就細節描寫而言，無論是有材料還是沒材料，後代的史傳作者都是不屑去寫的，因為他們感到沒有那個必要。這種輕視細節描寫的觀點，對史傳文學的發展，是有副作用的。」〔註103〕司馬遷在意人物細節，熱衷

〔註102〕李長之：《司馬遷的人格與風格》〔M〕，天津：天津人民出版社，2007 年，第 72 頁。

〔註103〕俞樟華：《論傳記文學的藝術加工》〔J〕，浙江師範大學學報（社會科學版），

於描寫人物細節，這就形成了《史記》人物傳記獨特的藝術風格。

2、時間意識與完整性

　　從《史記》對本紀、世家的編纂，我們可以發現司馬遷是一個時間意識很強的史官，這自然是受到《春秋》、《左傳》等編年史書的影響。《史記》中的時間意識可分為兩種情況，一是按照時間先後編排資料；二是時間經由人物事迹來推移。第一種情況大多是本紀、世家中的人物，因為有相對完整的年表，所以是以年表為準則，再往裏加入事件，具體編纂方式在本文第二章、第三章中可見分析。

　　第二種情況大多出現在列傳人物的編纂中。以《張儀列傳》為例，整個列傳敘述了這個人物從懷才不遇到無故被冤枉、再到獲得重用，達到了成功的頂峰；恣意報仇後走了下坡路，直到最後逃離秦國，客死他鄉。《張儀列傳》論贊曰：「張儀之行事甚於蘇秦，然世惡蘇秦者，以其先死，而儀振暴其短以扶其說，成其衡道。要之，此兩人真傾危之士哉！」〔註104〕司馬遷對張儀這個人並不認同，對他的遭遇不同情，也沒有從任何角度替他翻案，《張儀列傳》通篇只是關注張儀這個人物事迹的完整以及他對歷史造成的影響。另一個突出的例子是《李將軍列傳》，列傳中敘述李廣這位驍勇善戰、為人忠厚、倍受士卒愛戴的將軍，最後卻「何知七十戰，白首未封侯」。在這篇列傳中，時間的推移和人物境遇的變化中似乎並沒有顯現出什麼道德意義，但李廣一生坎坷的經歷卻成了天道不公的證據。所以無論傳主的人生是否為司馬遷所認同，命運是否為司馬遷所能解釋，總之是以傳主的經歷推移為潛在軌迹，盡可能呈現傳主完整的一生。

　　完整性是紀傳體的另一個重要特徵。如果人物沒有完整的人生、完整的性格，那就不能稱之為人物傳記。人物完整的人生是將人物事迹與時間意識相結合的，而完整的性格則經由《史記》的「互見法」〔註105〕來完成。

　　相對於《左傳》中臉譜式的人物性格，《史記》中對人物性格的描寫更加靈活。一般在人物主傳的篇章中，司馬遷僅強調他所看中的傳主某種重要品格，或是重要歷史事件的一個部分。例如司馬遷欣賞信陵君「能以富貴下貧賤，賢能詘於不肖」的品性，因此他在《魏公子列傳》中突出地表現了信陵

2007年第5期，第24頁。

〔註104〕司馬遷：《史記》〔M〕，北京：中華書局，2006年，第2304頁。
〔註105〕李笠在《史記訂補》中云：有缺於本傳中而詳於他傳者，是曰『互見』。

君的「仁而下士」和侯嬴等人的「士爲知己者死」。但魏公子的人格並非沒有
缺點，在《范雎蔡澤列傳》裏記載魏齊求救於魏公子之事：

> 信陵君聞之，畏秦，猶豫未肯見，曰：「虞卿何如人也？」時侯嬴在
> 旁，曰：「人固未易知，知人亦未易也。夫虞卿躡屩檐簦，一見趙王，
> 賜白璧一雙，黃金百鎰；再見，拜爲上卿；三見，卒受相印，封萬
> 戶侯。當此之時，天下爭知之。夫魏齊窮困過虞卿，虞卿不敢重爵
> 祿之尊，解相印，捐萬戶侯而閒行。急士之窮而歸公子，公子曰『何
> 如人』。人固不易知，知人亦未易也！」信陵君大慙，駕如野迎之。
> 魏齊聞信陵君之初難見之，怒而自剄。〔註106〕

將魏公子的畏縮、缺乏知人之明，及侯嬴對其問題的譏刺和鄙視展現無遺。
同樣一事，在《平原君列傳》中被司馬遷評爲「利令智昏」的平原君卻展現
了非凡的氣魄：

> 秦昭王聞魏齊在平原君所，欲爲范雎必報其仇，乃詳爲好書遺平原
> 君曰：「寡人聞君之高義，原與君爲布衣之友，君幸過寡人，寡人願
> 與君爲十日之飲。」平原君畏秦，且以爲然，而入秦見昭王。昭王
> 與平原君飲數日，昭王謂平原君曰：「昔周文王得呂尚以爲太公，齊
> 桓公得管夷吾以爲仲父，今范君亦寡人之叔父也。范君之仇在君之
> 家，願使人歸取其頭來；不然，吾不出君於關。」平原君曰：「貴而
> 爲交者，爲賤也；富而爲交者，爲貧也。夫魏齊者，勝之友也，在，
> 固不出也，今又不在臣所。」〔註107〕

平原君同樣對秦國感到畏懼，但在面對威脅的同時卻能挺身而出，與信陵君
的退縮形成強烈的對比。從魏齊的事來看，平原君也有特別傑出的人格。清
代史學家趙翼說：「爲名臣立傳，其人偶有失誤，不妨散見於他人傳中，而本
傳不復瑣屑敘入。此又善善欲長之微意，不欲以小疵累全體也。」〔註108〕正
是對「互見法」最好的解釋。

又如《管晏列傳》，司馬遷在論贊中提到：「吾讀管氏牧民、山高、乘馬、
輕重、九府，及晏子春秋，詳哉其言之也。」顯示文獻對管仲、晏子的記載
是比較詳細的，但司馬遷僅選擇他們生平中幾件小事，用以展示自己理想中

〔註106〕司馬遷：《史記》〔M〕，北京：中華書局，2006年，第2416頁。
〔註107〕司馬遷：《史記》〔M〕，北京：中華書局，2006年，第2415～2416頁。
〔註108〕趙翼：《廿二史箚記》〔M〕，北京：商務印書館，1958年，第563頁。

那種君臣之間、朋友之間的關係準則及作爲一個政治家所應具備的某些品質。

經過以上的創作手法，《史記》中的每個人物都有完整飽滿的性格，是優點與缺點的混合體，更加貼近眞實的人生。《史記》中的人物不再是爲了歷史事件而存在，而是作爲一個完整的「人」而存在。

三、《史記》紀傳體對後世的啓發

《史記》之後，以人物爲中心的紀傳體成爲了我國正史的規範，這不能不歸功於《史記》人物塑造的藝術成就。日本學者齋騰正說：「讀一部《史記》，如接當時人，親睹其事，親聞其語，使人乍喜乍愕，乍懼乍泣，不能自止。」這就是《史記》人物的感染力。

與《左傳》與《國語》中作爲歷史事件附屬的人物相比，《史記》的人物是站在歷史的前端，創造歷史的人。用司馬遷自己的話說，就是「扶義俶儻，不令己失時，立功名於天下」的人。司馬遷是第一位將眼光從天命、禮制、道德等觀念轉到關注人物的史官。在司馬遷之前，從來沒有人去關注人物性格與事件發展的必然聯繫。而在《史記》中，性格是人物命運的關鍵，而人物命運就是歷史的命運。例如韓信如若不是「韓信猶豫不忍倍漢，又自以爲功多，漢終不奪我齊」，則楚漢相爭的結果可能改變，而韓信也不至於最後感慨「悔不用蒯通之計，乃爲兒女子所詐，豈非天哉！」又如項羽「身七十餘戰，所當者破，所擊者服，未嘗敗北」，而司馬遷指出項羽的失敗是由於「自矜功伐，奮其私智而不師古」，自取滅亡。劉邦才能不如項羽、韓信、張良等人，卻因他有用人的氣量，所以「不能將兵，而善將將」、「此三者（韓信、張良、陳平），皆人傑也，吾能用之」，最終取得天下，建立漢朝。不管司馬遷是用什麼心情去看待這樣的結局，在司馬遷筆下的人物總是與歷史的發展息息相關的。這是一種對天命必然性的弱化，以及對行爲方式和命運關係的極端強調。

經由《史記》紀傳體，我們發現了透過文學手法，經由對人物事蹟的不同組合，可以解釋更複雜的歷史事件。歷史不再是一個平面，而是由眾多人物事件組成的有機體，《史記》紀傳體的創造不僅擴張了史書所能表達的內容，也擴大了中國文學對人物描寫的掌握。

綜上所述，在通過我們對司馬遷引用戰國策士文獻方法的分析上，可以看出司馬遷撰史的虛實原則。首先，本紀、世家作爲國之根本，必須以準確

性較高的史料爲主，再輔以相對可靠的戰國策士文獻。由於先期史料的缺乏，在「巧婦難爲無米之炊」的情況下，司馬遷設計了人物列傳作爲歷史的補充。然而《史記》的人物列傳並非一味地虛構，它隱藏了編年，依循人物一生的軌迹進行描述；它集合了戰國策士文獻與戰國時期流傳的故事，經過司馬遷的巧筆連綴，呈現了一個個翔實的歷史人物形象。總之，司馬遷的史學觀念是崇尚眞實的，而虛擬的文學部分也是不脫離歷史軌道的。

第六章 司馬遷對戰國策士的態度

　　姚斯說，「一部文學作品，並不是一個自身獨立、向每一時代的每一讀者均提供同樣的觀點的客體。它不是一尊紀念碑，形而上學地展示其超時代的本質。它更像一部管絃樂譜，在其演奏中不斷獲得讀者新的反響，使文本從文字的物質形態中解放出來，成為一種當代的存在。」〔註1〕同一部文學作品，對不同讀者會喚起不同的個人經驗，也就是說「作品將喚醒讀者以往的閱讀記憶，使其進入特定的情感態度和閱讀期待之中。」〔註2〕司馬遷在閱讀戰國策士文獻的過程，結合自身經驗，對戰國策士行為或理解、或認同、或反對，經過選擇與修改，最終在《史記》中形成一套帶有戰國策士風格的司馬遷模式。

第一節　司馬遷眼中的戰國策士模式

　　班固在《漢書·藝文志》中指出戰國策士的淵源是：「蓋出於行人之官。」其特點是：「言其當權制宜，受命而不受辭，此其所長也，及邪人為之，則上詐諼而棄其信。」〔註3〕行人官在春秋時期是各國通使之官的通稱〔註4〕，所以行人官具備了「較好的從事外交活動的基本素質和較高的辯論遊說技巧。」

〔註1〕 姚斯等著，周寧、金元浦譯：《接受美學與接受理論》，遼寧：遼寧人民出版社，1987年，第339頁。

〔註2〕 劉寧：《史記敘事學研究》〔D〕，陝西師範大學博士學位論文，2006年5月，第155頁。

〔註3〕 班固：《漢書》〔M〕，北京：中華書局，2006年，第1740頁。

〔註4〕 胡如虹：《戰國策研究》〔M〕，湖南：湖南人民出版社，2002年，第19頁。

〔註5〕到了戰國時期，由行人之官演變而來的戰國策士「一怒而諸侯懼，安居而天下熄」〔註6〕，其縱橫捭闔的氣魄與機智權變的外交說辭是構成《戰國策》最主要的部分。戰國策士是中國分裂大地與百家爭鳴自由思想中的特殊產物，我們可以從三方面來討論戰國策士的行為模式：

首先是戰國策士對社會政治的參與。戰國策士的職能大致可分為兩種：一是從事國際外交；二是對國家內政提出建議，這兩者間有時是先後發生，有時是重疊進行，其中以外交談判特別為戰國策士所重視。

《戰國策・齊策五》「蘇秦說齊閔王曰」記述道：

> 蘇秦說齊閔王曰：……「臣之所聞，攻戰之道非師者，雖有百萬之軍，比之堂上；雖有闔閭、吳起之將，禽之戶內；千丈之城，拔之尊俎之間；百尺之衝，折之袵席之上。……故曰衛鞅之始與秦王計也，謀約不下席，言於尊俎之間，謀成於堂上，而魏將以禽於齊矣；衝櫓未施，而西河之外入於秦矣。此臣之所謂比之堂上，禽將戶內，拔城於尊俎之間，折衝席上者也。」〔註7〕

蘇秦提出以外交方式解決國際糾紛，以計謀策略代替軍隊攻城略地。認為「善為王業者，在勞天下而自佚，亂天下而自安」〔註8〕，這基本是戰國策士們共同的想法，他們朝秦暮楚，事無定主，設計劃謀多從客觀的政治要求出發，以取得成功為目標。所以說戰國策士是戰國時期分裂的產物，也是分裂的因素。〔註9〕

戰國策士的另一項工作，是待在國內為君王或貴族大臣出謀劃策。如淳于髡說齊宣王納士、顏斶與齊宣王論「王貴士貴」、馮諼為孟嘗君「市義」等。又如如賈誼《過秦論》中所提到的謀士寧越，利用齊國士兵的屍首與繳獲的戰車，對齊國發動了第二次無形的戰爭；陳軫效力於楚懷王，經常識破張儀的謀略，然不被楚懷王所用；樓緩侍奉趙武靈王，在趙國時多次損害趙國利益，卻仍受到歷代趙王的信任。上述這些人，雖不如張儀、蘇秦等縱橫

〔註5〕胡如虹：《戰國策研究》〔M〕，湖南：湖南人民出版社，2002年，第31頁。

〔註6〕李學勤主編：《孟子注疏》〔A〕，《十三經注疏》〔C〕，北京：北京大學出版社，1999年，第88頁。

〔註7〕劉向集錄，范祥雍箋證：《戰國策箋證》〔M〕，上海：上海古籍出版社，2006年，第675頁。

〔註8〕劉向集錄，范祥雍箋證：《戰國策箋證》〔M〕，上海：上海古籍出版社，2006年，第675頁。

〔註9〕漆園丁：《〈戰國策〉：戰國士人階層的智慧》。

家之流對國際形勢起到大作用，但也在各國國內造成或多或少的影響。

　　其次是戰國策士的生死觀。對生死的理解是生存的方式與生存的向度，戰國策士在中國歷史上有著最特殊的生命形態。活著的時候，他們對建功立業有著異常的執著與狂熱，更特別的是，戰國策士建功立業的思想，是建立在個人對成功的渴望，而不是爲某個特定的國家或君主，所謂「所在國重，所去國輕」〔註10〕，戰國策士在諸侯國之間縱橫捭闔，與諸侯分庭抗禮，充分顯示出戰國策士的風采。他們對自己的身後事毫不在意，活著的時候對仁義道德亦有自己的看法，如蘇秦曾爲自己辯解道：

> 且夫孝如曾參，義不離親一夕宿於外，足下安得使之之齊？廉如伯夷，不取素飡，汙武王之義而不臣焉，辭孤竹之君，餓而死於首陽之山。廉如此者，何肯步行數千里，而事弱燕之危主乎？信如尾生，期而不來，抱梁柱而死。信至如此，何肯揚燕、秦之威於齊而取大功乎哉？且夫信行者，所以自爲也，非所以爲人也。皆自覆之術，非進取之道也。〔註11〕

蘇秦的兄弟蘇代也有相同的看法：

> 蘇代謂燕昭王曰：「今有人於此，孝若曾參、孝己，信如尾生高，廉如鮑焦、史鰌，兼此三行以事王，奚如？」王曰：「如是足矣。」對曰：「足下以爲足，則臣不事足下矣。臣且處無爲之事，歸耕乎周之上地，耕而食之，織而衣之。」王曰：「何故也？」對曰：「孝如曾參、孝己，則不過養其親其。信如尾生高，則不過不欺人耳。廉如鮑焦、史鰌，則不過不竊人之財耳。今臣爲進取者也。臣以爲廉不與身俱達，義不與生俱立。仁義者，自完之道也，非進取之術也。」

〔註12〕

就如馬基雅維利將政治科學從舊道德中分離出來一樣，政治活動不能用普通的仁義道德來評價，如果政治活動受到高尚道德的制約，那麼政治上將一事無成、毫無作爲。戰國策士的務實精神爲國家增添了活力，他們充分張揚個

〔註10〕劉向集錄，范祥雍箋證：《戰國策箋證》〔M〕，上海：上海古籍出版社，2006年，劉向書錄第2頁。

〔註11〕劉向集錄，范祥雍箋證：《戰國策箋證》〔M〕，上海：上海古籍出版社，2006年，第1656～1657頁。

〔註12〕劉向集錄，范祥雍箋證：《戰國策箋證》〔M〕，上海：上海古籍出版社，2006年，第1698頁。

人的智力、個性和氣度，顯露出羼鑠的生命力和綻放生存的價值，正所謂「人生世上，勢位富貴，蓋可忽乎哉？」〔註 13〕他們在勢位富貴之中展示了自己的力量。

對身後事的漠視，是戰國策士生死觀的主要特徵。同樣以蘇秦為例，蘇秦先仕於燕，其主要活動是離間齊、趙關係，以減輕齊對燕的壓力。後來他離燕至齊，受到齊湣王重用，但蘇秦仍暗中為燕效勞。他所採取的策略是「勸齊攻宋」，以轉移齊對燕的注意力。燕昭王則派樂毅突然出兵以攻齊，齊因措手不及而敗於燕。蘇秦陰與燕謀齊的活動至此而敗露，齊將蘇秦處以車裂之刑，這在戰國晚期是轟動一時的事件，在許多當時人著述中都有記錄，如山東銀雀山出土的竹簡本《孫子兵法・用間》，有「燕之興也，蘇秦在齊」的句子，又如《呂氏春秋・知度》，說「齊用蘇秦而天下知其亡」。這些記載表明，戰國時人都知道蘇秦為燕而仕齊，最後使齊亡而興燕。關於蘇秦的死，相關記載有不同的說法，《蘇秦列傳》記載蘇秦被刺殺未遂，將死之時自請車裂之刑；《東周列國志》記載蘇秦死前請齊王梟其首懸於市；《資治通鑑・周紀三》載：「齊大夫與蘇秦爭寵，使人刺秦，殺之。」〔註 14〕無論是哪種記載，蘇秦死於齊國是無可置疑的事。蘇秦為東周國人，始以連橫遊說秦惠王，失敗。到趙國又被奉陽君排斥，直到說服了燕文侯，才開始以合縱遊說六國的過程。蘇秦為了報答燕國的知遇之恩，入齊反間，司馬遷稱之：「蘇秦被反間以死，天下共笑之。」〔註 15〕蔑視尾生之信的蘇秦，最後竟如豫讓一般「士為知己者死」，顯示他對人生價值的衡量完全以個人精神為標準，一生也甘為一些理念、原則而執著追求甚至獻身犧牲。這種生為人的矛盾與執著，使得戰國策士形象比任何一個時代的士人都更加有血有肉。值得注意的是，戰國策士雖然不在意身後罵名，但卻並非不怕死，如范雎寧可「詳死，即卷以簀，置廁中」，又忍受「賓客飲者醉，更溺雎」的屈辱，就是為了苟活一命。從這個角度來說，十分符合司馬遷所謂的「人固有一死，或重於泰山，或輕於鴻毛，用之所趨異也」的觀念，而至於身後事，也就只能「要之死日，然後是非乃定」了。

〔註 13〕劉向集錄，范祥雍箋證：《戰國策箋證》〔M〕，上海：上海古籍出版社，2006年，第 143 頁。
〔註 14〕司馬光：《資治通鑑》〔M〕，北京：中華書局，2005 年，第 563 頁。
〔註 15〕司馬遷：《史記》〔M〕，北京：中華書局，2006 年，第 2277 頁。

　　最後是戰國策士的個性風采。戰國策士是戰國時期個性最張揚的一個群體，但策士的人格卻是弱項，他們沒有孔子、孟子那樣聖人的光環，沒有墨子、荀子那種宗師的涵養，有的只是善惡難辨的行事態度。戰國時人對策士也經常有所批評，如有人「讒張儀：『無信，左右賣國以取容。』」〔註16〕；或「人有毀蘇秦者曰：『左右賣國反覆之臣也，將作亂。』」〔註17〕，司馬遷又說：「毋令獨蒙惡聲焉」、「夫張儀之行事甚於蘇秦，然世惡蘇秦者，以其先死」，顯示在蘇秦生前死後攻訐他的言語不在少數。這裏還要注意司馬遷用了「讒」、「毀」二字。讒，讒言；毀，譭謗，皆有扭曲事實之意。司馬遷是不避諱闡述事實的，所以他說蘇秦、張儀是「危傾之士」，然而攻訐者說他們「無信」、「將作亂」卻也言過其實，因為「無信」和「作亂」都不是他們的本質，只是謀略實踐的手段與結果。陳桐生指出，戰國策士「沒有戰國思想家那種一身繫天下的宗教承擔精神和以身殉道的人格力量，沒有對合理社會制度的深入思考和對民生的深情關注，沒有對自己學說保持始終不渝的信仰，沒有人生理想的光輝和文化品位的崇高追求，更缺乏諸子砥礪品質勤於自修的功夫。」〔註18〕戰國策士的人格不具備影響戰國局勢的力量，而策士本身也不重視自己的人格呈現。他們或奸詐、或聰明、或執著、或變通，完全是為自己的策略所服務，所以戰國策士的人格缺乏被歸納的特質，而是一個一個性格鮮明的獨立個體。

　　司馬遷在運用戰國策士文獻的過程中，經過選擇與取捨，加入了戰國策士文獻以外的可能是流傳於戰國時期的策士傳說，建立了司馬遷眼中的戰國策士模式。具體來說，司馬遷所建立的這套模式，是沿襲了戰國策士文獻中所呈現的策士模式，司馬遷深受自己這套策士模式影響，試圖與自己的生活模式結合，並在《史記》中加以強化。

　　《史記》戰國時期的人物列傳的創作，主要資料來自《戰國策》，再配以《戰國策》之外的故事。其中作為策士的典型人物，蘇秦和張儀列傳是引用戰國策士文獻最多的兩篇。但是我們發現蘇秦和張儀直接或間接參與的政治活動遠不止這些篇目，司馬遷在大量的材料中僅僅選取了 1／2 到 1／3〔註

〔註16〕司馬遷：《史記》〔M〕，北京：中華書局，2006 年，第 2298 頁。

〔註17〕司馬遷：《史記》〔M〕，北京：中華書局，2006 年，第 2264 頁。

〔註18〕陳桐生：《〈史記〉與諸子百家之學》〔M〕，安徽：安徽大學出版社，2006 年，第 177 頁。

〔註19〕向玉露：《從蘇秦張儀形象看司馬遷對〈戰國策〉史料的運用》〔J〕，萍鄉高等專科學校學報，2006 年第一期，第 35 頁。

19），司馬遷的取捨顯示了他的側重點，亦可視之爲司馬遷欲強化策士模式的部分。

司馬遷強化戰國策士模式的部分，可分爲三個方面：

一、強調積極建功立業

積極建功立業是戰國策士群體的特徵，而「進言」是其建功立業的主要手段。進言說辭是策士們智慧的累積與展現，也是戰國策士的重要成就，所以得到進言的機會，就成爲他們獲取成功的第一步。《史記》中重要的策士人物，如蘇秦、張儀、范雎、蔡澤等，爲了爭取進言機會，可說是百折不撓，計策百出。

《蘇秦列傳》是主傳蘇秦，附傳蘇氏兄弟蘇代和蘇厲。本篇列傳有十三篇故事與戰國策士文獻相同，蘇秦的部分引用戰國策士文獻的部分有九篇，司馬遷將其按時間排序分別爲：《戰國策·燕策一》「蘇秦將爲從北說燕文侯」、《戰國策·趙策二》「蘇秦從燕之趙始合從」、《戰國策·韓策一》「蘇秦爲楚合從說韓王」、《戰國策·魏策一》「蘇子爲趙合從說魏王」、《戰國策·齊策一》「蘇秦爲趙合從說齊宣王」、《戰國策·楚策一》「蘇秦爲趙合從說楚威王」、《戰國策·燕策一》「燕文公時」、《戰國策·燕策一》「人有惡蘇秦於燕王者」、《戰國策·燕策一》「蘇秦死」；蘇代、蘇厲的故事有四篇，皆出於《戰國策·燕策》。向玉露指出，蘇秦的政治活動十分繁雜，他曾經爲齊王言伐宋之利，說齊閔王霸王之志戰攻非所先，謂楚王人臣莫難於無妒而進賢，也曾經說趙王勿從強秦伐齊，謂秦王案兵息民，勸齊救趙以卻秦兵，還曾經設計重甘茂於齊、又止孟嘗君入秦，等等這些材料都體現蘇秦卓越的政治才能，然而因爲與合縱、回報燕國無關而不用。〔註20〕除了上述兩者無關者不用，《蘇秦列傳》中少數不見於《戰國策》的故事，即是描述蘇秦早期尋求進言機會的生活狀態。《蘇秦列傳》中記載：

> （蘇秦）出游數歲，大困而歸。……期年，以出揣摩，曰：「此可以說當世之君矣。」求說周顯王。顯王左右素習知蘇秦，皆少之。弗信。乃西至秦。秦孝公卒。說惠王曰：「秦四塞之國，被山帶渭，東有關河，西有漢中，南有巴蜀，北有代馬，此天府也。以秦士民之

〔註20〕向玉露：《從蘇秦張儀形象看司馬遷對〈戰國策〉史料的運用》〔J〕，萍鄉高等專科學校學報，2006年第一期，第35頁。

眾，兵法之教，可以吞天下，稱帝而治。」秦王曰：「毛羽未成，不
可以高蜚；文理未明，不可以并兼。」方誅商鞅，疾辯士，弗用。
乃東之趙。趙肅侯令其弟成爲相，號奉陽君。奉陽君弗說之。去游
燕，歲餘而後得見。〔註21〕

我們可以注意到，蘇秦早期的生活即是漫遊各地尋求進言的機會。

《張儀列傳》中引用了十四篇戰國策的故事，其中五篇爲陳軫、犀首（公
孫衍）的簡短附傳，張儀的部分有九篇，司馬遷將其按時間排序分別爲：《戰
國策・秦策一》「司馬錯與張儀爭論」、《戰國策・魏策一》「張儀爲秦連橫說
魏王」、《戰國策・楚策二》「楚懷王拘張儀」、《戰國策・楚策一》「張儀爲秦
破從連橫說楚王」、《戰國策・韓策一》「張儀爲秦連橫說韓王」、《戰國策・齊
策一》「張儀爲秦連橫說齊王」、《戰國策・趙策二》「張儀爲秦連橫說趙王」、
《戰國策・燕策一》「張儀爲秦破從連橫謂燕王」、《戰國策・齊策二》「張儀
事秦惠王」。與《蘇秦列傳》的編排相同，《張儀列傳》是從張儀找到進言對
象之後才開始引用戰國策士文獻。《張儀列傳》記載：

張儀已學而游說諸侯。嘗從楚相飲，已而楚相亡璧，門下意張儀，
曰：「儀貧無行，必此盜相君之璧。」共執張儀，掠笞數百，不服，
釋之。其妻曰：「嘻！子毋讀書游說，安得此辱乎？」張儀謂其妻曰：
「視吾舌尚在不？」其妻笑曰：「舌在也。」儀曰：「足矣。」

蘇秦已說趙王而得相約從親，然恐秦之攻諸侯，敗約後負，念莫可
使用於秦者，乃使人微感張儀曰：「子始與蘇秦善，今秦已當路，子
何不往游，以求通子之願？」張儀於是之趙，上謁求見蘇秦。蘇秦
乃誠門下人不爲通，又使不得去者數日。已而見之，坐之堂下，賜
僕妾之食。因而數讓之曰：「以子之材能，乃自令困辱至此。吾寧不
能言而富貴子，子不足收也。」謝去之。張儀之來也，自以爲故人，
求益，反見辱，怒，念諸侯莫可事，獨秦能苦趙，乃遂入秦。……
蘇秦之舍人乃辭去。張儀曰：「賴子得顯，方且報德，何故去也？」
舍人曰：「臣非知君，知君乃蘇君。蘇君憂秦伐趙敗從約，以爲非君
莫能得秦柄，故感怒君，使臣陰奉給君資，盡蘇君之計謀。今君已
用，請歸報。」張儀曰：「嗟乎，此在吾術中而不悟，吾不及蘇君明

矣！吾又新用，安能謀趙乎？爲吾謝蘇君，蘇君之時，儀何敢言。

且蘇君在，儀寧渠能乎！」張儀既相秦，爲文檄告楚相曰：「始吾從

若飲，我不盜而璧，若笞我。若善守汝國，我顧且盜而城！」〔註22〕

以上故事不見於《戰國策》，張儀與其妻的對話也不可能是出自於史書，應該是司馬遷搜集到與張儀相關的民間故事。張儀入秦前周遊諸侯，受辱於楚，又受辱於趙，無論情節是否可信，張儀在求仕過程顯示出了鍥而不捨的精神，正是司馬遷所要強化的策士精神。

其他戰國策士人物的篇章亦有相同安排。如《范雎列傳》中記載范雎入秦前的故事不見於《戰國策》：范雎「游說諸侯，欲事魏王」，卻因細故被魏相魏齊「使舍人笞擊雎，折脅摺齒。雎佯死，即卷以簀，置廁中。賓客飲者醉，更溺雎，故僇辱以懲後，令無妄言者。」范雎逃脫後，「更名姓曰張祿」，西逃入秦。范雎入秦途中爲了逃過穰侯的追查，先「匿車中」，又「下車走」，這些精彩的片段，在《戰國策·秦策三》「范子因王稽入秦」中只用「范子因王稽入秦」一句帶過。

除了戰國策士，《史記》中記孟子：「受業子思之門人。道既通，游事齊宣王，宣王不能用。適梁，梁惠王不果所言，則見以爲迂遠而闊於事情」〔註23〕；商鞅三次透過景監獲得見秦孝公的機會，後被趙良譏刺爲「今君之見秦王也，因嬖人景監以爲主，非所以爲名也」〔註24〕；《平原君列傳》中的毛遂自薦，《孟嘗君列傳》中「躡蹻而見之」的馮諼〔註25〕、「躡蹻簷簦說趙孝成王。一見，賜黃金百鎰，白璧一雙；再見，爲趙上卿」〔註26〕的虞卿等人事迹，都不見於《戰國策》，我們可以視之爲司馬遷在運用資料時有意的安排，穿插在戰國策士文獻中，強化積極爭取進言機會的觀念。

戰國時期積極爭取進言機會的高潮，司馬遷將其結束在秦統一前李斯的「諫

〔註22〕 司馬遷：《史記》〔M〕，北京：中華書局，2006年，第2279～2281頁。

〔註23〕 司馬遷：《史記》〔M〕，北京：中華書局，2006年，第2343頁。

〔註24〕 司馬遷：《史記》〔M〕，北京：中華書局，2006年，第2234頁。

〔註25〕 《齊策四·齊人有馮諼者》雖有相關記載，但是兩者文字、内容差異較大，方苞云：「《史記》記馮諼事異《國策》，蓋秦、漢間論戰國權變者非一家，所傳各異」，葉適稱：「《史記》蓋別有所本，其義爲勝也」，梁玉繩《史記志疑》曰：「《國策》所說馮事亦異……（與《史記》）多有不合。」筆者按：《戰國策》中雖有馮諼，但與《史記》的文字内容差異太大，幾乎爲兩版本，故本文稱其事迹「不見於《戰國策》」。

〔註26〕 司馬遷：《史記》〔M〕，北京：中華書局，2006年，第2370頁。

逐客書」上。《李斯列傳》全文八千字，是《史記》中篇幅較長，也是歷史價值、文學成就都相當高的篇章之一。〔註27〕《李斯列傳》中沒有引自戰國策士文獻的文字，卻收錄了李斯五篇文章，包含寫於戰國末期的諫逐客書。其一原因自是司馬遷對其文字的欣賞。明代陳仁錫說：「先秦文章當以李斯為第一，太史公作斯傳，載其書五篇，絕工之文也。」〔註28〕反映了司馬遷愛好文采，凡遇到好文章定不忍割棄的習慣。〔註29〕其二，《諫逐客書》可看作是秦統一之前，戰國士人積極爭取進言機會最後的呼聲。李斯為楚人，「度楚王不足事，而六國皆弱，無可為建功者，欲西入秦」〔註30〕，李斯入秦原就是為了建功立業。丞相呂不韋「賢之，任以為郎。李斯因以得說。」〔註31〕然而好景不長，隨著東方遊士客卿在秦國力量的增盛，秦人「一切逐客」，面對「非秦者去，為客者逐」的措施，李斯態度強烈地予以質疑和諫說。〔註32〕李斯反應強烈，最直接的原因就是逐客令使李斯失去了建功立業的機會。如前文所述，李斯早就看清戰國末年的局勢，除了秦國之外已經沒有其他出路，於是李斯在被驅逐的緊急情勢下，「道上上諫書達始皇」〔註33〕，最後一搏為自己爭取進言的機會。李斯上諫逐客書的結果是成功的，秦始皇「復李斯官，卒用其計謀。官至廷尉。二十餘年，竟併天下，尊主為皇帝，以斯為丞相。」〔註34〕

　　司馬遷將以上這些《戰國策》以外的材料堆疊，強化了戰國士人尤其是策士不畏艱辛奔走於各國間尋求進言機會的積極形象。反過來說，這也表現司馬遷對士人積極主動追求建功立業的行為是十分認同的。

二、強調揣摩上意的重要性

　　根據劉向自述編《戰國策》時的情況：

　　　　所校中戰國策書、中書餘卷，錯亂相糅，莒又有國別者八，篇少而

〔註27〕韓兆琦：《史記評議賞析》〔M〕，呼和浩特：內蒙古人民出版社，1985 年，第259 頁。

〔註28〕韓兆琦：《史記評議賞析》〔M〕，呼和浩特：內蒙古人民出版社，1985 年，第268 頁。

〔註29〕韓兆琦：《史記評議賞析》〔M〕，呼和浩特：內蒙古人民出版社，1985 年，第269 頁。

〔註30〕司馬遷：《史記》〔M〕，北京：中華書局，2006 年，第 2539 頁。

〔註31〕司馬遷：《史記》〔M〕，北京：中華書局，2006 年，第 2540 頁。

〔註32〕于迎春：《秦漢士史》〔M〕，北京：北京大學出版社，2000 年，第 6 頁。

〔註33〕司馬遷：《史記》〔M〕，北京：中華書局，2006 年，第 2546 頁。

〔註34〕司馬遷：《史記》〔M〕，北京：中華書局，2006 年，第 2546 頁。

> 不足。臣向因國別者，略以時次之，分別不以序者以相輔。除復重
> 得三十三篇。本字多誤脱爲半字，以趙爲肖，以齊爲立，如此字者
> 多。中書本號，或曰《國策》，或曰《國事》，或曰《短長》，或曰《事
> 語》，或曰《長書》，或曰《脩書》。臣向以爲戰國時游士輔所用之國，
> 爲之策謀，宜爲《戰國策》。其事繼春秋以後，訖楚漢之起，二百四
> 十五年間之事，皆定以殺青，書可繕寫。〔註35〕

可見直至劉向將這些戰國文獻整理成冊之前，它們是散亂的單篇文章，這即是司馬遷面對的《戰國策》原始資料的狀態。司馬遷透過對策士說辭的橫向比較，整理出一個脈絡：策士的進言說辭是可以順應現實情況不斷進行修正的。前文提到，戰國策士想要建功立業，獲得進言的機會是第一要素，如何使自己的說辭被採納，則是成功的關鍵。值得注意的是，「揣摩上意，唯用是說」這個觀念在《戰國策》中是分散出現，而《史記》中則是被集中呈現了。

爲了使說辭被君王接受，戰國策士皆精通揣摩之術。鬼谷子是戰國時期專門研究如何向君主進言的專家，《史記》中記載蘇秦、張儀皆是其門下弟子。《鬼谷子》現存十篇，第七篇《揣》，揣即揣摩、揣度，即在遊說中根據對方的言談舉止、喜怒哀樂等表情的變化以揣度其心思。揣摩是由此及彼、由表及裏，如果能符合君王的情志，則做事無不成功。善於揣摩的人，就同手持釣竿而臨深潭一樣，在魚鉤上掛上餌子，投入水中，只要善於把握時機，就不難釣到大魚。揣摩君主的心意也是如此。〔註36〕

運用揣摩之術，使自己的說辭得到認可，《戰國策》中最經典的人物是左師觸龍。當時秦國急攻趙國，趙國欲以長安君爲人質向齊國請求援軍，但趙太后不願意，曰：「有復言令長安君爲質者，老婦必唾其面。」〔註37〕觸龍進諫時改變「群臣強諫」的方式，先倚老賣老，減緩趙太后敵對的氣焰，接著表明理解趙太后愛子之心，步步爲營，瓦解趙太后排斥的情緒。然後再以情動之，以理說之，最後成功使趙太后同意讓她心愛的少子到齊國當人質，解救趙國危機。此事收錄於《趙策四・趙太后新用事》，和《戰國縱橫家書》十八章的內容相同，與《史記》的文字也基本相同，三個版本如此一致的情況

〔註35〕 劉向集錄，范祥雍箋證：《戰國策箋證》〔M〕，上海：上海古籍出版社，2006
年，劉向書錄第 1 頁。
〔註36〕 秦學頎：《鬼谷子的遊說術》〔M〕，湖南：嶽麓出版社，2000 年，第 106 頁。
〔註37〕 劉向集錄，范祥雍箋證：《戰國策箋證》〔M〕，上海：上海古籍出版社，2006
年，第 1231 頁。

較爲少見，足見此事在戰國時期流傳之廣，堪稱典範。

揣摩上意無疑是使進言被首肯的好方法，但有的時候並不是每次都能一言中的。蘇秦早年便受過這種挫折。《蘇秦列傳》記載：（蘇秦）出游數歲，大困而歸。所以「伏而讀之。期年，以出揣摩，曰：『此可以說當世之君矣。』」〔註38〕蘇秦重新審時度勢，經過「刺股」的刻苦學習，終於揣摩出六國君王所需的「合縱」之道，「於是六國從合而并力焉，蘇秦爲從約長，并相六國」〔註39〕、「秦兵不敢闚函谷關十五年」〔註40〕，獲得極大成功。

其他人物如法家人物商鞅，對秦國的強大有不可磨滅的貢獻，在戰國策士文獻中僅有簡短的敘述：

> 衛鞅亡魏入秦，孝公以爲相，封之於商，號曰商君。商君治秦，法令至行，公平無私，罰不諱強大，賞不私親近，法及太子，黥劓其傅。期年之後，道不拾遺，民不妄取，兵革大強，諸侯畏懼。然刻深寡恩，特以強服之耳。孝公行之八年，疾且不起，欲傳商君，辭不受。孝公已死，惠王代後，蒞政有頃，商君告歸。人說惠王曰：「大臣太重者國危，左右太親者深危。今秦婦人嬰兒皆言商君之法，莫言大王之法。是商君反爲主，大王更爲臣也。且夫商君，固大王仇讎也，願大王圖之。」商君歸還，惠王車裂之，而秦人不憐。〔註41〕

《商君列傳》中沒有引用自戰國策士文獻的部分，但商鞅早年卻有近似策士遊說的經歷。《商君列傳》記載商鞅三說秦孝公之事：

> 因孝公寵臣景監以求見孝公。孝公既見衛鞅，語事良久，孝公時時睡，弗聽。罷而孝公怒景監曰：「子之客妄人耳，安足用邪！」景監以讓衛鞅。衛鞅曰：「吾說公以帝道，其志不開悟矣。」後五日，復求見鞅。鞅復見孝公，益愈，然而未中旨。罷而孝公復讓景監，景監亦讓鞅。鞅曰：「吾說公以王道而未入也。請復見鞅。」鞅復見孝公，孝公善之而未用也。罷而去。孝公謂景監曰：「汝客善，可與語矣。」鞅曰：「吾說公以霸道，其意欲用之矣。誠復見我，我知之矣。」衛鞅復見孝公。公與語，不自知䣛之前於席也。語數日不厭。景監

〔註38〕司馬遷：《史記》〔M〕，北京：中華書局，2006年，第2242頁。

〔註39〕司馬遷：《史記》〔M〕，北京：中華書局，2006年，第2261頁。

〔註40〕司馬遷：《史記》〔M〕，北京：中華書局，2006年，第2262頁。

〔註41〕劉向集錄，范祥雍箋證：《戰國策箋證》〔M〕，上海：上海古籍出版社，2006年，第135～136頁。

曰：「子何以中吾君？吾君之驩甚也。」鞅曰：「吾說君以帝王之道
比三代，而君曰：『久遠，吾不能待。且賢君者，各及其身顯名天下，
安能邑邑待數十百年以成帝王乎？』故吾以彊國之術說君，君大說
之耳。然亦難以比德於殷周矣。」〔註42〕

商鞅並非不懂先聖賢王之道，只是這並不是秦孝公所需要的。商鞅透過對秦
孝公敏銳的觀察，一次又一次地修改其進言，最後講到能迅速富國強兵的「霸
道」，終於引起秦孝公的興趣，開啓了自己成功的道路。誠如韓非《說難》
云：「凡說之難：非吾知之有以說之之難也，又非吾辯之能明吾意之難也，
又非吾敢橫失而能盡之難也。凡說之難：在知所說之心，可以吾說當之。」
〔註43〕

三、強化恩仇分明的性格

戰國時期「是歷史發展的新階段，但這種新階段卻意味著社會道德生活、
物質生活和文化生活的進一步墮落。這種混亂狀態給人心理上和道德上帶來
的突出變化，就是原有信仰的完全崩潰。」〔註44〕戰國策士不相信仁義道德、
尊卑等級一套舊有思想觀念。〔註45〕換句話說，戰國策士受到社會的、內心
的道德束縛都較低，反而能盡情展現豐富的性格。人的性格無疑是多樣化的，
但司馬遷筆下的策士卻經常以恩仇分明的性格貫穿他們精彩的一生，我們可
以試著從文本中找到幾個典型例子。

《張儀列傳》與《蘇秦列傳》是《史記》中與《戰國策》文字重複最多
的篇章。《張儀列傳》中主傳張儀，其他還有陳軫、犀首（公孫衍）的簡短附
傳。《張儀列傳》中，除了開頭「楚相掠笞張儀」、「蘇秦辱張儀」的故事不知
出處，其他都可見於《戰國策》。

最初，合縱與連橫變化無常。公孫衍、張儀、蘇秦等人遊說於各個國家，
合縱既可以對楚，又可以對秦；連橫既可以聯楚，也可以聯秦，這就是所謂
「朝秦暮楚」。等到秦國的勢力不斷強大起來，成為東方六國的共同威脅之
後，合縱成爲專指六國合力抵抗強秦的策略，而連橫則是六國分別與秦國聯

〔註42〕 司馬遷：《史記》〔M〕，北京：中華書局，2006 年，第 2228 頁。
〔註43〕 張覺點校：《商君書‧韓非子》〔M〕，湖南：嶽麓書社，2006 年，第 256 頁。
〔註44〕 方銘：《愛奇心態與戰國政治與文化的關係》〔J〕，職大學報，2004 年第一期，
第 7 頁。
〔註45〕 胡如虹：《戰國策研究》〔M〕，湖南：湖南人民出版社，2002 年，第 163 頁。

盟，以求苟安。秦國的連橫活動，目的是為了破壞六國間的合縱，以便孤立各國，各個擊破。從戰略角度來看，在連橫的過程中，受損害最大的便是楚國。在《史記》中，司馬遷記載張儀被楚相無故鞭笞，故張儀與楚國結下怨恨。待到張儀入秦受重用之後，他便去信楚國云：「始吾從若飲，我不盜而璧，若笞我。若善守汝國，我顧且盜而城。」〔註46〕表現張儀復仇雪恥的決心。我們可以發現在《張儀列傳》中描述張儀與楚國之事，或是不見於《戰國策》，或是與《戰國策》的內容有些許差異。

在連橫的過程中，張儀首先離間楚齊聯盟。《張儀列傳》中記載：

> 儀說楚王曰：「大王誠能聽臣，閉關絕約於齊，臣請獻商於之地六百里，使秦女得為大王箕帚之妾，秦楚娶婦嫁女，長為兄弟之國。此北弱齊而西益秦也，計無便此者。」楚王大說而許之。……張儀至秦，詳失綏墮車，不朝三月。楚王聞之，曰：「儀以寡人絕齊未甚邪？」乃使勇士至宋，借宋之符，北罵齊王。齊王大怒，折節而下秦。秦齊之交合，張儀乃朝，謂楚使者曰：「臣有奉邑六里，願以獻大王左右。」〔註47〕

以六里替代六百里，這簡直不像是出自於大國之間使臣的外交說辭，反而像頑劣小童耍賴的言語，視楚王為無物。果然楚王大怒，發兵攻秦，導致「秦齊共攻楚，斬首八萬，殺屈匄，遂取丹陽、漢中之地。楚又復益發兵而襲秦，至藍田，大戰，楚大敗，於是楚割兩城以與秦平。」〔註48〕

秦楚藍田之戰後，秦欲與楚易地。懷王稱：「不願易地，願得張儀而獻黔中地。」〔註49〕張儀再次入楚，有了楚懷王拘張儀一事，《張儀列傳》記載道：

> 楚懷王至則囚張儀，將殺之。
>
> 靳尚謂鄭袖曰：「子亦知子之賤於王乎？」鄭袖曰：「何也？」靳尚曰：「秦王甚愛張儀而不欲出之，今將以上庸之地六縣賂楚，美人聘楚，以宮中善歌謳者為媵。楚王重地尊秦，秦女必貴而夫人斥矣。不若為言而出之。」
>
> 於是鄭袖日夜言懷王曰：「人臣各為其主用。今地未入秦，秦使張儀來，至重王。王未有禮而殺張儀，秦必大怒攻楚。妾請子母俱遷江

〔註46〕司馬遷：《史記》〔M〕，北京：中華書局，2006年，第2281頁。
〔註47〕司馬遷：《史記》〔M〕，北京：中華書局，2006年，第2287頁。
〔註48〕司馬遷：《史記》〔M〕，北京：中華書局，2006年，第2288頁。
〔註49〕司馬遷：《史記》〔M〕，北京：中華書局，2006年，第2288頁。

南，毋爲秦所魚肉也。」懷王后悔，赦張儀，厚禮之如故。〔註50〕

《戰國策·楚策二》「楚懷王拘張儀」作：

> 楚懷王拘張儀，將欲殺之。靳尚爲儀謂楚王曰：「拘張儀，秦王必怒。天下見楚之無秦也，楚必輕矣。」
>
> 又謂王之幸夫人鄭袖曰：「子亦自知且賤於王乎？」鄭袖曰：「何也？」尚曰：「張儀者，秦王之忠信有功臣也。今楚拘之，秦王欲出之。秦王有愛女而美，又簡擇宮中佳麗好習音者，以懼從之；資之金玉寶器。奉以上庸六縣爲湯沐邑，欲因張儀內之楚王。楚王必愛，秦女依強秦以爲重，挾寶地以爲資，勢爲王妻以臨于楚。王惑於虞樂，必厚尊敬親愛之而忘子·子益賤而日疏矣。」
>
> 鄭袖曰：「願委之於公，爲之奈何？」曰：「子何不急言王，出張子。張子得出，德子無已時，秦女必不來，而秦必重子。子內擅楚之貴，外結秦之交。畜張子以爲用，子之子孫必爲楚太子矣，此非布衣之利也。」鄭袖遽說楚王出張子。〔註51〕

根據《張儀列傳》，張儀入楚前，早就分析「秦彊楚弱，臣善靳尚，尚得事楚夫人鄭袖，袖所言皆從」〔註52〕，全面評估了入楚風險，有恃無恐。而後接《戰國策·楚策二》的文字，省略「靳尚爲儀謂楚王」的說辭，並將靳尚說服鄭袖、鄭袖說服楚懷王的部分作了精簡、潤飾。

　　構成《張儀列傳》最主要部分是張儀爲秦連橫東方六國的說辭。這六段說辭，除了「張儀說楚王」一段，其他基本與《戰國策》中的故事相同。蘇秦死後，張儀隨即展開他的連橫策略。張儀說楚王一段，較《戰國策·楚策一》「張儀爲秦破從連橫說楚王」多出三段文字，分別是：

> 秦西有巴蜀，大船積粟，起於汶山，浮江已下，至楚三千餘里。舫船載卒，一舫載五十人與三月之食，下水而浮，一日行三百餘里，里數雖多，然而不費牛馬之力，不至十日而距扞關。扞關驚，則從境以東盡城守矣，黔中、巫郡非王之有。秦舉甲出武關，南面而伐，則北地絕。秦兵之攻楚也，危難在三月之內，而楚待諸侯之救，在

〔註50〕司馬遷：《史記》〔M〕，北京：中華書局，2006年，第2289頁。

〔註51〕劉向集錄，范祥雍箋證：《戰國策箋證》〔M〕，上海：上海古籍出版社，2006年，第828頁。

〔註52〕司馬遷：《史記》〔M〕，北京：中華書局，2006年，第2288頁。

　　半歲之外，此其勢不相及也。夫（待）〔恃〕弱國之救，忘彊秦之禍，
　　此臣所以爲大王患也。

　　大王嘗與吳人戰，五戰而三勝，陣卒盡矣；偏守新城，存民苦矣。
　　臣聞功大者易危，而民敝者怨上。夫守易危之功而逆彊秦之心，臣
　　竊爲大王危之。〔註53〕

及結尾屈原的進言：

　　屈原曰：「前大王見欺於張儀，張儀至，臣以爲大王烹之；今縱弗忍
　　殺之，又聽其邪說，不可。」懷王曰：「許儀而得黔中，美利也。後
　　而倍之，不可。」故卒許張儀，與秦親。〔註54〕

楚懷王與秦結爲婚約，《楚世家》中記載：「屈原使從齊來，諫王曰：『何不誅
張儀？』懷王悔，使人追儀，弗及。」便是接在此事之後。

　　前文提到，客觀地說連橫策略，受害最大的即是楚國，楚漢相爭時民間
還有「秦滅六國，楚最無辜」的說法。然而司馬遷用復仇的思想解釋了張儀
一而再、再而三地出賣楚國的原因，準確地掌握了戰國時期各國局勢的前因
後果，巧妙地將歷史與故事結合。

　　《張儀列傳》在張儀入秦前，還有一段蘇秦陰幫張儀的事不見於《史記》
以外的戰國資料。這個事情描述地比較曲折，蘇秦先侮辱張儀，隨後派門下舍
人帶著車馬金錢幫張儀入秦。張儀入秦後，蘇秦舍人完成任務便要離去，張儀
說道：「賴子得顯，方且報德，何故去也？」〔註55〕顯示了張儀報恩之心。隨
後得知是蘇秦的計謀，乃曰：「嗟乎，此在吾術中而不悟，吾不及蘇君明矣！
吾又新用，安能謀趙乎？爲吾謝蘇君，蘇君之時，儀何敢言。且蘇君在，儀寧
渠能乎！」〔註56〕爲了報答蘇秦的恩德，張儀決心蘇秦在世的時候，不會破壞
蘇秦在六國的合縱策略，這等於是拿自己最看重的建功立業的機會去報償恩
人，強化了策士有恩必報的性格。儘管蘇秦、張儀在《史記》中的記錄經後人
考證多有錯誤，但在人物塑造方面，張儀快意恩仇的形象已經躍然紙上。

　　另一個恩仇分明的典型人物是策士范雎。《戰國策·秦策三》「蔡澤見逐
於趙」記載：「蔡澤見逐於趙，而入韓、魏，……聞應侯任鄭安平、王稽，皆

〔註53〕　司馬遷：《史記》〔M〕，北京：中華書局，2006年，第2290～2291頁。
〔註54〕　司馬遷：《史記》〔M〕，北京：中華書局，2006年，第2292頁。
〔註55〕　司馬遷：《史記》〔M〕，北京：中華書局，2006年，第2280頁。
〔註56〕　司馬遷：《史記》〔M〕，北京：中華書局，2006年，第2281頁。

負重罪，應侯內慚，乃西入秦。」但並未詳述鄭安平、王稽與范雎的關係。《范雎列傳》則記載范雎入秦前在魏國受到魏齊的羞辱，差點死於非命。「魏人鄭安平聞之，乃遂操范雎亡，伏匿，更名姓曰張祿」，「當此時，秦昭王使謁者王稽於魏。鄭安平詐爲卒，侍王稽。王稽問：『魏有賢人可與俱西游者乎？』鄭安平曰：『臣里中有張祿先生，欲見君，言天下事。其人有仇，不敢晝見。』王稽曰：『夜與俱來。』鄭安平夜與張祿見王稽。語未究，王稽知范雎賢，謂曰：『先生待我於三亭之南。』與私約而去。」〔註57〕在入秦的途中，王稽又多次掩護范雎，使得范雎終於有面見秦王的機會。對於這樣的兩人，范雎爲相之後也給予了報答：「昭王召王稽，拜爲河東守，三歲不上計。又任鄭安平，昭王以爲將軍。」〔註58〕

至於魏齊，范雎「數曰（須賈）：『爲我告魏王，急持魏齊頭來！不然者，我且屠大梁。』」〔註59〕「數曰」、「急持」、「屠大梁」，三言兩語間充分顯示范雎報仇之心切。魏齊逃到趙國平原君處，范雎就囚禁平原君以爲人質，魏齊與虞卿逃到魏國，因「魏齊聞信陵君之初難見之，怒而自剄。趙王聞之，卒取其頭予秦。秦昭王乃出平原君歸趙。」〔註60〕才平息范雎報仇的火焰。《范雎列傳》中說他：「每飯之德必賞，睚眥之怨必報」就是對其恩仇必報的性格最精確的描述。

其他如蘇秦爲報燕王的知遇之恩，到齊國反間；乃至於被司馬遷大量引用至《刺客列傳》的數個刺客的故事，我們可看出司馬遷有意透過故事的堆疊來強化人性中恩、仇這兩個最強烈的情感，這是後世士人性格中所缺乏的；而恩仇必報這種強烈的情感表達，也只能屬於紛亂的戰國時期。

第二節　司馬遷對策士模式的修改

一、變化了的社會制度和策士理想的衝突

秦原本是西陲偏僻之國，「在國民的氣質、風習和執政的意識及風格上，均與東方六國有很大的不同。」〔註61〕秦國對於士人的態度一向比較冷淡，

〔註57〕司馬遷：《史記》〔M〕，北京：中華書局，2006年，第2402頁。
〔註58〕司馬遷：《史記》〔M〕，北京：中華書局，2006年，第2415頁。
〔註59〕司馬遷：《史記》〔M〕，北京：中華書局，2006年，第2414頁。
〔註60〕司馬遷：《史記》〔M〕，北京：中華書局，2006年，第2416頁。
〔註61〕于迎春：《秦漢士史》〔M〕，北京：北京大學出版社，2000年，第1頁。

秦惠王、秦昭王、秦王政時期，屢有排斥六國人才入秦的迹象。呂不韋爲秦相時，曾經感慨：「以秦之彊，羞不如（戰國四公子養士），亦招致士，厚遇之，至食客三千人。」〔註62〕但是呂不韋本人也是客卿，他養士只是追尋當時風潮，不能代表秦政權對士人的態度。秦始皇統一六國之後，戰國策士獨立不羈的風采即刻遭到壓抑。正如于迎春所言：「在國家的政治結構中，除了高高在上的始皇帝及一小批直接輔助他的官吏所形成的權利核心，天下士民幾乎一起構成了皇帝的絕對統治對象。他與臣民之間，只存在著統治與被統治這一單向關係。」〔註63〕這與顏斶面對憤怒的齊宣王，仍敢疾呼「士貴耳，王者不貴」〔註64〕的境遇不可同日而語。從時代環境來說，統一的中國使策士們喪失了建功立業的機會；從國家制度來說，大一統的秦國直至滅亡，似乎也沒有建立一套很完整的用人制度。士人在秦朝所可期望的，大致爲文吏、武吏兩途，前者須能進行基本的文字書寫、會計，並知律令，後者則必須有武藝材力。〔註65〕由此可見秦朝用人的層次是很淺的，是偏重於技能而不在意思想的，更不需要官員具備治國的能力。秦始皇之所以摒士人於政權之外，一定程度上是根源於他空前的權威感，〔註66〕另一部分則是來自秦國長期施行法家政策帶來的整齊劃一的秩序觀念。

　　隨著秦國的迅速滅亡，天下再次陷入混亂，策士們又有了活動的空間，迅速鼓動「諸侯畔秦」〔註67〕，再次展現了戰國時期策士積極活潑的氣息。反秦和楚漢相爭期間，各個勢力皆有策士相隨，如韓信身邊的蒯通，田榮身邊的東郭先生、梁石君等。又如楚軍項梁時期，楚故令尹宋義前來投靠，曾勸項梁「戰勝而將驕卒惰者敗。今卒少惰矣，秦兵日益，臣爲君畏之」〔註68〕，項梁不聽，導致兵敗身死。宋義又在鉅鹿之戰前對項羽說：「夫搏牛之蝱不可以破蟣蝨。今秦攻趙，戰勝則兵罷，我承其敝；不勝，則我引兵鼓行而西，必舉秦矣。故不如先鬥秦趙。夫被堅執銳，義不如公；坐而運策，公不如義。」

〔註62〕司馬遷：《史記》〔M〕，北京：中華書局，2006年，第2510頁。

〔註63〕于迎春：《秦漢士史》〔M〕，北京：北京大學出版社，2000年，第10頁。

〔註64〕劉向集錄，范祥雍箋證：《戰國策箋證》〔M〕，上海：上海古籍出版社，2006年，第639頁。

〔註65〕于迎春：《史記項羽本紀中學書和學劍的解釋》〔A〕，《勞幹學術論文集甲編》〔M〕，北京：藝文印書館，1976年，第25頁。

〔註66〕于迎春：《秦漢士史》〔M〕，北京：北京大學出版社，2000年，第12頁。

〔註67〕班固：《漢書》〔M〕，北京：中華書局，2006年，第1738頁。

〔註68〕司馬遷：《史記》〔M〕，北京：中華書局，2006年，第303頁。

〔註 69〕不久被項羽藉故斬殺。范增，《史記》記載「年七十，素居家，好奇計」〔註 70〕，爲項梁獻計迎楚懷王，後又數次提醒項羽劉邦的危險性，「漢王患之」，於是令被陳平設計離間，最後范增「行未至彭城，疽發背而死。」〔註 71〕除此之外，還有不知名的策士在項羽入秦後進言：「關中阻山河四塞，地肥饒，可都以霸。」〔註 72〕項羽不聽，說者諷刺道：「人言楚人沐猴而冠耳，果然。」〔註 73〕隨即被項羽烹殺之。由上述例子，我們可以發現項羽一方對謀略明顯不夠重視，僅憑一武之力，最後的失敗也就可想而知了。

漢軍這方的情況則大不相同。范大沖提到：「方漢祖龍興於沛上，若蕭、曹以刀筆，張、陳以智謀，勃、嬰以繒販，布、噲以屠黥，凡有一技一能者，靡不各逞所長，以赴攀龍附鳳之會，而竟得名垂竹帛，動列鼎彝，何偉偉也。」〔註 74〕顯示了即使是無職無權的身份，也不妨礙他們爲執政謀劃、計議，或是大膽地譏刺、批評。〔註 75〕但是我們亦能從范大沖對劉邦功臣的歸納看出，這些人所能發揮的功效已經遠不如戰國策士。正如《漢書·酈陸朱劉叔孫傳》贊曰：「語曰：『廊廟之材非一木之枝，帝王之功非一士之略。』」〔註 76〕用劉邦自己的話說：「夫運籌策帷帳之中，決勝於千里之外，吾不如子房。鎮國家，撫百姓，給饋饟，不絕糧道，吾不如蕭何。連百萬之軍，戰必勝，攻必取，吾不如韓信。此三者，皆人傑也，吾能用之，此吾所以取天下也。項羽有一范增而不能用，此其所以爲我擒也。」〔註 77〕整體來說，楚漢相爭時期的策士，已然不具備蘇秦、張儀、范雎這樣獨木擎天的才氣與魄力。而在成功之後，即使如張良「以三寸舌爲帝者師，封萬戶，位列侯」的功臣，在君權壓力下，也只能刻意表明「願弃人閒事，欲從赤松子游耳」、「乃學辟穀，道引輕身」的態度，由此可看出策士有了思想上的轉變。

漢朝的建立，給策士們帶來了新的希望與迷茫。戰國策士留下的文獻，包括說辭、書信、民間傳說等，對漢初策士有著很大的吸引力。與秦朝相同

〔註 69〕 司馬遷：《史記》〔M〕，北京：中華書局，2006 年，第 305 頁。

〔註 70〕 司馬遷：《史記》〔M〕，北京：中華書局，2006 年，第 300 頁。

〔註 71〕 司馬遷：《史記》〔M〕，北京：中華書局，2006 年，第 325 頁。

〔註 72〕 司馬遷：《史記》〔M〕，北京：中華書局，2006 年，第 315 頁。

〔註 73〕 司馬遷：《史記》〔M〕，北京：中華書局，2006 年，第 315 頁。

〔註 74〕 陸賈：《新語校注》〔M〕，北京：中華書局，1986 年，序言第 3 頁。

〔註 75〕 于迎春：《秦漢士史》〔M〕，北京：北京大學出版社，2000 年，第 34 頁。

〔註 76〕 班固：《漢書》〔M〕，北京：中華書局，2006 年，893 頁。

〔註 77〕 司馬遷：《史記》〔M〕，北京：中華書局，2006 年，第 381 頁。

的情況是，漢朝也是一個大一統的國家，不再需要策士的鼓吹煽動；但與秦朝不同的是，漢初的分封制使劉氏諸侯王有較大的自治權，這些王公貴族積極吸引策士、游士爲自己服務，養士風潮再度興起，但漢初策士的職能從在各國間縱橫捭闔演變爲諸侯王的文化幕僚，與戰國時期相比不免遜色許多。

經過全面修養生息的文景時期，漢武帝即位後勵精圖治。爲強化專制統治，對諸侯王和權臣養士的行爲進行了嚴厲的限制和打擊，接連興起了淮南、衡山、江都等大獄，因此三獄而坐牢的人達數萬，其中絕大多數都是諸侯王的門客。隨後又借著其餘威頒佈了《左官律》、《附益法》，嚴禁士人們依附諸侯王。漢武帝在打擊養士的同時，還進一步削弱了諸侯王封地和權力，使諸侯王沒有能力養士，從根本上堵塞了士人報效諸侯王的道路。所以當有人勸衛青「觀古名將所招選擇賢者，勉之哉」〔註78〕的時候，衛青說：「自魏其、武安之厚賓客，天子常切齒。彼親附士大夫，招賢絀不肖者，人主之柄也。人臣奉法尊職而已，何與招士？」〔註79〕足見漢武帝打擊養士之風是很堅決的。在中央朝廷的干預下，漢初的養士之風逐漸降溫，士人再度失去了選擇的自由。

漢武帝一方面堵塞士人的出路，另一方面又下令「招尊方正賢良之士」〔註80〕。士人離開諸侯王來到朝廷，在當時一度形成了君臣風雲際會的新興氣象。《史記‧平津侯主父列傳》中後人補了一段「班固稱曰」：

> 公孫弘、卜式、兒寬皆以鴻漸之翼困於燕雀，遠迹羊豕之間，非遇其時，焉能致此位乎？是時漢興六十餘載，海內乂安，府庫充實，而四夷未賓，制度多闕，上方欲用文武，求之如弗及。始以蒲輪迎枚生，見主父而歎息。群臣慕嚮，異人並出。卜式試於芻牧，弘羊擢於賈豎，衛青奮於奴僕，日磾出於降虜，斯亦曩時版築飯牛之朋矣。漢之得人，於茲爲盛。儒雅則公孫弘、董仲舒、兒寬，篤行則石建、石慶，質直則汲黯、卜式，推賢則韓安國、鄭當時，定令則趙禹、張湯，文章則司馬遷、相如，滑稽則東方朔、枚皋，應對則嚴助、朱買臣，曆數則唐都、落下閎，協律則李延年，運籌則桑弘羊，奉使則張騫、蘇武，將帥則衛青、霍去病，受遺則霍光、金日

〔註78〕 司馬遷：《史記》〔M〕，北京：中華書局，2006 年，第 2946 頁。
〔註79〕 司馬遷：《史記》〔M〕，北京：中華書局，2006 年，第 2946 頁。
〔註80〕 司馬遷：《史記》〔M〕，北京：中華書局，2006 年，第 1424 頁。

碑。其餘不可勝紀。是以興造功業，制度遺文，後世莫及。孝宣承統，纂脩洪業，亦講論六藝，招選茂異，而蕭望之、梁丘賀、夏侯勝、韋玄成、嚴彭祖、尹更始以儒術進，劉向、王襃以文章顯。將相則張安世、趙充國、魏相、邴吉、于定國、杜延年，治民則黃霸、王成、龔遂、鄭弘、邵信臣、韓延壽、尹翁歸、趙廣漢之屬，皆有功迹見述於後。累其名臣，亦其次也。〔註81〕

對於漢武帝來說，招攬士人有兩個好處：一是為朝廷招募了大量的人才，為己所用；二是更有效地控制這批士人。而這種控制，士人是能明顯感覺得到的，朝廷對待士人的尊重已經無法與戰國相比了，因而不同程度地產生了個體獨立人格的失落感。

這些士人中，「其尤親幸者，東方朔、枚皋、嚴助、吾丘壽王、司馬相如。……上頗俳優畜之。」〔註82〕司馬遷在《太史公自序》中也自嘲道自己是被漢武帝「倡優蓄之」的。〔註83〕「俳優」是古代的滑稽藝人，主要工作就是為君王排遣無聊。當司馬相如、司馬遷、東方朔發現自己被漢武帝當成「俳優」一樣豢養著，平時的作用就是為漢武帝填樂府、寫賦，以供漢武帝取樂，心中的悲憤就可想而知了，所以司馬相如「稱疾避事」，東方朔、枚皋「不根持論」，都是對這種政治形勢無力的反抗。而一些因讀經而被招徠的儒生，不但在政治上無法發揮作用，其學問則經常被漢武帝用來作為攻擊朝中大臣的工具，例如《漢書‧嚴助傳》記載：「朝廷多事，婁舉賢良文學之士。……上令助等與大臣辯論，中外相應以義理之文，大臣數詘。」〔註84〕利用士人來和朝中大臣進行辯論，巧妙地將士人置於一個尷尬而又無所作為的政治處境中。

儘管政治現實不如想像，漢武帝在用人方面，量材錄用，重視人才內在的實際價值，使得士人有種重新體會戰國時期價值觀的錯覺。司馬遷就是在某次的用人浪潮中，以「文章」而被提拔。司馬遷對此事的初始想法是：

僕少負不羈之才，長無鄉曲之譽，主上幸以先人之故，使得奉薄伎，出入周衛之中。僕以為戴盆何以望天，故絕賓客之知，忘室家之業，日夜思竭其不肖之材力，務一心營職，以求親媚於主上。〔註85〕

〔註81〕司馬遷：《史記》〔M〕，北京：中華書局，2006年，第673頁。
〔註82〕班固：《漢書》〔M〕，北京：中華書局，第990頁。
〔註83〕司馬遷：《史記》〔M〕，北京：中華書局，2006年，第876頁。
〔註84〕班固：《漢書》〔M〕，北京：中華書局，第2775頁。
〔註85〕韓兆琦：《史記選注彙評》〔M〕，北京：中州古籍出版社，1990年，第646頁。

當司馬遷被漢武帝破格錄取的時候，他是十分感動的，甚至說出當時日思夜想的就是如何「親媚於主上」這樣的話。顯然，漢武帝給士人們營造了一個近似於戰國時期的氛圍，符合司馬遷所理解的「量材錄用」的定義。

這個現象同時也困擾著漢武帝朝的其他士人，他們有了出仕的機會，卻沒有被重視的感覺。東方朔《答客難》中自歎：「彼一時也，此一時也，豈可同哉！……聖帝德流，天下震慴，諸侯賓服，連四海之外以爲帶，安於覆盂。天下平均，合爲一家，動發舉事，猶運之掌。賢與不肖，何以異哉？」〔註86〕司馬遷在其《悲士不遇賦》中寫道：「悲夫士生之不辰，愧顧影而獨存」、「我之心矣，哲已能忖；我之言矣，哲已能選。沒世無聞，古人惟恥。」董仲舒在《悲士不遇》中也提到：「生不丁三代之隆盛兮，而丁三季之末俗。」漢武帝朝的士人都以一種極矛盾的心態在適應著「天下平均，合爲一家」的狀況，他們感歎「生不逢時」，沒有建功立業的機會，「悲士不遇」成了士人們共同的主題。董仲舒、司馬遷、東方朔是武帝時代不同類型士人的代表，三人的思想、性格、經歷、結局都不相同，卻都寫下了「不遇」之賦〔註87〕。漢武帝朝在我國歷史上堪稱繁榮興盛的朝代，董仲舒、司馬相如、司馬遷在中國文人中也可謂是有所成就的人，足見他們這種「不遇」的心情，是經過比較而來的不滿，而比較的對象，就是戰國時期君、士地位相對平等的情況。

司馬遷主要活動在漢武帝的全盛時期，與他同朝爲官的士人對遇與不遇的問題雖然都有著疑惑，但卻並不是都和他一樣狂熱地傾慕戰國時期文化。如積極配合武帝的公孫弘，或是努力在政治與理想中尋求平衡的董仲舒，或是無奈作爲御用文人的司馬相如等，都是揚棄戰國士人品格，而以新的方式適應著新局勢。但司馬遷在政治、道德、法律、思想、學術等一切問題上，都顯得與漢武帝朝的風氣格格不入，所以韓兆琦說：他的思想人格還固守在先秦跟漢初。〔註88〕

司馬遷將自己對戰國時期的理解落實在自己的撰史行爲中，其選擇的自覺體現在司馬遷對現實政治的冷靜認識。他不是不能用別的辦法來取得漢武帝的歡心，但是他卻不願意這麼做。所以當司馬相如爲漢武帝作賦的時候，

〔註86〕司馬遷：《史記》〔M〕，北京：中華書局，2006年，第1024頁。
〔註87〕楊霞：《從董仲舒、司馬遷、東方朔的賦看漢武帝時代的「士不遇」現象》，山東行政學院山東省經濟管理幹部學院學報，2003年第6期。
〔註88〕韓兆琦：《史記通論》〔M〕，廣西：廣西師範大學出版社，1996年，第158頁。

司馬遷在埋頭寫《史記》，他發現只有在《史記》中才有他所熟悉的戰國氛圍，才是他能暢所欲言的地方，用以寄託自己的理想，以期最終從禁錮的現實中解脫出來。

二、司馬遷對策士模式的局部修改

從前文的分析我們可以注意到，戰國時期策士模式中最重要的部分之一即是進言。就今本《戰國策》看，絕大部分篇章屬面陳說辭，書奏說辭僅十數篇。〔註89〕戰國時期的政治自由風氣，策士可以暢所欲言，「三諫不從，則去之」，進退自如。戰國策士的進言帶有主動性，無論是自保或是另覓明主，抑或是以此得到重用、得以實現抱負，都掌有絕對的主動權。而漢代以後，表面上士人（尤其是儒生）的地位提高了，可以縱論邦國濟世之大道，但在具體的政治實踐中，他們的進言管道只有君王一人，不僅無從選擇，而且充滿危機。

漢武帝時期，甚至有所謂「腹誹」之法。「腹誹」指的是口裏不言，心中譏笑。《平準書》記載：「湯奏當異九卿見令不便，不入言而腹誹，論死。自是之後，有腹誹之法。」〔註90〕連不說話都會被酷吏揭發入罪，更遑論用言語或書信來表達諷刺時政之意。在「王之爪牙」盛行的時代，就猶如魯迅所說：「社會諷刺家是危險的。」〔註91〕朝廷的官員開始歌功頌德，對漢武帝進諫言的反倒是身份不高的「滑稽」人物，司馬遷原先將滑稽人物的進言定位在：「談言微中，亦可以解紛。」〔註92〕但褚少孫在《滑稽列傳》後續補的漢武帝時期的滑稽人物，除了東方朔在將死之前，向漢武帝引用了《詩經》的故事，勸諫漢武帝不要聽信讒言之外，其他如郭舍人、東郭先生等人，只能運用小聰明去解決一些無關緊要的問題，與戰國時期「淳于髡仰天大笑，齊威王橫行。優孟搖頭而歌，負薪者以封。優旃臨檻疾呼，陛楯得以半更。豈不亦偉哉！」〔註93〕的進言不可相提並論。

司馬遷深知進言的重要性，即使漢武帝時期的政治風氣如此嚴峻，他也不能放棄進言的想法。於是司馬遷在《史記》中使用了譎諫的方法。所謂譎

〔註89〕鄭傑文：《戰國策文新論》〔M〕，山東：山東人民出版社，1998年，第87頁。

〔註90〕司馬遷：《史記》〔M〕，北京：中華書局，2006年，第1434頁。

〔註91〕魯迅：《魯迅全集》〔M〕，北京：人民文學出版社，1982年，第221頁。

〔註92〕司馬遷：《史記》〔M〕，北京：中華書局，2006年，第3197頁。

〔註93〕司馬遷：《史記》〔M〕，北京：中華書局，2006年，第3203頁。

諫，即是委婉地規諫。《詩經・周南・關雎》序：「上以風化下，下以風刺上，主文而譎諫，言之者無罪，聞之者足以戒，故曰風。」鄭玄箋：「譎諫，詠歌依違不直諫。」《孔子家語・辯政》曰：「忠臣之諫君有五義焉：一曰譎諫，二曰戇諫，三曰降諫，四曰直諫，五曰風諫。」司馬遷對《史記》中的篇章與內容做精心的編排，這些內容被包括在《史記》人物傳記的對話裏，包括在司馬遷所引用的「子曰」、「傳曰」中。除此之外，司馬遷還獨具匠心地將譎諫意識發展到《史記》的外在體系上，即是《史記》的目錄、篇名安排也具有譎諫的效果，希望最終漢武帝能自悟。

　　《史記》中富含對應的篇章很多，被司馬遷靈活運用，例如人物合傳經常有其特殊含義之外，特殊體例如《孔子世家》、《淮陰侯列傳》等就已經顯示司馬遷對傳主的評價，目錄名稱的安排如《孟嘗君列傳》、《平原君虞卿列傳》、《魏公子列傳》、《春申君列傳》也能體現司馬遷對戰國四公子的特殊見解，其它還有連續兩篇爲一組合的篇章。如本文所選的《佞倖列傳》與《滑稽列傳》、《儒林列傳》與《酷吏列傳》，是司馬遷對時事有感而發，卻進言無門，只能透過譎諫刻意安排，顯示司馬遷對漢代政治的看法或對漢武帝的勸誡。以下試對《史記》中譎諫的組合安排做分析：

1、《佞倖列傳》與《滑稽列傳》

　　佞倖人物與滑稽人物，同屬於皇帝身邊的近臣。他們共通點是出身卑賤，性格機智聰明，能言善辯，能討君主歡心。但是他們又有很大的區別。司馬遷說佞倖人物是「夫事人君能說主耳目，和主顏色，而獲親近，非獨色愛，能亦各有所長」，這裏說的佞倖的特長，若不看本傳無法體會其眞意。《佞倖列傳》是漢代佞臣鄧通、趙同、韓嫣、李延年等的合傳，趙同「以星氣幸」、韓嫣「善騎射，善佞」、李延年「善歌，爲變新聲」，鄧通是「無伎能」，但是其事迹卻占《佞倖列傳》最多，實屬諷刺。司馬遷說鄧通「無他能，不能有所薦士，獨自謹其身以媚上而已」〔註94〕，善承上意，察顏觀色，專以諂媚事主，甚至不惜喪失人格，「文帝嘗病癰，鄧通常爲帝唶吮之」，以吮癰取寵。佞倖的這些「特長」都是用來博取君上的好感，沒有特長的如鄧通還能獲得漢文帝賞賜「蜀嚴道銅山，得自鑄錢」〔註95〕，難怪司馬遷要感歎：「力田不

〔註94〕　　司馬遷：《史記》〔M〕，北京：中華書局，2006年，第3192頁。

〔註95〕　　司馬遷：《史記》〔M〕，北京：中華書局，2006年，第3192頁。

如逢年，善仕不如遇合。」〔註 96〕

而司馬遷說滑稽人物是：「談言微中，亦可以解紛」〔註 97〕、「不流世俗，不爭勢利，上下無所凝滯，人莫之害，以道之用」的人。〔註 98〕《史記・滑稽列傳》中記載以「國中有大鳥，止王之庭，三年不蜚又不鳴，王知此鳥何也？」〔註 99〕隱語諫齊威王的淳于髡、以「馬者王之所愛也，以楚國堂堂之大，何求不得，而以大夫禮葬之，薄，請以人君禮葬之」〔註 100〕諷刺楚莊王愛馬勝於人的優孟、以「多縱禽獸於其中，寇從東方來，令麋鹿觸之足矣」〔註 101〕而勸退秦始皇擴大皇家園林的優旃，這些戰國時期的滑稽人物的「談言微中」，就是譎諫意識的最佳體現。

這些滑稽人物所面對的君王，如稱雄於諸侯的楚威王，春秋五霸之一的楚莊王，統一六國的秦始皇，甚至是荒誕殘暴的秦二世，他們都能以自己的機智，使君王笑著採納自己的諫言。他們出身雖然微賤，但卻機智聰敏，能言多辯，善於緣理設喻，察情取譬，借事託諷，因而其言其行起到了與「六藝於治一也」〔註 102〕的相同重要作用。

司馬遷對《佞倖列傳》與《滑稽列傳》的安排是頗具深意的。首先，漢代之前並非沒有佞倖人物，如《佞倖列傳》論贊中的彌子瑕，就是春秋時期著名的佞臣，但司馬遷沒有為其立傳；而漢代以後並非沒有滑稽之臣，如褚少孫在《滑稽列傳》後所補的東方朔、郭舍人等人，司馬遷也省略不列。其次《佞倖列傳》為《史記》第六十五卷，《滑稽列傳》為第六十六卷，由上述可知，兩篇相鄰其實有互為映襯之意。

在《佞倖列傳》中，司馬遷集中敘述漢代君主寵幸佞倖的情況，婉轉地諷刺和鞭撻了文帝、景帝、武帝的任人失當，重用姦佞產生的弊端。佞臣是專制政治的必然產物，它對封建政治也必然造成嚴重的惡果，這從歷代王朝佞人亂政的大量史實中可以得到驗證。司馬遷在文章中對此深表感慨，表現了他對漢代現實政治的失望和對未來政情的憂慮。

〔註 96〕司馬遷：《史記》〔M〕，北京：中華書局，2006 年，第 3194 頁。
〔註 97〕司馬遷：《史記》〔M〕，北京：中華書局，2006 年，第 3196 頁。
〔註 98〕司馬遷：《史記》〔M〕，北京：中華書局，2006 年，第 3318 頁。
〔註 99〕司馬遷：《史記》〔M〕，北京：中華書局，2006 年，第 3197 頁。
〔註 100〕司馬遷：《史記》〔M〕，北京：中華書局，2006 年，第 3200 頁。
〔註 101〕司馬遷：《史記》〔M〕，北京：中華書局，2006 年，第 3202～3203 頁。
〔註 102〕司馬遷：《史記》〔M〕，北京：中華書局，2006 年，第 3197 頁。

那麼對於寵幸佞臣這樣的事應當如何轉危爲安呢？司馬遷緊接著在《滑稽列傳》中提出了答案。寵幸近臣是爲人君難以避免的事，司馬遷以春秋戰國時期有作爲的君主爲例，提出若能有知人之明，滑稽之臣的諫言也是能排解不少紛擾的。若以這個角度來看，褚先生在《滑稽列傳》後所增補的部分，反而打亂了司馬遷原來布置的含義，顯得畫蛇添足了。

2、《儒林列傳》與《酷吏列傳》

在《太史公自序》中，司馬遷提到作《儒林列傳》：「自孔子卒，京師莫崇庠序，唯建元元狩之閒，文辭粲如也。作儒林列傳第六十一。」〔註103〕而作《酷吏列傳》的意義爲：「民倍本多巧，姦軌弄法，善人不能化，唯一切嚴削爲能齊之。作酷吏列傳第六十二。」〔註104〕基本上，司馬遷對儒林和酷吏並沒有預設的厭惡情緒，因爲這兩類人都是在漢武帝朝應時而出現的。所以這兩篇作品是出於對漢武帝朝一些政治現象的記載與評論。

從表面來看，儒士與酷吏是兩種不同類型的人，儒士守儒家思想，酷吏守法家思想，原本沒什麼共通點。但是司馬遷的《儒林列傳》與《酷吏列傳》裏面所述都是漢代人物，這就體現漢代尤其是漢武帝時期對儒、法思想的運用。漢武帝時內興外作，設立「中朝」，裁抑相權，利用儒學，重用酷吏，打擊豪強權貴，嚴明吏治，設十三州部刺史加強監察，所有這些都帶有法家特點。當時人物如公孫弘「學《春秋》雜說」，〔註105〕「習文法吏事而又緣飾以儒術」，主父偃「學長短縱橫之術，晚乃學《易》、《春秋》、百家言」，〔註106〕張湯以《尙書》、《春秋》治獄，儒法結合，時稱「文法」，是漢代典型法家與儒家結合的例子。

所以在《儒林列傳》中，我們可以看到董仲舒的學生溫人呂步舒，「步舒至長史，持節使決淮南獄，於諸侯擅專斷，不報，以《春秋》之義正之，天子皆以爲是」；〔註107〕《酷吏列傳》裏張湯「決大獄，欲傅古義，乃請博士弟子治《尙書》、《春秋》補廷尉史，亭疑法」〔註108〕。如此，司馬遷透過這兩篇展示了儒士與酷吏之間千絲萬縷的聯繫，說儒林的時候也是說酷吏，說酷

〔註103〕司馬遷：《史記》〔M〕，北京：中華書局，2006年，第3318頁。
〔註104〕司馬遷：《史記》〔M〕，北京：中華書局，2006年，第3318頁。
〔註105〕司馬遷：《史記》〔M〕，北京：中華書局，2006年，第3318頁。
〔註106〕司馬遷：《史記》〔M〕，北京：中華書局，2006年，第3235頁。
〔註107〕司馬遷：《史記》〔M〕，北京：中華書局，2006年，第3129頁。
〔註108〕司馬遷：《史記》〔M〕，北京：中華書局，2006年，第3139頁。

吏的時候也就是說儒林。

司馬遷在《酷吏列傳》中記載酷吏的嚴刑峻法和殘酷殺戮，也使各階層的人們特別是普通百姓遭受意想不到的災難，無辜被殺，冤獄橫生，社會不寧，出現了「法令滋章，盜賊多有」，〔註109〕「吏民益輕犯法，盜賊滋起」〔註110〕的局面。作者反對酷吏，倡言不能以此爲榜樣，其反對苛政虐民的思想，完全深寓於敘事之中，所以姚苧田《史記菁華錄》說本文是「諷諫微情，盎然可掬，此極用意文字也。」〔註111〕然而在批判之時，司馬遷對某些酷吏的個人品質，如郅都的「伉直」〔註112〕及其「行法不避貴戚」、〔註113〕「不發私書，問遺無所受，請寄無所聽」、〔註114〕「奉職死節官下，終不顧妻子」〔註115〕的廉潔奉公的品德，和「居歲餘，郡中不拾遺」〔註116〕的治績都大力讚揚，甚至說「其廉者足以爲儀表」，顯示了作者公允的史德和實事求是的科學態度。

在《儒林列傳》中司馬遷按五經《詩》、《書》、《禮》、《易》、《春秋》的順序逐一記人敘事，人物紛繁卻秩序井然。其中著墨多寡不一，凡述之詳者，往往觸及儒學內部的問題。如寫轅固生和黃生的爭論，暴露了儒家學說自身的矛盾和缺欠；寫董仲舒先後遭到主父偃和公孫弘的排擠陷害，反映了一些儒者的卑鄙和儒林人際關係的複雜；寫兒寬善以經義斷獄而位至三公，卻從不匡諫天子，點出漢武帝重用儒生的新政策潛伏著某些令人擔憂的弊病。

上文所舉的例子是順序而排的兩篇作品，互有聯繫，其他還有如《刺客列傳》與《游俠列傳》是跨篇互爲映照，《平準書》與《貨殖列傳》是跨體例互爲映照，這些情況在《史記》中很多，端看司馬遷的運用，沒有一定常例。

綜上所述，司馬遷一方面將漢武帝時期的施政情況加以收錄進《史記》，一方面又做了隱秘的安排布局，暗含對漢武帝的「諷諫微情」。高步瀛在《文章源流》中說：「司馬遷不得不在書中使用一些『詼詭』之筆。」，韓兆琦說司馬遷在《史記》中使用特殊手法，「不像一般書法那樣一目了然、毫無爭

〔註109〕司馬遷：《史記》〔M〕，北京：中華書局，2006年，第3131頁。
〔註110〕司馬遷：《史記》〔M〕，北京：中華書局，2006年，第3194頁。
〔註111〕姚苧田：《史記菁華錄》〔M〕，上海：上海古籍出版社，2007年，第89頁。
〔註112〕司馬遷：《史記》〔M〕，北京：中華書局，2006年，第3154頁。
〔註113〕司馬遷：《史記》〔M〕，北京：中華書局，2006年，第3133頁。
〔註114〕司馬遷：《史記》〔M〕，北京：中華書局，2006年，第3133頁。
〔註115〕司馬遷：《史記》〔M〕，北京：中華書局，2006年，第3133頁。
〔註116〕司馬遷：《史記》〔M〕，北京：中華書局，2006年，第3133頁。

議……作者有褒貶、有是非，但不易看清楚。」〔註117〕因爲如此，「稍不經心，甚至可以得出完全相反的結論，學術界對司馬遷的思想觀點、對《史記》中所涉及的歷史人物的評價發生爭論，也常常與此有關。」〔註118〕和戰國時期策士可以「三諫不從，則去之」的政治環境相比，司馬遷身處於大一統的專制政權下，已經喪失了作爲士人的某些自由。司馬遷採用譎諫之法，是他在時代壓力下對他所重視的戰國策士模式的無奈修改。

第三節　司馬遷策士風格的形成與意義

一、司馬遷的悲劇

　　李陵事件，無疑是司馬遷人生的轉折點，他自己稱之爲：「李陵之禍」。李長之在《司馬遷之體驗與創作》一章中提到：「李陵案的悲劇是必然發生的。」首先是由於司馬遷的性格。〔註119〕陳桐生指出：「司馬遷自覺接受戰國士文化，形成一種近於戰國士林的文化心態，就是一種極其自然的現象。」〔註120〕換言之，是司馬遷的性格造成了李陵案的發生，而這性格正是源自於戰國文化的影響。

　　李陵事件從天漢二年出戰匈奴開始，一直到天漢四年末、泰始元年初李陵全家被誅殺爲止，歷時約四年。此事件對司馬遷影響巨大，但卻不見《史記》裏有相關記載（《李將軍列傳》：「李陵既壯，……自是之後，李氏名敗，而隴西之士居門下者皆用爲恥焉。」〔註121〕本段敘述古今學者多認爲是後人所續，不是司馬遷手筆。）司馬遷在《報任安書》裏簡略提到自己獲罪的過程，後世《漢書》、《漢紀》都援引司馬遷的自述，所以《報任安書》中司馬遷的自白甚具考證價值。再者，《報任安書》是現存司馬遷除了《史記》之外的親筆創作，既然是書信性質，自然表達了更多司馬遷主觀的情感。所以對《報任安書》進行深刻的解析，可以瞭解戰國策士性格對司馬遷的影響。

〔註117〕韓兆琦：《史記通論》〔M〕，廣西：廣西師範大學出版社，1996年，第78頁。
〔註118〕韓兆琦：《史記通論》〔M〕，廣西：廣西師範大學出版社，1996年，第78頁。
〔註119〕李長之：《司馬遷的人格與風格》〔M〕，天津：天津人民出版社，2007年，第70頁。
〔註120〕陳桐生：《中國史官文化與〈史記〉》〔M〕，廣東：汕頭大學出版社，1993年，第103頁。
〔註121〕司馬遷：《史記》〔M〕，北京：中華書局，2006年，第2877頁。

　　對於《報任安書》的題解，歷來有兩種看法。從書辭的表面意思來看，
是司馬遷對任安解釋爲何不能「推賢進士」的原因。深層解釋，如清代學者
包世臣所言：「竊謂『推賢進士』，非少卿來書中本語……中間述李陵事者，
明與陵素非相善，尚力爲引救，況少卿有許死之誼乎？實緣自被刑後，所以
不死者，以《史記》未成之故。是史公之身，乃《史記》之身，非史公所得
自私，史公可爲少卿死，而《史記》必不能爲少卿廢也。結以『死日是非乃
定』，則史公與少卿所共者，以廣少卿而釋其私憾。」〔註122〕司馬遷向任安解
釋爲什麼不能替他在漢武帝面前求情。無論是哪一個解釋，總之是一個「進
言」的問題。從前文我們得知，「積極進言」是司馬遷所重視並強化的策士行
爲，爲什麼他卻在《報任安書》中將「進言」一事寫的既隱晦又悲情？

　　我們可以從《報任安書》中得到蛛絲馬迹。司馬遷記錄自己獲罪時的情
況：

> 陵敗書聞，主上爲之食不甘味，聽朝不怡。大臣憂懼，不知所出。僕
> 竊不自料其卑賤，見主上慘悽怛悼，誠欲效其款款之愚，以爲李陵素
> 與士大夫絕甘分少，能得人之死力，雖古名將不過也。身雖陷敗，彼
> 觀其意，且欲得其當而報漢。事已無可奈何，其所摧敗，功亦足以暴
> 於天下。僕懷欲陳之，而未有路。適會召問，即以此指推言陵功，欲
> 以廣主上之意，塞睚眦之辭。未能盡明，明主不深曉，以爲僕沮貳師，
> 而爲李陵游說，遂下於理。拳拳之忠，終不能自列。〔註123〕

司馬氏是一個軍事的家族，張大可指出：「《太史公自序》追述了司馬氏祖先
遠祖世系，有著兩大光榮的祖德傳統，即或爲文吏世典周史，或爲武將建功
立名。在司馬氏的家譜上，武職的光輝比史職的閃光更爲奪目。」〔註124〕戰
國時期秦國將軍司馬錯與司馬靳分別是司馬遷的八世和六世祖。或許是家學
淵源，司馬遷對李陵戰敗的事有自己的見解，他如所有成功的戰國策士一樣，
對前方的戰況十分關注，並且做了詳細的分析。他所面臨的情況是「欲陳之，
而未有路。適會召問，即以此指推言陵功。欲以廣主上之意，塞睚眦之辭。
未能盡明，明主不深曉，以爲僕沮貳師，而爲李陵游說，遂下於理。」雖然

〔註122〕包世臣撰，李星校注：《包世臣全集》〔M〕，安徽：黃山書社，1993 年，第
　　　　312 頁。
〔註123〕韓兆琦：《史記選注彙評》〔M〕，北京：中州古籍出版社，1990 年，第 644
　　　　頁。
〔註124〕張大可：《司馬遷評傳》〔M〕，南京：南京大學出版社，2004 年，第 223 頁。

是短短的幾句話，已然寫出了漢武帝時期與戰國時期的區別：進言的管道是狹隘的，進言由主動化為被動，進言的內容更需要斟酌，進言之後很難自保。李陵之禍對司馬遷不僅是生理的殘害，也是司馬遷心中的策士光榮在漢武帝朝的破滅，是戰國策士精神與漢武帝君主專制碰撞後的失敗，更是司馬遷與同朝有志文人共同的悲哀。

　　綜上所述，我們可以發現李陵事件，實際就是在司馬遷身上的戰國策士性格與漢武帝朝現實環境所產生的衝突與矛盾。司馬遷的戰國策士風格形成於李陵事件之前，而完成於李陵事件之後。

二、司馬遷策士風格的內涵

　　我們可以從三個方面來討論司馬遷策士風格的內涵：

1、主體意識

　　司馬遷透過對人物的描寫、愛憎，展現了對人物的關心，也展示了自己的主體意識，形成了《史記》有別於後來二十三史的文學風格。譬如說《史記》的悲劇性，是源自於《史記》中有大量的悲劇人物記載。據韓兆琦統計，《史記》全書一百三十篇，其中寫人物的作品共一百一十二篇，這當中有五十七篇是以悲劇人物的姓字標題，此外還有近二十篇雖然不是用悲劇人物的姓字標題，但其中寫到了悲劇人物。同時我們還要看到，在這近八十來篇中還有些多篇是悲劇人物的合傳，如《孫子吳起列傳》、《屈原賈生列傳》、《刺客列傳》等。〔註125〕《史記》的悲劇性走向，與司馬遷個人的悲劇遭遇是有不可分割的關係，也就是說，在眾多的歷史人物中，是司馬遷選擇了與自己性質相似的人物來為其立傳，所以司馬遷的個性就是《史記》的個性。

　　魯迅稱《史記》為「無韻之離騷」〔註126〕，李長之說司馬遷是抒情詩人，〔註127〕這些評論都是看到《史記》中司馬遷強烈的個人色彩。整部《史記》隨處都可以看到司馬遷感情的流露及濃厚的抒情性，而論贊部分是司馬遷發憤抒情最集中的部分。崔積寶認為：「《史記》中的『太史公曰』論贊部分就

〔註125〕韓兆琦：《史記通論》〔M〕，廣西：廣西師範大學出版社，1996 年，第 179頁。
〔註126〕魯迅：《魯迅全集》〔M〕，北京：人民文學出版社，1982 年，第 470 頁。
〔註127〕李長之：《司馬遷之人格與風格》〔M〕，天津：天津人民出版社，2007 年，第 92 頁。

是為了便於司馬遷直接表達自己的思想情感而設的。」〔註128〕也可以說，在《史記》中最能反應司馬遷主體精神的部分即在「太史公曰」之中。

牛運震在《史記評注》說：

> 太史公論贊，或隱括全篇，或偏舉一事，或考諸涉獵所親見，或微
> 諸典記所參合，或於類傳之中摘一人以例其餘，或於正傳之外掘軼
> 事以補其漏，皆有深義遠神，誠為千古絕筆。〔註129〕

「太史公曰」的應用範圍很寬，內容或多或少，或經典或傳說，皆為司馬遷隨心所欲地運用。尤其值得注意的是「諸涉獵所親見」、「正傳之外掘軼事」的部分：司馬遷旅遊的地方很廣，在各地的見聞很多，關於這些都只記錄於「太史公曰」的論贊部分，在《史記》正文中幾乎不提及。如《河渠書》記載夏代大禹開始到漢武帝的水患情形，收錄了《尚書・禹貢》關於大禹治水的事迹，記錄了戰國時期魏國的西門豹治漳水、秦國的鄭國渠，以及漢文帝至漢武帝時期的黃河決堤情況與君主處理態度、各地官員的治水策略等事。最後在「太史公曰」中寫道：

> 余南登廬山，觀禹疏九江，遂至于會稽太湟，上姑蘇，望五湖；東
> 闚洛汭、大邳、迎河，行淮、泗、濟、漯、洛渠；西瞻蜀之岷山及
> 離碓；北自龍門至于朔方。曰：甚哉，水之為利害也！余從負薪塞
> 宣房，悲《瓠子》之詩而作《河渠書》。〔註130〕

司馬遷為寫《河渠書》曾做過大量、長期的實際考察和研究，但是此研究心得卻只出現在「太史公曰」中。

又如《齊太公世家》的「太史公曰」中寫道：

> 吾適齊，自泰山屬之琅邪，北被于海，膏壤二千里，其民闊達多匿
> 知，其天性也。以太公之聖，建國本，桓公之盛，修善政，以為諸
> 侯會盟，稱伯，不亦宜乎？洋洋哉，固大國之風也！〔註131〕

由於司馬遷到過山東，對當地風土民情有一定瞭解，才發出了「大國之風」的盛讚，此種親臨當地有感而發的抒情部分在正文中是看不見的。所以日本學者藤田勝久認為：「太史公曰」是獨立於《史記》正文之外的，《史記》正

〔註128〕崔積寶：《談〈史記〉論贊中的情感》〔J〕，《哈爾濱學院學報》，2002 年第 5 期，第 85 頁。

〔註129〕牛運震：《史記評注》〔M〕，上海：上海古籍出版社，1989 年，第 60 頁。

〔註130〕司馬遷：《史記》〔M〕，北京：中華書局，2006 年，第 1415 頁。

〔註131〕司馬遷：《史記》〔M〕，北京：中華書局，2006 年，第 1513 頁。

文所顯示的是官方資料，而「太史公曰」中大部分是司馬遷私人搜集的資料，兩者所使用的資料來源不一樣。〔註132〕

除了加以親身經歷，司馬遷在「太史公曰」中亦頻繁使用豐富的感情詞彙。感情詞包括陳述語氣、疑問語氣、感歎語氣等，在句子中能表達出作者強烈的喜怒哀樂情緒或感情，所以「太史公曰」可透露出司馬遷對人物或事件的真正情感。如《項羽本紀》贊曰感慨項羽「身死東城，尚不覺寤而不自責，過矣！乃引『天亡我，非用兵之罪也』，豈不謬哉！」〔註133〕司馬遷在論贊中以「過矣」、「謬哉」來評價項羽，但若結合項羽的本傳文字來看，司馬遷對項羽的喜愛之情是溢於言表，於是我們可以理解論贊中感歎詞，更多的是司馬遷對項羽恨鐵不成鋼的複雜情緒。在《孝文本紀》中，司馬遷記錄了許多文帝的詔書，「且所行政事，又足以副之，非託諸空言者比也。」（《史記評議》），全篇寫來不慍不火，直到「太史公曰」才感慨：「嗚呼！豈不仁哉！」〔註134〕表達了對漢文帝的敬仰之情。

其他如《秦楚之際月表》：「豈非天哉，豈非天哉！」〔註135〕、《建元已來王子侯者年表》：「盛哉，天子之德！」、〔註136〕《史記‧滑稽列傳》：「豈不亦偉哉！」、〔註137〕《游俠列傳》：「余視郭解……於戲，惜哉！」〔註138〕等也是感歎詞的用法，又如《伯夷列傳》：「余以所聞由、光義至高，其文辭不少概見，何哉？」〔註139〕的疑問句式，《匈奴列傳》：「且欲興聖統，唯在擇任將相哉！唯在擇任將相哉！」〔註140〕中反覆詠歎以達到強調的目的，都表現了司馬遷對傳中人物的情感與對歷史事件的看法。另外還有直接表達「悲」的情緒的感歎句，也是「太史公曰」的特點。如《孫子吳起列傳》：「吳起……以刻暴少恩亡其軀。悲夫！」、〔註141〕《伍子胥列傳》：「悲夫！方子

〔註132〕藤田勝久：《〈史記〉戰國史料研究》〔M〕，上海：上海古籍出版社，2008年，第15頁。
〔註133〕司馬遷：《史記》〔M〕，北京：中華書局，2006年，第339頁。
〔註134〕司馬遷：《史記》〔M〕，北京：中華書局，2006年，第437頁。
〔註135〕司馬遷：《史記》〔M〕，北京：中華書局，2006年，第760頁。
〔註136〕司馬遷：《史記》〔M〕，北京：中華書局，2006年，第1071頁。
〔註137〕司馬遷：《史記》〔M〕，北京：中華書局，2006年，第3203頁。
〔註138〕司馬遷：《史記》〔M〕，北京：中華書局，2006年，第3189頁。
〔註139〕司馬遷：《史記》〔M〕，北京：中華書局，2006年，第2121頁。
〔註140〕司馬遷：《史記》〔M〕，北京：中華書局，2006年，第2919頁。
〔註141〕司馬遷：《史記》〔M〕，北京：中華書局，2006年，第2169頁。

胥窘於江上，道乞食，志豈嘗須臾忘郢邪？」、〔註142〕《屈原賈生列傳》：「余讀離騷、天問、招魂、哀郢，悲其志。適長沙，觀屈原所自沉淵，未嘗不垂涕……。」、〔註143〕《平津侯主父列傳》：「主父偃當路，諸公皆譽之，及名敗身誅，士爭言其惡，悲夫！」、〔註144〕《史記・汲鄭列傳》：「汲鄭亦云，悲夫！」〔註145〕等，這類的句子多是表達「悲」的情緒，顯示司馬遷對傳主的深厚情感。

若將「太史公曰」單集成冊，可視之爲司馬遷的抒情文集。但司馬遷對史學的態度是科學的，他認爲史學應該求是存眞，反對「譽者或過其實，毀者或損其眞」〔註146〕的做法，在對待歷史應該「疑者傳疑，蓋其愼也」〔註147〕，所以司馬遷並不是將這些抒情文字鋪散在《史記》中，而是獨具匠心地將其集中在「太史公曰」裏。「太史公曰」不僅將司馬遷提到了一個俯瞰歷史的高度，更反應了司馬遷認爲自己對歷史是具有發言權的，而這也正是繼承於戰國時期昂揚的主體精神與「舍我其誰」自信的表現。

2、反抗精神

司馬遷的反抗精神可分爲兩個層面：一是與自身多舛的命運對抗，二是反抗漢武帝的強權。

2.1 發憤著書：與多舛命運對抗

《史記》中有許多觀念爲後世所繼承，其中「發憤著書」這個歷來爲中國知識分子所熟知的信念，就是司馬遷首先提出的。「發憤著書」說經過六朝文論家的發展，使之更具美學思想意義；到了唐宋時期，許多作家結合自己的創作實踐，從不同的角度對「發憤著書」說進行了發揮，其中以韓愈的「不平則鳴」，歐陽修的「窮而後工」影響最大。

司馬遷在《太史公自序》寫道：「退而深惟曰：夫《詩》、《書》隱約者，欲遂其志之思也。昔西伯拘羑里，演《周易》；孔子戹厄陳蔡，作《春秋》；屈原放逐，著《離騷》；左丘失明，厥有《國語》；孫子臏腳，而論兵法；不

〔註142〕司馬遷：《史記》〔M〕，北京：中華書局，2006年，第2183頁。
〔註143〕司馬遷：《史記》〔M〕，北京：中華書局，2006年，第2503頁。
〔註144〕司馬遷：《史記》〔M〕，北京：中華書局，2006年，第2963頁。
〔註145〕司馬遷：《史記》〔M〕，北京：中華書局，2006年，第3114頁。
〔註146〕司馬遷：《史記》〔M〕，北京：中華書局，2006年，第1876頁。
〔註147〕司馬遷：《史記》〔M〕，北京：中華書局，2006年，第789頁。

韋遷蜀，世傳《呂覽》；韓非囚秦，《說難》、《孤憤》；《詩》三百篇，大抵賢聖發憤之所爲作也。此人皆意有所鬱結，不得通其道也。」〔註148〕在《報任安書》中又云「蓋西伯拘而演《周易》；仲尼厄而作《春秋》；屈原放逐，乃賦《離騷》；左丘失明，厥有《國語》；孫子臏腳，《兵法》修列；不韋遷蜀，世傳《呂覽》；韓非囚秦，《說難》、《孤憤》；《詩》三百篇，大氐聖賢發憤之所爲作也。此人皆意有所鬱結，不得通其道」，司馬遷是第一次從理論的高度提出了「蓋自怨生」而「發憤著書」這一文學創作起源說的人。

　　司馬遷對這些古人敘述有多處與史實不符：根據《孔子世家》記載：「子曰：『君子病沒世而名不稱焉。吾道不行矣，吾何以自見於後世哉？』乃因史記作《春秋》，上至隱公，下訖哀公十四年」〔註149〕，其著作時間是在魯哀公十四年西狩獲麟之後，而不是在「厄陳蔡」（定公十五年至哀公六年之間）期間；又根據《屈原賈生列傳》載，屈原作《離騷》是在屈原被放逐之前，而不是在被放逐之後；據《呂不韋列傳》，《呂氏春秋》作於呂不韋相秦之時，而非遷蜀之後；據《老子韓非列傳》，韓非的《說難》、《孤憤》寫於入秦之前，而不是囚秦之後。從這些與《史記》中的敘述自相矛盾可見，司馬遷並非不瞭解孔子、屈原、呂不韋等人創作時的眞實情況，而是有所深意地將這些著作都安排到了孔子、屈原、呂不韋等人受了排擠困厄之後。

　　如果按照司馬遷所安排，這七個人物都是遭受挫折之後才有了創作的動力。現代心理研究表明：一個被無故傷害受挫而又孤立無援的人，會產生心理或情緒上極度緊張的狀態，這就是應激反應，爲緩和或改善這種狀況，受挫者會採用各種自我防禦措施，這些措施主要有迴避隱退、發泄報復、轉移替代、昇華補償等四種。前三種爲消極措施，會帶來負面效果，昇華補償是改善應激狀態的積極措施，它能將受挫折前未能取得的成就，用另外一種方式表達出來，用這種措施取得的效果爲正效果。〔註150〕而司馬遷正符合現代心理學的結論。我們可以說，司馬遷所謂的「發憤著書」，就是對他受挫心理的昇華補償，一種積極的自我防禦措施。若用西方心理學佛洛依德（Sigmund Freud）的話來解釋「發憤著書」則可說是：藝術產生的目的在於發泄被全面

〔註148〕司馬遷：《史記》〔M〕，北京：中華書局，2006 年，第 3300 頁。
〔註149〕司馬遷：《史記》〔M〕，北京：中華書局，2006 年，第 1943 頁。
〔註150〕張世春：《妒忌是屈賦問世的助產婆》〔J〕，喀什師範學院學報，1995 年第 1 期，第 95 頁。

或局部壓抑在無意識深處的欲望，「力比多」（佛洛依德還指出，人類所做的事如果不是為了「保護自己」，就是為了「享樂」，而這些追求享樂的活動，廣義來說，都跟性欲有關。佛洛依德把這種性欲的原動力稱為「力比多」〔註151〕）的昇華是藝術家創作的原動力，人若想讓心靈世界保持正常的平衡狀態，必須採取種種辦法將「力比多」昇華，轉移到社會現實允許、倫理道德容忍的具有崇高價值的創造活動中。簡單地說，「發憤著書」就是將心靈的痛苦經由創作的方式來達到平衡。

司馬遷對於著書立作的執著，源自於《左傳》中「立言」的觀念。根據《左傳・襄公二十四年》：「二十四年春，穆叔如晉。范宣子逆之，問焉，曰：『古人有言曰，『死而不朽』，何謂也？』……穆叔曰：『以豹所聞，此之謂世祿，非不朽也。魯有先大夫曰臧文仲，既沒，其言立，其是之謂乎！豹聞之：『大上有立德，其次有立功，其次有立言。』雖久不廢，此之謂不朽。若夫保姓受氏，以守宗祊，世不絕祀，無國無之，祿之大者，不可謂不朽』」〔註152〕。相同的記載可見於《國語・晉語八・叔孫穆子論死而不朽》。〔註153〕司馬遷遍讀群書，對於《左傳》及《國語》所提及的「立德、立功、立言」之「三不朽」自然是熟記於心。所以在《報任安書》中他不無感慨地說道：「上之不能納忠效信，有奇策才力之譽，自結明主；次之，又不能拾遺補闕，招賢進能，顯巖穴之士；外之，不能備行伍，攻城〔野戰〕，有斬將搴旗之功；下之，不能累日積勞，取尊官厚祿，以為宗族交遊光寵」〔註154〕，在過去官場二十年的生涯中既然無法為朝廷「立功」，而自身又「今已虧形為掃除之隸，在闒茸之中」，更無所謂「立德」了，如此深思下去，要使生命不朽，就只剩下「立言」一個途徑了。所以我們可以說，司馬遷的「發憤著書」，其實就是對戰國士風中「三不朽」說的深化與補充。

於是我們可以得知，引發司馬遷「發憤著書」的原因，並不在於先賢「發憤著書」的史實，而是一種對自身多舛的命運的反抗。司馬遷期許自己如先

〔註151〕佛洛依德：《精神分析論》21 講〔M〕，陝西：陝西人民出版社，2006 年，第 325 頁。

〔註152〕楊伯峻編著：《春秋左傳注》〔M〕，北京：中華書局，1990 年，第 1088 頁。

〔註153〕李維琦點校：《國語・戰國策》〔M〕，湖南：嶽麓書社，2006 年，第 108～109 頁。

〔註154〕韓兆琦：《史記選注彙評》〔M〕，北京：中州古籍出版社，1990 年，第 641～642 頁。

賢一樣最終能完成留世之作，並把自己的人生經驗映像在先賢的身上，形成
「發憤著書」的思想模式。

2.2　反抗強權：司馬遷的文化復仇

漢代復仇之風盛行。最爲直接而重要的原因在於主張「大復仇」的春秋
學佔據了國家政治思想和社會意識的主導地位。〔註155〕周天遊曾將此原因歸
納爲宗法傳統與孝道；道德與法的衝突和協調；經濟利益的誘惑；權欲的膨
脹與爭雄；社會風俗的誘導和地域文化特徵的影響；氣候、人口密度、遷徙、
酒俗及其他等六大方面，應該說是比較全面的分析。〔註156〕司馬遷受此「大
復仇」觀念的影響，加以自身的不幸，積極將歷來的復仇故事組織起來，於
是我們可以發現《史記》人物的一套行爲模式：欲報仇者通過進言獲得君王
賞識，功成名就的時候可以恣意地進行報復。報復的對象上至君王、王侯將
相，下至一般平民，報仇的方式大到發動戰爭小至買凶行刺，無論過程如何
曲折，最終總能遂願。這就是司馬遷所謂：「怨毒之於人甚矣哉！王者尙不能
行之於臣下，況同列乎。向令伍子胥從奢俱死，何異螻蟻。弃小義，雪大恥，
名垂於後世，悲夫。方子胥窘於江上，道乞食。志豈嘗須臾忘郢邪？故隱忍
就功名。非烈丈夫孰能致此哉？白公如不自立爲君者，其功謀亦不可勝道者
哉。」〔註157〕司馬遷是讚頌復仇，並樂見復仇的成功。

除了《史記》中頻繁出現的復仇故事，《史記》的創作本身也是復仇的一
個手段。即是陳桐生所說，「文化復仇是司馬遷從抗爭悲劇命運中獨創的，其
動力來源於人生的因厄與恥辱，其方式是訴諸文化學術著述事業，其特徵表
現爲對個人恩怨的超越，其目的是對此前恥辱實現補償和過補償。」〔註158〕
由此可知，《史記》中的復仇情節，記載的是司馬遷所欣賞過去與強權對抗的
烈士的故事。而司馬遷所處的環境，既無豪俠縱橫，司馬遷本人也不可能經
由買兇殺人來宣泄自己的委屈，所以我們說司馬遷作《史記》是一種文化的
復仇，是司馬遷反抗漢武帝強權的方法，源自於司馬遷自身的悲劇，亦是司
馬遷尋求心靈解脫一個途徑。

〔註155〕黃覺弘：《〈春秋〉大復仇與漢代復仇作品》〔J〕，咸陽師範學院學報，2007
　　　　年第3期，第25頁。
〔註156〕周天遊：《古代復仇面面觀》〔M〕，陝西：陝西人民教育出版社，1992年，
　　　　第76頁。
〔註157〕司馬遷：《史記》〔M〕，北京：中華書局，2006年，第2183頁。
〔註158〕陳桐生：《論司馬遷的文化復仇觀》〔J〕，陝西師範大學學報，1992年第1期。

3、審美自覺

司馬遷在創作《史記》的過程中開始自覺的地對文學作品有所取捨。這一點是十分難得的。戰國文學雖然文采繽紛，但這是出自於諸子百家風格各異的展現，而司馬遷在《史記》中則呈現了自己對某些文學風格的喜好，這就是對文章中美學風格的重視，是審美自覺最初的體現。

司馬遷在《史記》中表現了對戰國時期鋪張排比的美學風格異常喜愛，可以從以下二方面體現：

首先是為文學家立傳。漢代以前著名而純粹的文學家並不多，可數的大約也只有屈原、司馬相如等。而司馬遷對這些文學家十分喜愛，並特為列傳。

關於屈原的事迹，先秦文獻中沒有關於他的記載。《屈原賈生列傳》中是我國歷史上第一次出現屈原生平的史料。這樣一個史無記載的人，代表他的存在不受歷史重視，然而對司馬遷的影響卻是如此巨大。屈原是整部《史記》中，司馬遷「想見其為人」的兩人之一，而另一個人是孔子。可以說孔子是司馬遷的外在體現，而屈原是他的內在精神。

在《屈原賈生列傳》贊曰裏，司馬遷說：「余讀離騷、天問、招魂、哀郢，悲其志。」〔註159〕《楚辭》中充滿了誇張的鋪成排比，據筆者統計，「離騷」中所使用的多偶句達百句以上，而這些所表達出來的強烈情感，這樣鋪敘的表現手法，顯然能傳達出屈原的情感，並打動司馬遷，所以他說讀完之後感到悲傷。對類似風格的作品，司馬遷都愛不釋手。所以他在《屈原賈生列傳》中，收錄了屈原的《懷沙之賦》，又收錄了賈誼的《弔屈原賦》、《鵩鳥賦》，幾乎占全傳三分之一的篇幅。

與此相比，更為誇張的收錄出現在《司馬相如列傳》中。在這篇傳記中，司馬遷收錄了司馬相如的《子虛賦》、《上林賦》、《大人賦》、《哀二世賦》、《上疏諫獵》、《諭巴蜀檄》、《難蜀父老》、《封禪文》，據韓兆琦統計《司馬相如列傳》全傳九千二百多字，比《項羽本紀》還要長。〔註160〕

根據司馬遷引用文章的規則，用他自己的說法是「世多有，故弗論」（《孫子吳起列傳》）、「世既多司馬兵法，以故不論」（《司馬穰苴列傳》）。司馬相如的作品，在漢武帝朝可稱的上是當代流行文學，難道不屬於「世多有」、「弗

〔註159〕司馬遷：《史記》〔M〕，北京：中華書局，2006 年，第 1231 頁。
〔註160〕韓兆琦：《史記通論》〔M〕：廣西：廣西師範大學出版社，1996 年，第 132 頁。

論」的範圍嗎？由此我們可知，司馬遷對漢賦中的鋪陳排比的美學風格，是出自於自覺的審美喜愛，所以也就不惜篇幅的將其收錄進《史記》了。

其次是使用鋪張排比的筆法。司馬遷對戰國文風的喜愛，首先體現在對此文風的文學作品進行收藏，第二則體現在運用鋪張排比的手法來宣泄感情。

其中最顯著例子的就是《項羽本紀》。司馬遷在文中用了四個「莫敢」：「籍所擊殺數十百人，一府中皆慴伏，莫敢起」〔註161〕、「當是時，諸將皆慴服，莫敢枝梧」〔註162〕、「諸侯軍救鉅鹿下者十餘壁，莫敢縱兵」〔註163〕、「項羽召見諸侯將，入轅門，無不膝行而前，莫敢仰視」〔註164〕；三個「無不」：「楚戰士無不一以當十，楚兵呼聲動天，諸侯軍無不人人惴恐。於是已破秦軍，項羽召見諸侯將，入轅門，無不膝行而前，莫敢仰視。」〔註165〕；三個「不敢」：「樓煩欲射之，項王瞋目叱之，樓煩目不敢視，手不敢發，遂走還入壁，不敢復出」〔註166〕，極力鋪張之能事以渲染項羽的勇猛不可擋。最後在項羽垓下被圍之際，項羽感慨曰：

> 吾起兵至今八歲矣，身七十餘戰，所當者破，所擊者服，未嘗敗北，遂霸有天下。然今卒困於此，此天之亡我，非戰之罪也。今日固決死，願爲諸君快戰，必三勝之，爲諸君潰圍，斬將，刈旗，令諸君知天亡我，非戰之罪也。〔註167〕

在烏江邊上項羽又說：「天之亡我，我何渡爲。」〔註168〕司馬遷用了三個「天亡我」、兩個「非戰之罪」，爲項羽最後的敗局下了一個無奈的結論，一來保留了項羽從始至終的勇猛形象，二來也體現了司馬遷本身對天命的困惑。

另一個爲「太史公胸中得意人」〔註169〕的魏無忌，司馬遷在《魏公子列傳》中，不獨篇名直呼「公子」以示尊敬之意，文中凡稱「公子」有一百四十七次，所謂「無限唱歎，無限低徊」，茅坤在《史記鈔》說：「本傳（《魏公

〔註161〕司馬遷：《史記》〔M〕，北京：中華書局，2006年，第297頁。
〔註162〕司馬遷：《史記》〔M〕，北京：中華書局，2006年，第305頁。
〔註163〕司馬遷：《史記》〔M〕，北京：中華書局，2006年，第307頁。
〔註164〕司馬遷：《史記》〔M〕，北京：中華書局，2006年，第307頁。
〔註165〕司馬遷：《史記》〔M〕，北京：中華書局，2006年，第307頁。
〔註166〕司馬遷：《史記》〔M〕，北京：中華書局，2006年，第328頁。
〔註167〕司馬遷：《史記》〔M〕，北京：中華書局，2006年，第334頁。
〔註168〕司馬遷：《史記》〔M〕，北京：中華書局，2006年，第336頁。
〔註169〕茅坤：《史記鈔》〔M〕，上海：上海古籍出版社，2005年，第123頁。

子列傳》）亦太史公得意文。」﹝註170﹞由此可見司馬遷越是在描寫他自己所敬仰的人物時，磅礡的情感就伴隨著鋪張的文風而來。

綜上所述，戰國策士快意恩仇、瀟灑不羈的性格，被隱藏在《史記》的人物當中；戰國策士積極進言、縱橫議論的方式，被司馬遷轉以委婉的譎諫。司馬遷猶如一棵大樹，根部吸取了戰國策士文獻的養分，通過自身的吸收轉化，結出了《史記》豐富茂盛的果實。《史記》的果實中包含了戰國策士的精神與風格，也包含了司馬遷人生的血淚經驗、智慧與執著。

﹝註170﹞茅坤：《史記鈔》﹝M﹞，上海：上海古籍出版社，2005 年，第 123 頁。

結　語

對全文進行梳理，還有些未竟問題，歸納如下：

第一，史料的運用是《史記》創作中最重要的問題。

《史記》作爲史書，畢竟不同於一般的文學作品，它必須具備客觀、可信的素質。然而司馬遷在創作《史記》時第一個面對的難題，就是前期史料的缺乏。這裏「缺乏」包括兩個概念：一是材料的短缺；二是僅有的材料嚴格說起來都不能算是史書，而只能算是歷史作品。經過本文的分析，《戰國策》資料從多個方面來看，都是秦記之外司馬遷唯一可信任的戰國時期資料。藤田勝久先生以文獻學的角度，將新近出土的戰國考古材料與《史記》相應篇章進行對比，認爲「司馬遷文學創作的部分極少，（《史記》）是一部將許多傳抄至漢代的先期資料加以利用後編纂而成的史籍」〔註1〕，這爲筆者本文提供很有力的基礎證據，也證實了司馬遷在《太史公自序》中云：「余所謂述故事，整齊其世傳，非所謂作也」〔註2〕。司馬遷說這句話時，正是太初元年。是《史記》正要進入寫作期的時間。所以此時司馬遷對《史記》創作的目的已經闡述的很明白：《史記》是順應時代需要、國家需要、家庭需要而因時而生的事業。並不是爲了發憤抒情而作的事業。若說司馬遷在創作後期對《史記》有什麼私心，那大概就是「僕誠已著此書，藏之名山，傳之其人，通邑大都。則僕償前辱之責，雖萬被戮，豈有悔哉！」〔註3〕希望《史記》能流傳後世並得到認可，以達到立身之不朽，洗刷自己與家族的恥辱。

〔註1〕 藤田勝久：《〈史記〉戰國史料研究》〔M〕，上海：上海古籍出版社，2008年，第450頁。

〔註2〕 司馬遷：《史記》〔M〕，北京：中華書局，1959年，第3299～3300頁。

〔註3〕 韓兆琦：《史記選注彙評》〔M〕，北京：中州古籍出版社，1990年，第648頁。

第二，《戰國策》資料因其濃厚的文學風格，提供給《史記》的不僅是歷史素材，也提供了文學性。

雖然司馬遷使用了大量的戰國策士文獻與其他戰國文學作品來作爲《史記》的素材是一件無奈之舉，但是就司馬遷的主體意識而言，他是喜愛這些文學作品並且自覺的將其收錄進《史記》的。所以從文學的角度來說，《史記》中體現了司馬遷對戰國文學的審美觀。司馬遷喜歡富有韻律感、氣勢感、具有濃厚的情感色彩的文字，所以《史記》中無論是引用原文還是司馬遷自己的創作，都呈現了濃鬱的戰國文學特色。《史記》中對戰國文學的學習與繼承是顯而易見的。

本文對《史記》取用《戰國策》資料問題的探討，是將諸多前人學者整理考辯的結果作進一步的聯繫與全面探究，前人在《史記》方面的豐碩研究成果爲本論題的研究奠定了堅實的基礎，也提供了一個很高的起點。

此外，隨著考古文獻不斷出土，對於《史記》中一些原先無法明白其意的部分也逐漸有了解答。例如以往我們不明白爲何司馬遷作《老子韓非列傳》，將道家與法家的人物合傳。但「隨著長沙馬王堆漢墓帛書、湖北荊門郭店楚墓竹簡等一系列地下文獻出土，人們發現儒學與黃老刑名之學是戰國到漢初兩股最大學術勢力。」〔註4〕如此司馬遷將老子、莊子與韓非、申不害合傳的理由就很清楚了，司馬遷在大多數的情況之下，都只是客觀地記錄歷史情勢而非抒發自己的情感。

關於《史記》引用史料與創作的問題，本文討論的只限於戰國史的部分。而楚漢相爭到漢武帝朝的歷史，司馬遷引用的是另一套史料系統。筆者將不揣淺陋，在將來的論文著作中對此論題進行更進一步的探索。

〔註4〕陳桐生：《〈史記〉與諸子百家之學》〔M〕，安徽：安徽大學出版社，2006年，第251頁。

參考文獻

古　籍

1. 司馬遷：《史記》〔M〕，北京：中華書局，2006 年。
2. 劉向集錄，范祥雍箋證：《戰國策箋證》〔M〕，上海：上海古籍出版社，2006 年。
3. 班固：《漢書》〔M〕，北京：中華書局，2006 年。
4. 梁玉繩：《史記志疑》〔M〕，北京：中華書局，1981 年。
5. 司馬遷撰，韓兆琦編著：《史記箋證》〔M〕，江西：江西人民出版社，2004 年。
6. 瀧川資言：《史記會注考證》〔M〕，北京：北嶽文藝出版社，1999 年。
7. 王先謙：《荀子集解》〔M〕，北京：中華書局，1988 年。
8. 戴望：《管子校正》〔A〕，《諸子集成》〔C〕，上海：上海書店，1986 年。
9. 李學勤主編：《孟子注疏》〔A〕，《十三經注疏》〔C〕，北京：北京大學出版社，1999 年。
10. 張烈：《漢書譯注》〔M〕，海口：海南國際新聞出版社中心，1997 年。
11. 李延壽：《南史》〔M〕，北京，中華書局，2003 年。
12. 高誘注：《呂氏春秋》〔A〕，《諸子集成》〔C〕，上海：上海書店，1986 年。
13. 楊伯峻譯注：《論語譯注》〔M〕，北京：中華書局，2006 年。
14. 顧馨譯注：《春秋穀梁傳》〔M〕，遼寧：遼寧教育出版社，1997 年。
15. 陳鼓應譯注：《莊子今注今譯》〔M〕，北京：中華書局，1983 年。
16. 劉知幾：《史通》〔M〕，臺灣：臺灣古籍出版社，1993 年。
17. 錢大昕：《廿二史考異》〔M〕，上海：上海古籍出版社，2004 年。
18. 荀況：《兩漢紀·漢紀》〔M〕，北京：中華書局，2005 年。

19. 李周翰注：《六家文選注》〔M〕，北京：國家圖書館微縮文獻，2003 年。
20. 楊天宇譯注：《周禮譯注》〔M〕，上海：上海古籍出版社，2006 年。
21. 周振甫：《文心雕龍今譯》〔M〕，北京：中華書局，1999 年。
22. 楊伯峻：《列子集釋》〔M〕，北京：中華書局，1979 年。
23. 范曄：《後漢書》〔M〕，北京：中華書局，1983 年。
24. 雷學淇：《竹書紀年義證》〔M〕，臺灣：藝文印書館，1966 年。
25. 孫希旦：《禮記集解》〔M〕，北京，中華書局，1998 年。
26. 文淵閣《四庫全書》電子版〔M／CD〕，北京：北京大學，2002 年。
27. 陳奇猷：《呂氏春秋校釋》〔M〕，上海：學林出版社，1984 年。
28. 孔安國：《尚書》校注本〔M〕，湖南：嶽麓書社，2004 年。
29. 唐叔文譯注：《春秋公羊傳》〔M〕，上海：上海古籍出版社，2006 年。
30. 陳立：《白虎通疏證》〔M〕，北京：中華書局，1998 年。
31. 段玉裁：《說文解字注》〔M〕，北京：中華書局，1998 年。
32. 張覺點校：《商君書·韓非子》〔M〕，湖南：嶽麓書社，2006 年。
33. 陳壽：《三國志》〔M〕，北京：中華書局，1959 年。
34. 楊伯峻編著：《春秋左傳注》〔M〕，北京：中華書局，1990 年。
35. 李維琦點校：《國語·戰國策》〔M〕，湖南：嶽麓書社，2006 年。
36. 凌稚隆輯校，李光縉增補：《史記評林》〔M〕，天津：天津古籍出版社，
    1998 年。
37. 魏徵等：《隋書》〔M〕，北京：中華書局，2002 年。

專 著

1. 程金造：《史記管窺》〔M〕，西安：陝西人民出版社，1985 年。
2. 張大可：《史記論贊集釋》〔M〕，西安：陝西人民出版社，1986 年。
3. 陳桐生：《〈史記〉與民族文化精神》〔M〕，西安：陝西人民出版社，1996
   年。
4. 顧頡剛：《史林雜識初編》〔M〕，北京：中華書局，1963 年。
5. 徐復觀：《兩漢思想史》〔M〕，江蘇：華東師範大學出版社，2001 年。
6. 余英時：《士與中國文化》〔M〕，上海：上海人民出版社，2006 年。
7. 于迎春：《秦漢士史》〔M〕，北京：北京大學出版社，2000 年。
8. 李軍：《士權與君權》〔M〕，廣西：廣西師範大學出版社，2001 年。
9. 陳桐生：《中國史官文化與〈史記〉》〔M〕，廣東：汕頭大學出版社，1993
   年。

10. 張大可：《史記研究集成》〔M〕，北京：華文出版社，2005 年。

11. 韓兆琦：《史記選注彙評》〔M〕，北京：中州古籍出版社，1990 年。

12. 趙明主編：《先秦大文學史》〔M〕，吉林：吉林大學出版社，1993 年。

13. 馮友蘭：《中國哲學史》新編〔M〕，北京：人民出版社，2007 年。

14. 翦伯贊：《中國史綱要》修訂本〔M〕，北京：人民出版社，2005 年。

15. 朱紅林：《張家山漢簡〈二年律令〉集釋》〔M〕，北京：社會科學院文獻出版社，2005 年。

16. 韓兆琦：《史記通論》〔M〕，廣西：廣西師範大學出版社，1996 年。

17. 閻步克：《士大夫政治演生史稿》〔M〕，北京：北京大學出版社，1996 年。

18. 叔本華（德）、范進譯：《叔本華論說文集》〔M〕，上海：商務印書館，1999 年。

19. 沃林（美）、張國清等譯：《海德格爾的弟子：阿倫特、勒維特、約納斯和馬爾庫塞》〔M〕，江蘇：江蘇教育出版社，2005 年。

20. 郭預衡：《中國古代文學史簡編》〔M〕，上海：上海古籍出版社，2003 年。

21. 趙明主編：《先秦大文學史》〔M〕，吉林：吉林大學出版社，1993 年。

22. 錢穆：《先秦諸子繫年》〔M〕，上海：商務印書館，2001 年。

23. 許學夷：《詩源辨體》〔M〕，北京：人民文學出版社，2006 年。

24. 梁啟超：《要籍解題及其讀法》〔A〕，《飲冰室合集》專集第 72 卷〔M〕，北京：中華書局，1936 年。

25. 藤田勝久：《〈史記〉戰國史料研究》〔M〕，上海：上海古籍出版社，2008 年。

26. 陳桐生：《〈史記〉與諸子百家之學》〔M〕，安徽：安徽大學出版社，2006 年。

27. 謝冰瑩等譯注：《新譯古文觀止》〔M〕，臺北：三民書局，1987 年。

28. 程金造：《史記索隱引書考實》〔M〕，北京：中華書局，1998 年。

29. 白興華：《趙翼史學新探》〔M〕，北京：中華書局，1997 年。

30. 李長之：《司馬遷的人格與風格》〔M〕，天津：天津人民出版社，2007 年。

31. 郭沫若：《十批判書》〔M〕，北京：東方出版社，1996 年。

32. 過常寶：《原史文化及文獻研究》〔M〕，北京：北京大學出版社，2007 年。

33. 李零：《簡帛古書與學術源流》〔M〕，北京：三聯書局，2004 年。

34. 胡如虹：《戰國策研究》〔M〕，湖南：湖南人民出版社，2002 年。

35. 鄭傑文：《戰國策文新論》〔M〕，山東：山東人民出版社，1998 年。

36. 楊樹增：《史記藝術研究》〔M〕，北京：學苑出版社，2004 年。

37. 韓兆琦：《史記評議賞析》〔M〕，內蒙古：內蒙古人民出版社，1985 年。

38. 馬王堆漢墓帛書整理小組編：《戰國縱橫家書》〔M〕，北京：新華書局，1976 年。

39. 楊寬：《戰國史料編年輯證》〔M〕，上海：上海人民出版社，2001 年。

40. 李學勤：《戰國史與戰國文明》〔M〕，上海：上海科學技術文獻出版社，2007 年。

41. 范文瀾：《中國通史簡編》〔M〕，北京：人民出版社，1965 年。

42. 王靖宇：《中國早期敘事文研究》〔M〕，上海：上海古籍出版社，1999 年。

期刊論文

1. 陳桐生：《孔門七十子開創的學規門風》〔J〕，《浙江師範大學學報》，2007 第 5 期，36～38 頁。

2. 張世春：《妒忌是屈賦問世的助產婆》〔J〕，《喀什師範學院學報》，1995 年第 1 期，94～97 頁。

3. 王成軍：《「普世史」與〈史記〉通史觀念之比較》〔J〕，《江蘇社會科學》，2006 年第 1 期，219～224 頁。

4. 胡發貴：《中國古代知識分子人生信念的嬗變》〔J〕，《江海學刊》，1995 年 6 月，109～114 頁。

5. 趙利偉：《直書與曲筆——〈史記〉藝術中的一體兩翼》〔J〕，《內蒙古大學學報》（人文社會科學版），2006 第 2 期，40～43 頁。

6. 吳淑玲：《「左史記言，右史記事」考辯》〔J〕，《瀋陽師範大學學報》（社會科學版），2006 年第 2 期，54～56 頁。

7. 趙生群：《〈報任安書〉的文獻價值》〔J〕，《南京師大學報》（社會科學版），2002 年第 6 期，130～135 頁。

8. 單少傑：《伯夷列傳中的公正理念和永恒理念》〔J〕，《中國人民大學學報》，2005 年第 6 期，129～137 頁。

9. 党藝峰、党大恩：《〈詩〉亡然後〈春秋〉作——關於史記學論域及其學術文化價值的歷史思考》〔J〕，《渭南師範學院學報》，2006 年第 3 期，19～23 頁。

10. 顧克勇：《〈史記〉終於天漢考論》〔J〕，《許昌師專學報》，2002 年第 6 期，81～82 頁。

11. 吳象樞：《〈史記〉「卜筮決於天命」思想淺析》〔J〕，《長春大學學報》，

2006 年第 2 期，95〜98 頁。

12. 余英華：《〈史記〉「尚讓」思想探究》〔J〕，《淮北煤炭師範學院學報》（哲學社會科學版），2005 年第 5 期，125〜128 頁。

13. 任剛：《〈史記〉「爲人」的敘事視角探析》〔J〕，《內蒙古大學學報》（人文社會科學版），2006 年第 4 期，97〜101 頁。

14. 丁琴海：《〈史記〉辯旨——關於〈史記〉創述宗旨三種觀點的現代解讀》〔J〕，《東嶽論叢》，2001 年第 4 期，86〜90 頁。

15. 董常保：《〈史記〉採〈戰國策〉略論》〔J〕，《阿壩師範高等專科學校學報》，2006 年第 1 期，86〜89 頁。

16. 馮倫：《〈史記〉的抒情性與歌詩音樂的作用》〔J〕，《寧德師專學報》（哲學社會科學版），2006 年第 2 期，48〜51 頁。

17. 張瀏森：《〈史記〉的抒情意蘊》〔J〕，《許昌學院學報》，2005 年第 6 期，41〜43 頁。

18. 楊大忠：《〈史記〉西漢史中天命神怪思想初探》〔J〕，《船山學刊》，2006 年第 2 期，64〜66 頁。

19. 陳嫻：《〈史記〉性質的另類審視——作爲中國第一部學術史專著》〔J〕，《湖南科技學院學報》，2006 年第 1 期，289〜294 頁。

20. 党藝峰、党大恩：《〈史記〉學術史傳研究》〔J〕，《人文雜誌》，2003 年第 3 期，126〜130 頁。

21. 秦靜：《〈史記〉研究點滴辯》〔J〕，《史學月刊》，2006 年第 5 期，115〜117 頁。

22. 劉銀昌、張新科：《〈史記〉易學管窺》〔J〕，《雲南社會科學》，2005 年第 6 期，104〜108 頁。

23. 党藝峰、党大恩：《〈史記〉隱喻敘述研究綱要》〔J〕，《山西師大學報》（社會科學版），2001 年第 3 期，33〜38 頁。

24. 丁波：《先秦史官的演變與〈史記〉》〔J〕，《牡丹江師範學院學報》（哲學社會科學版），2006 年 1 月，42〜44 頁。

25. 周建江：《〈史記〉與漢代楚歌》〔J〕，《廣東技術師範學院學報》，2005 年第 5 期，47 頁〜50 頁。

26. 王雙：《〈史記〉與民族精神》〔J〕，《語文學刊》（高校版），2006 年第 3 期，49〜50 頁。

27. 黃立、白丹：《發憤著書與昇華說》〔J〕，《西南民族大學學報》（人文社科版），2006 年 12 月，217〜220 頁。

28. 池萬興：《〈史記〉與民族精神論綱》〔J〕，《西藏民族學院學報》（哲學社會科學版），2005 年第 6 期，61〜66 頁。

29. 吳象樞：《〈史記〉與神秘文化因緣淺論》〔J〕，《唐山學院學報》，2006 年第 2 期，19～22 頁。

30. 顧克勇：《〈史記〉終於天漢考論》〔J〕，《許昌師專學報》，2002 年第 6 期，81～82 頁。

31. 王緒霞：《〈史記〉中「酷吏」詞義的文化解讀》〔J〕，《鄭州大學學報》（哲學社會科學版），2006 年第 2 期，144～147 頁。

32. 陳鑫：《〈史記〉中的人物形象》〔J〕，《理論界》，2005 年 12 月，160 頁、180 頁。

33. 過常寶：《「春秋筆法」與古代史官的話語權力》〔J〕，《北京師範大學學報》（社會科學版），2003 年第 4 期，21～28 頁。

34. 岳淑珍：《〈伍子胥列傳〉的復仇意識及其內涵》〔J〕，《河南大學學報》（社會科學版），2002 年第 2 期，30～33 頁。

35. 黃覺弘：《〈史記·本紀〉述〈左傳〉辯疑》〔J〕，《唐都學刊》，2005 年第 2 期，30～33 頁。

36. 張文華：《〈史記·貨殖列傳〉與風俗史》〔J〕，《理論學刊》，2006 年第 5 期，92～94 頁。

37. 趙南楠：《〈史記·貨殖列傳〉中的人物形象》〔J〕，《鄖陽師範高等專科學校學報》，2006 年第 2 期，40～46 頁。

38. 楊燕起：《〈史記·孝文本紀〉散論》〔J〕，《渭南師範學院學報》，2006 年第 3 期，14～18 頁。

39. 張新科：《史傳文學中人物形象的建立——從左傳到史記》〔J〕，《陝西師範大學學報》（哲學社會科學版），1988 年 1 月，33～39 頁。

40. 郭英德：《論先秦儒家的敘事觀念》〔J〕，中國人民大學報刊複印資料，1998 年 6 月。

41. 蕭鋒：《百年「春秋筆法」研究評述》〔J〕，《文學評論》，2006 年第 2 期，178～186 頁。

42. 馮雪俊：《春秋戰國時期的人格獨立化傾向》〔J〕，《青海師專學報》（教育科學版），2005 年第 2 期，50～53 頁。

43. 林潤宣：《〈史記·留侯世家〉讀識》〔J〕，《理論界》，1996 年第 1 期，43～44 頁。

44. 王俊：《顧頡剛論〈史記〉》〔J〕，《皖西學院學報》，2006 年第 1 期，116～118 頁。

45. 張莉：《先秦史官制度蠡測》〔J〕，《遠城高等專科學校學報》，2001 年第 2 期，72～74 頁。

46. 王樹民：《春秋戰國秦漢時期「史」的發展演變》〔J〕，《河北師範大學學報》（哲學社會科學版），2004 年第 6 期，111～113 頁。

47. 高勇：《我國古代史官和史官文化淺論》〔J〕，《渝西學院學報》（社會科學版），2005 年第 3 期，58～62 頁。

48. 郭愛國、張春林：《春秋戰國時期文化繁榮的歷史反思》〔J〕，《鞍山鋼鐵學院學報》，2002 年第 6 期，460～462 頁。

49. 高志明：《從「詩言志」到「史言志」——〈史記〉文學發生論》〔J〕，《襄樊學院學報》，2006 年第 1 期，58～63 頁。

50. 李瑩瑩，《從〈管晏列傳〉到〈管子傳〉——司馬遷與梁啓超傳記思想比較研究》〔J〕，《蕪湖職業技術學院學報》，2006 年第 1 期，25～28 頁。

51. 王豔玲、崔倫強：《從〈史記〉談中華文明的源流》，《社科縱橫》〔J〕，2006 年第 3 期，119、124 頁。

52. 向玉露：《從〈史記〉中蘇秦、張儀形象看司馬遷對〈戰國策〉史料的運用》〔J〕，《萍鄉高等專科學校學報》，2006 年第 1 期，34～37 頁。

53. 蕭波：《從〈史記·貨殖列傳〉到〈漢書·貨殖傳〉看司馬遷與班固經濟思想的對立》〔J〕，《晉陽學刊》，2006 年第 3 期，125～126 頁。

54. 吳象樞，《從〈史記·天官書〉解讀司馬遷的思想》〔J〕，《常州工學院學報》，2005 年第 4 期，92～97 頁。

55. 趙明正，《由歷史散文的嬗變看〈史記〉的四棲形態》〔J〕，《湖南大學學報》（社會科學版），2004 年第 2 期，109～112 頁。

56. 雷戈：《從亂世之〈春秋〉到治世之〈史記〉》——孔子與司馬遷的史學價值觀之比較》〔J〕，《西北師大學報》（社會科學版），1997 年第 4 期，41～47 頁。

57. 李秀麗：《從司馬遷到梁啓超——兼析〈史記貨殖列傳今義〉的經濟思想》〔J〕，《連雲港師範高等專科學校學報》，2006 年第 1 期，17～19 頁。

58. 鄒軍誠：《從司馬遷對歷史人物的評價看其學術思想》〔J〕，《渭南師範學院學報》，2006 年第 3 期，24～28 頁。

59. 李俊：《高尚而獨立的人格——讀司馬遷〈報任少卿書〉》〔J〕，《集寧師專學報》，2006 年第 2 期，16～18 頁、52 頁。

60. 朱曉海：《讀伍子胥列傳》〔J〕，《文與哲》，2006 年第 9 期，109～119 頁。

61. 吳象樞：《對〈史記〉中「夢占」的思考》〔J〕，《內蒙古農業大學學報》，2006 年第 1 期，247～251 頁。

62. 唐平：《對〈史記·伯夷列傳〉的一些看法》〔J〕，《和田師範專科學校學報》（漢文綜合版），2006 年第 3 期，221～222 頁。

63. 張新科、劉寧：《多元與整合——從〈自序〉看〈史記〉的文化意蘊》〔J〕，《中國文化研究》，2006 年夏之卷，57～63 頁。

64. 閻步克：《關於儒生——文史研究的說明》〔J〕，《社會科學論壇》，2005 年 2 月，76～78 頁。

65. 朴宰雨：《韓國〈史記〉文學研究的回顧與前瞻》〔J〕，《文學遺產》，1998年第 1 期，20～28 頁。

66. 閆曉君：《漢初的刑罰體系》，《西北政法學院學報》〔J〕，2006 年第 4 期，160～168 頁。

67. 党藝峰、党大恩：《漢代知識情況、〈史記〉及其他》〔J〕，《武警工程學院學報》，2003 年第一期，52～54 頁。

68. 陳紀然：《漢唐間〈史記〉的傳佈與研讀》〔J〕，《學術交流》，2006 年第 6 期，161～164 頁。

69. 王澤武：《漢文帝「易刑」考辯》〔J〕，《湖北大學學報》（哲學社會科學版），2003 年第 2 期，90～92 頁。

70. 許勇強、李浩淼：《簡論〈史記〉世家的提頓之筆》〔J〕，《重慶師範大學學報》（哲學社會科學版），2006 年第 2 期，95～97 頁。

71. 王景潤：《簡論春秋戰國文化的時代特色》〔J〕，《許昌師專學報》，2002年第 6 期，83～85 頁。

72. 閻步克：《樂師與「儒」之文化起源》〔J〕，《北京大學學報》（哲學社會科學版），1995 年第 5 期，46～54 頁、92 頁。

73. 劉寧：《〈史記〉敘事學研究綜述》〔J〕，《江淮論壇》，2006 年第 3 期，170～175 頁。

74. 鄭先興：《陸賈的史學思想》〔J〕，《南都學刊》（人文社會科學學報），2006年第 1 期，15～19 頁。

75. 張劍平：《略論白壽彝先生對〈史記〉的研究》〔J〕，《回族研究》，2002年第 2 期，12～19 頁。

76. 曾祥旭：《論「罷黜百家」後西漢儒士人格精神的變化》〔J〕，《求索》，2005 年 10 月，196～198 頁。

77. 劉猛：《論〈史記〉的故事情節》〔J〕，《西北工業大學學報》（社會科學版），2004 年第 2 期，24～27 頁。

78. 靳玲：《論〈史記〉的經世作用》〔J〕，《呼倫貝爾學院學報》，2006 年第 2 期，4～6 頁。

79. 羅培深：《論〈史記〉的人物描寫》〔J〕，《湖南廣播電視大學學報》，90～92 頁。

80. 王曉紅：《論〈史記〉的修辭與「不隱惡、不虛美」的關係》〔J〕，《社會科學輯刊》，2006 年第 3 期，219～225 頁。

81. 劉寧：《論〈史記〉敘事中的三類情節及其組合意義》〔J〕，《社會科學家》，2007 年第 2 期，23～26 頁。

82. 廖昕：《論〈史記〉中孔子形象再塑造》〔J〕，《長治學院學報》，2006 年第 1 期，51～52 頁。

83. 張淨秋：《論〈史記〉中李斯的思想性格及其人生悲劇》〔J〕，《黑龍江教育學院學報》，2006 年第 1 期，106～108 頁。

84. 黃覺弘：《論〈史記·李將軍列傳〉的虛美》〔J〕，《阜陽師範學院學報》（社會科學版），2005 年第 6 期，36～39 頁。

85. 白自東、孔憲鳳：《論春秋戰國時期士階層的形成及其歷史作用》〔J〕，《西藏民族學院學報》（社會科學版），1994 年第 2 期，43～49 頁。

86. 尹建東：《論漢代關東豪族宗族組織的構成特點》〔J〕，《雲南民族學院學報》（哲學社會科學版），2002 年第 5 期，66～70 頁。

87. 白雲：《論錢大聽的史學批評》〔J〕，《紅河學院學報》，2006 年第 3 期，41～45 頁、52 頁。

88. 米文佐、傅滿倉：《論儒家思想在司馬遷性格中的地位——兼與岑長之先生商榷》〔J〕，《甘肅高師學報》，2004 年第 3 期，49～51 頁。

89. 張玉春：《論〈史記〉的材料來源與整理》〔J〕，《中國典籍與文化》，12～16 頁。

90. 丁功誼：《論史記文學成就寄自由獨立思想——可永雪與〈史記〉研究》〔J〕，《滄桑》，2006 年 3 月，7 頁、18 頁。

91. 楊天榮、張永剛：《論司馬遷的經濟思想》〔J〕，《三門峽職業技術學院學報》，2006 年第 4 期，45～47 頁。

92. 張宏傑、王堅：《論司馬遷人格精神的形成》〔J〕，《河北大學成人教育學院學報》，2005 年第 4 期，75～77 頁。

93. 陳金花：《論西漢前期統治思想的變化及其原因》〔J〕，《渭南師範學院學報》，2006 年 7 月，7～10 頁。

94. 郭明友：《論項羽「重瞳子」》〔J〕，《無錫商業職業技術學院學報》，2006 年第 2 期，89～91 頁、98 頁。

95. 張贊恭：《論中國儒人與儒學的產生》〔J〕，《洛陽師專學報》，1996 年第 6 期，19～23 頁。

96. 王立、孫琳：《十年磨劍著力作，〈史記〉研究結碩果——評楊樹增教授的〈史記藝術研究〉》〔J〕，《十堰職業技術學院學報》，2006 年第 5 期，31～32 頁。

97. 彭芬長河：《淺論漢武帝法律思想的靈魂——從司馬遷受宮刑說起》〔J〕，《湖北成人教育學院學報》，2006 年第 1 期，33～34 頁。

98. 梁建民：《中國士人的文化心理結構場——也論儒道互補》〔J〕，《咸陽師範學院學報》，2002 年第 1 期，38～40 頁。

99. 杜維明：《中國古代儒學知識分子的結構與功能》〔J〕，《開放時代》，2000 年 3 月，32～38 頁。

100. 彭澤平、李茂琦：《中國古代博士考略》〔J〕，《文史雜談》，64 頁。

101. 王於飛：《張晏〈史記〉十篇亡佚說質疑》〔J〕，《東南學術》，2000 年第 2 期，111～114 頁。

102. 唐紅：《在文本解析中復活〈史記〉中的刺客形象》〔J〕，《宜賓學院學報》，2005 年第 10 期，75～78 頁。

103. 陳曦：《遊走於「崇儒」與「愛奇」之間——〈史記〉戰爭敍述探索》〔J〕，《解放軍藝術學院學報》，2006 年第 1 期，15～22 頁。

104. 焦泰平、孫希娟：《憂患意識與立言傳世》〔J〕，《長安大學學報》（社會科學版），2004 年第 6 期，73～75 頁、79 頁。

105. 張明：《淺談項羽的悲劇性格特徵及其表現出的〈史記〉的悲劇精神》〔J〕，《中國古代文學研究》，2006 年 4 月，37～38 頁。

106. 賈利芳、孫太紅：《淺析〈史記〉「忠烈」精神的現實意義》〔J〕，《無錫南洋學院學報》，2005 年第 1 期，82～84 頁。

107. 楊寧寧：《社會變遷條件下的春秋戰國食客》〔J〕，《思想戰線》，2006 年第 3 期，131～139 頁。

108. 陳來生：《「詩亡而後春秋作」新解：韻文史詩向散文史書的擅遞》〔J〕，《社會科學》，2004 年第 6 期，106～109 頁。

109. 鄭振邦：《析司馬遷的歷史是非觀》〔J〕，《渭南師範學院學報》，2006 年第 1 期，14～18 頁。

110. 馬予靜：《西漢文章兩司馬〈史記·司馬相如列傳〉考論》〔J〕，《河南大學學報》（社會科學版），2005 年 6 期，81～85 頁。

111. 陳曦：《巫蠱之禍與司馬遷卒年問題考論》〔J〕，《淮陰師範學院學報》（哲學社會科學版），2007 年 6 月，773～778 頁。

112. 李小樹：《魏晉南北朝民間史學活動探論》〔J〕，《學術論壇》，2005 年第 5 期，89～93 頁。

113. 靳玲：《談司馬遷「求真」的實踐》〔J〕，《赤峰學院學報》（漢文哲學社會科學版），2006 年第 5 期，36～37 頁、66 頁。

114. 党藝峰：《司馬氏家族世系的文化內涵考釋》〔J〕，《渭南師範學院學報》，2002 年第 4 期，17～19 頁。

115. 韓兆琦：《司馬遷自請宮刑說》，北京師範大學學報（社會科學版），1988 年第 2 期，46～47 頁。

116. 張大可：《司馬遷怎樣寫歷史》〔J〕，《紅河學院學報》，2007 年第 6 期，61～65 頁。

117. 張強：《司馬遷與新史官文化》〔J〕，《南京師大學報》（社會科學版），2002 年第 6 期，136～142 頁。

118. 何凌風：《試析〈史記〉對偶藝術》〔J〕，《廣西師院學報》（哲學社會科學版），2000 年第 1 期，82～86 頁。

119. 張玉春：《〈史記〉六朝殘本考》〔J〕,《中國典籍與文化》,第 39 期,32～36 頁。

120. 何淩風：《〈史記〉排比運用之藝術成就初探》〔J〕,《山東大學學報》(哲學社會科學版),2003 年第 3 期,47～51 頁。

121. 張強：《司馬遷與漢代改制之關係考論》〔J〕,《南京政治學院學報》,2006 年第 1 期,59～65 頁。

122. 陳桐生：《司馬遷寫老子》〔J〕,《廣東外語外貿大學學報》,2006 年第 3 期,15～18 頁、23 頁。

123. 陸平：《司馬遷受腐刑於泰始二年說》〔J〕,《渭南師範學院學報》,2007 年第 3 期,11～17 頁。

124. 胡淑冰：《司馬遷詩樂思想發微》〔J〕,《鄭州航空工業管理學院學報》(社會科學版),2006 年第 2 期,63～65 頁。

125. 向晉衛：《司馬遷精神與當代知識分子》〔J〕,《渭南師範學院學報》,2002 年第 4 期,13～16 頁。

126. 康清蓮：《司馬遷與漢武帝時期的「罷黜百家,獨尊儒術」》〔J〕,《四川教育學院學報》,2001 年第 3 期,27～29 頁。

127. 方正己、徐豔珍：《司馬遷的心理障礙》〔J〕,《北華大學學報》(社會科學版),2001 年第 2 期,51～55 頁。

128. 張晶、梁建邦：《司馬遷的人格魅力》〔J〕,《陝西廣播電視大學學報》,2005 年第 4 期,38～41 頁。

129. 田平：《司馬遷的人格精神探析》〔J〕,《南都學壇》(人文社會科學學報),2003 年第 3 期

130. 楊華星：《司馬遷的經濟倫理思想探析》〔J〕,《西南師範大學學報》(人文社會科學版),2003 年第 5 期,1～5 頁。

131. 楊茂林：《司馬遷的多愛精神初探》〔J〕,《社科縱橫》,2006 年第 6 期,88 頁、107 頁。

132. 孟祥才：《司馬遷悲劇與結局新釋》〔J〕,《齊魯學刊》,1999 年第 2 期,81～85 頁。

133. 劉小林：《司馬遷〈史記〉藝術論略》〔J〕,《巢湖學院學報》,2006 年第 2 期,102～104 頁、109 頁。

134. 霍雅娟、張明嶺：《試論項羽形象的悲劇美》〔J〕,《赤峰學院學報》(漢文哲學社會科學版),2006 年第 3 期,40～41 頁。

135. 楊帆：《試論司馬遷心中的君子儒》〔J〕,《哈爾濱學院學報》,2006 年第 6 期,76～78 頁。

136. 何錦旭：《試論司馬遷生平遭遇對其寫作〈史記〉的意義》〔J〕,《文學研究》,2005 年 10 月,15 頁。

137. 曹瑞娟：《試論〈史記〉中的「天人感應」觀念》〔J〕，《現代語文》，2006年2月，9～10頁。

138. 李賢民：《試辨〈史記〉的補竄爭訟》〔J〕，《河南圖書館學刊》，2004年第4期，88～90頁。

139. 韓兆琦：《司馬遷與先秦士風之終結》〔J〕，《古典文學知識》，1996年第3期

140. 張新科、蔣文傑：《史記學：21世紀研究之展望》〔J〕，《河南大學學報》，2001年第1期，54～59頁。

141. 張新科、王剛：《20世紀史記學發展道路》，《淮陰師範學院學報》，2000年第1期，35～39頁。

學位論文

1. 潘定武：《〈漢書〉文學研究》〔D〕，西安：陝西師範大學博士學位論文，2006年。

2. 徐健順：《〈三國史記〉文學價值研究》〔D〕，北京：中央民族大學博士學位論文，2003年。

3. 陳瑞泉：《〈史記〉世俗之樂研究》〔D〕，西安：陝西師範大學碩士學位論文，2006年。

4. 鄒軍誠：《〈史記〉、〈漢書〉論贊序比較》〔D〕，湖南：湖南師範大學碩士學位論文，2006年。

5. 馬洪良：《〈史記〉〈戰國策〉對戰國歷史記載之比較》〔D〕，鄭州大學碩士學位論文，2004年。

6. 唐會霞：《〈史記〉悲劇藝術論》〔D〕，西北大學碩士學位論文，2003年。

7. 王芳：《〈史記〉倫理文化探微》〔D〕，陝西師範大學碩士學位論文，2001年。

8. 常昭：《〈史記〉士形象論》〔D〕，廣西師範大學碩士學位論文，2000年。

9. 劉寧：《〈史記〉敘事學研究》〔D〕，陝西師範大學博士學位論文，2006年。

10. 高曉穎：《〈史記〉與〈戰國策〉的比較研究》〔D〕，安徽大學碩士學位論文，2005年。

11. 歐小蓉：《〈史記〉中的策士形象研究》〔D〕，重慶師範大學碩士學位論文，2006年。

12. 吳美卿：《〈左傳〉的人文精神對〈史記〉創作的影響》〔D〕，福建師範大學碩士學位論文，2002年。

13. 劉澍：《〈左傳〉中家臣形象的分析及文學表現》〔D〕，東北師範大學碩士學位論文，2004年。

14. 趙生群:《春秋經傳研究》〔D〕,南京師範大學博士學位論文,1998 年。

15. 李揚眉:《方法論視野中的「古史辯」派》〔D〕,山東大學博士學位論文,2005 年。

16. 韋海雲:《漢代士人與司馬遷》〔D〕,安徽師範大學碩士學位論文,2003 年。

17. 劉玲娣:《漢魏六朝老學研究》〔D〕,華中師範大學博士學位論文,2005 年。

18. 陳益民:《黃老思想與漢初的法制建設》〔D〕,蘇州大學碩士學位論文,2004 年。

19. 司志曉:《略論西漢官吏職務犯罪與治罪》〔D〕,鄭州大學碩士學位論文,2006 年。

20. 郭明友:《論〈史記〉的一家之言》〔D〕,蘇州大學碩士學位論文,2002 年。

21. 張黎:《論〈史記〉的悲劇性》〔D〕,華中師範大學碩士學位論文,2005 年。

22. 葛剛岩:《論〈史記〉人物形象的崇高美及其形成原因》〔D〕,陝西師範大學碩士學位論文,2001 年。

23. 劉猛:《論〈史記〉中的「太史公曰」》〔D〕,華中師範大學碩士學位論文,2004 年。

24. 李蓉:《論美國的〈史記〉研究》〔D〕,華東師範大學碩士學位論文,2006 年。

25. 郭永朝:《論司馬遷〈史記〉的崇高美》〔D〕,河北大學碩士學位論文,2006 年。

26. 趙志良:《論司馬遷的邊緣心態及其〈史記〉創作》〔D〕,河北大學碩士學位論文,2004 年。

27. 趙彩花:《前四史論贊文體藝術及其文化內涵》〔D〕,復旦大學博士學位論文,2004 年。

28. 趙治餘:《在歷史的理性與感性之間──從〈史記〉人物傳記看司馬遷的史家主題意識》〔D〕,華中師範大學碩士學位論文,2005 年。

29. 周曉宇:《秦漢時期法律思想和制度變遷的歷史與邏輯》〔D〕,吉林大學碩士學位論文,2004 年。

30. 龐天祐:《秦漢魏晉南北朝歷史哲學思想研究》〔D〕,鄭州大學博士學位論文,2000 年。

31. 馬銀琴:《西周詩史》〔D〕,揚州大學博士學位論文,2000 年。

32. 景春梅:《司馬遷與亞當·斯密經濟思想比較研究》〔D〕,西北大學碩士學位論文,2006 年。

33. 劉軍華:《司馬遷與士文化》〔D〕,陝西師範大學碩士學位論文,2005 年。
34. 何亞軍:《司馬遷經濟思想研究》〔D〕,西北師範大學碩士學位論文,2003 年。
35. 湯勤:《史記與戰國策語言比較研究》〔D〕,華中科技大學博士學位論文,2006 年。
36. 王豔麗:《先秦兩漢文學老嫗形象研究》〔D〕,東北師範大學博士學位論文,2008 年。
37. 任剛:《史記人物取材研究》〔D〕,陝西師範大學博士學位論文,2007 年。
38. 劉寧:《史記敘事學研究》〔D〕,陝西師範大學博士學位論文,2006 年。
39. 張居三:《〈國語〉研究》〔D〕,東北師範大學博士學位論文,2008 年。